本书为国家社会科学基金重点项目"《大学》解释史研究"（16AZX008），吉林大学哲学社会科学种子基金项目"生存论视域下的阳明学研究"（2016ZZ017），吉林大学基本科研项目"蕺山学派理学思想研究"（2016BS023）的阶段性研究成果。受"吉林大学哲学社会学院一流学科建设丛书"项目资助。

吉林大学哲学社会学院一流学科建设丛书

"虚位" 之体
——刘宗周 "慎独" 哲学研究

"XUWEI" ZHITI
——LIUZONGZHOU "SHENDU" ZHEXUE YANJIU

张慕良 著

中国社会科学出版社

图书在版编目（CIP）数据

"虚位"之体：刘宗周"慎独"哲学研究/张慕良著 . —北京：
中国社会科学出版社，2019.9

（吉林大学哲学社会学院一流学科建设丛书）

ISBN 978 - 7 - 5203 - 5037 - 2

Ⅰ.①虚…　Ⅱ.①张…　Ⅲ.①刘宗周（1578—1645）—哲学
思想—思想评论　Ⅳ.①B248.99

中国版本图书馆 CIP 数据核字（2019）第 195869 号

出 版 人	赵剑英
责任编辑	朱华彬
责任校对	张爱华
责任印制	张雪娇

出　　版	中国社会科学出版社
社　　址	北京鼓楼西大街甲 158 号
邮　　编	100720
网　　址	http：//www.csspw.cn
发 行 部	010 - 84083685
门 市 部	010 - 84029450
经　　销	新华书店及其他书店

印刷装订	北京市十月印刷有限公司
版　　次	2019 年 9 月第 1 版
印　　次	2019 年 9 月第 1 次印刷

开　　本	710 × 1000　1/16
印　　张	14.25
插　　页	2
字　　数	219 千字
定　　价	88.00 元

学者孰不曰"我将求至理"，顾未知其所知果至与否耳。所当辨、所当察者，此也。

——陆象山《格矫斋说》

目　　录

目　录

导　　言

本书的写作，是基于对这样一个问题的思考：在刘宗周的"慎独"思想中，"独"作为"本体"概念是一个什么样的"本体"概念？

"慎独"概念最早可见于《大学》《中庸》之中，朱熹在《中庸章句》中解"独"为"人所不知而己所独知之地"，在《大学章句》中解为"闲居，独处也"，此亦是大多儒者对"独"的理解，并把"慎独"作为一种闲居独处时的修养工夫。而刘宗周认为，在《中庸》中由"戒慎恐惧""莫见莫显"所描摹出的"独"绝不仅仅是指闲居独处之地，而是同时关涉着本体与对本体的认识。那么，对于这样一种既关涉"本体"以及对于"本体"的认识，而又同时兼具修养工夫的"慎独"本体结构及其所具有的这种特征，我们应该怎样进行合理的把握与解读？此外，我们亦应进一步思考，刘宗周的这种建立"本体"观念的方式是不是中国传统哲学"本体"观念所共有的特征？如果是，那就要求我们在对待中国古代文化资源时，要有一种自觉的区别于西方概念范畴系统的观念意识。

从对刘宗周立"慎独"为宗的历史背景考察中我们得知，刘宗周改"致良知"为"慎独"而强调修养工夫，其目的是为救治"王学后学左派"的"空疏"之偏。而从刘宗周对"王学后学左派"的批评中，我们亦可以看出，刘宗周认为"王学后学左派""空疏"之病的根源，乃是在于"致良知"思想本身之"缺陷"。如果我们换一角度来思考，我们亦有如下疑问：一方面，既然作为王阳明之亲传弟子有理解其师思想之偏，那么作为王阳明去世后数十年而出之刘宗周，是否亦有"误解"王阳明之可能？试想"天泉证道"一事：王阳明在针对王、钱二人之答后，为何叮嘱二生"相取为用"并特别告诫龙溪其法不可"轻易望人"？显然，王阳明本人意识到其"教法"可能走入"空寂"之危险，但这种危险究竟是由于学"王学"之后人没有理解王阳明思想所造成还是王阳明思想本身之问题呢？若是王阳明思想本身之问题，为何王阳明意识到却不作修改？而仍讲"依我这话头随人指点，自没病痛"呢？另一方面，从《年谱》所记刘宗周的学术发展历程可知，刘宗周于天启五年有"慎独"之说，而于天启七年才有"读《阳明文集》，始信之不疑"之事。从这样的时间顺序说明中，我们可以简要归结出：刘宗周是在建立自己的学术思想主旨之后，以"评判"的视角来解读王阳明思想的。那么，我们就要问，刘宗周评判王阳明思想为"圣学"之根据在哪里？同时，以这一"根据"为"标准"，是否可以把握王阳明思想之"真"？

基于以上问题，我们要对刘宗周"慎独"思想形成的文化资源做出考察，并在对刘宗周"慎独"思想作出合理的理解之前对王阳明本人的思想主旨（以及刘宗周所理解的王阳明思想）作出考察。因为刘宗周思想发展的心路历程以及其著书、立说、辩论等学术活动，都是与其对"王学"的理解分不开的。按刘汋所记，刘宗周思想成熟期于王学乃是"辨难不遗余力"。

这样，作为王阳明思想主旨之"致良知"与作为刘宗周思想主旨之"慎独"之关系即可作为一比较考察的对象。"良知"一词，盖出于《孟子》："人之所不学而能者，其良能也；所不虑而知者，其良知也。孩提之童无不知爱其亲者；及其长也，无不知敬其兄也。亲亲，仁也；敬长，义也；无他，达之天下也。"王阳明在针对朱熹之解《大学》"格物致知"之"理"之独断性的问题，以"致良知"为"教"，为"理"之为"理"找到了合理性之前提，这一前提（本于《孟子》之意）无疑是"自明"的。所以，"良知"不是预设的"本体"，只有"理"才是"本体"，"良知"是达于"理"之最切近的途径（这也能够合理解释王阳明为何在教法中要设一"心"体），这即同时认定出从任何"知识"的范畴来考察"良知"思路的不合理。而刘宗周所讲"慎独"为何？在"慎独"思想中，"独"被规定为"本体"，"慎独"为工夫；"独"作为"本体"，即是"动静""已发未发""阴阳""四时"等的统一；并且，"独"作为"本体"，是"本无一物之中而物物具焉"之"至善之统会"，即"虚位"之体。这样的"独"体与"良知"之关系之比较，将我们引向的是关于建立形而上学之知的前提问题的思考，而这样的思考维度所启发我们的是对于合理的"哲学立场"的追问。

　　以上即是本书所关注并将讨论的主要内容。具体来讲：第一、二章，我们将主要从刘宗周的师承渊源关系以及"慎独"思想形成与发展所借鉴的文化资源等角度来探析刘宗周"慎独"思想的形成过程；第三章，主要通过借刘宗周所著《圣学宗要》《阳明传信录》等有关对王阳明思想文字的解读，来说明刘宗周对王阳明思想的理解；第四章，我们将从"中国哲学本体观念的特征"角度来阐释"慎独"思想的逻辑内涵，并在追问"合理的形而上学之知何以可能"的问题意识下，比较"慎独"与"致良知"在学理上之不同；第五章，我们将以第四章所考察的结论为依据，对刘宗周晚年改立"诚意"说的原因及其具体内容作出说明；最后，在本书"余论"部分，我们将基于前章之论述，对刘宗周思想的学派属性问题作补充说明。

第 一 章
刘宗周生平及其学术渊源

第一节 刘宗周生平概述

刘宗周,字起东(一作启东),明万历六年(1578年)春生于浙江山阴(今浙江绍兴)水澄里。前此一年,其父(讳坡,字秦台)以痫疾卒;其母章氏怀遗腹五月。故因纪念未曾见到的父亲,又别号念台。

据《年谱》记载,万历十二年,刘宗周七岁时开始入私塾,师从赵某。翌年,从季叔秦屏公学习《论语》。在跟随秦屏公及后又从族舅章公共两年的学习后,因其家境无法继续供养其学业,所以其母命其跟随外祖父南洲公授书。南洲公性格刚毅,善以启发教学。其教刘宗周之法便以细阅先辈之作并感悟心得,而后学习作文规范为入手。久之,使得刘宗周所作文章有规矩但缺乏起伏,显老成而无朝气。在十七岁时,其随母迁居会稽道墟家中后,开始从师于鲁念彬。当其从师于鲁念彬时,鲁公便发现了他写作上的这个问题,于是便以《左传》及诸先秦著作为法而教授刘宗周写作的纵横之法。刘宗周于是开始潜心琢磨,并于三月后呈文于鲁公,鲁公读后欣喜,但当此文呈于南洲公时,南洲公则勃然大怒并责令其立即改正。但改正后鲁公亦大怒。自此,刘宗周每遇私试,便作答两份,以规范之文呈于南洲公,而以富于变化之文呈于鲁公。久之,随着刘宗周学业的进步,他既得到了南洲公的称赞,又得到了鲁公的认可。

这件事一方面体现了刘宗周对于学习的超高悟性,另一方面则培养了其对于学术问题的统和能力，而这也恰恰为其学术特定的形成埋下了伏笔。如果说南洲公和鲁念彬是刘宗周学术思想形成的启蒙者，那么在刘宗周青年时期的另一位师者，则对刘宗周学术思想的形成起到了至关重要的影响，这个人就是许孚远。正是由于受到许孚远影响，刘宗周当时并不喜欢陆象山、王阳明之学。但据《年谱》天启七年条讲，"先生读《阳明文集》，始信之不疑"可知，此时刘宗周所谓不喜阳明之学，或应是本于其师许孚远所讲，为当时所盛行之阳明后学"左派"之说（许孚远曾作《九谛》以难其同时代泰州学派周海门），刘宗周所读所闻有关于王阳明思想的文字应只是只言片语而并未作完全深入的研读，观此时其对阳明思想的评价可见。《年谱》万历三十一年，刘宗周二十六岁条记："先生蚤年不喜象山、阳明之学。曰：'象山、阳明直信本心以证圣，不喜言克治边事，则更不用学问思辨之功矣。其旨痛险绝人。苟即其说而一再传，终必弊矣。观于慈湖、龙溪可见，况后之人乎！'"①

　　万历三十二年，刘宗周二十七岁时初入官场，任行人司行人。自此在万历、天启、崇祯三朝为官，先后授行人司行人、礼部主事、尚宝少卿、顺天府尹、工部左侍郎、左都御史、南京左都御史等职。因其直言敢谏，曾三次被罢官。虽然刘宗周曾担任以上数官职，但其大部分时间都不是当朝而是在野的身份。按黄宗羲《子刘子行状》记载："先生通籍四十五年，立朝仅四年，在家强半教授……不改儒生之旧。"② 刘宗周为官清廉，以敢谏闻名，但也因此得罪了当权者。由于刘宗周立朝仅

---

　　① （清）刘汋：《蕺山刘子年谱》，《刘宗周全集》第六册，浙江古籍出版社 2007 年版，第 62 页。此条姚明达认为应为万历四十一年，即先生三十六岁时。其根据为该年《与陆以建年友书》。陆以建论学喜提本体而不喜论工夫，所以刘宗周回信一书言："文成每言：'博学者学此者也'，庶几此意。然象山、阳明之学，皆直信本心以证圣，不喜谈克己工夫，则更不用学问思辨之事矣。其所言博学等语，乃为经传解释，非阳明本旨。要之，象山、阳明授受，终是有上截，无下截，其旨险痛绝人，与龙溪四无之说相似。苟执其说而一再传，终必弊矣。观于慈湖、龙溪可见，何况后之人乎？"（见姚明达《刘宗周年谱》，《刘宗周全集》第六册，浙江古籍出版社 2007 年版，第 251 页）笔者认为，此条所言虽与刘汋《年谱》中所言相似，但并不能证明其在受学于许孚远时并无此见解。

　　② （清）黄宗羲：《子刘子行状》，《刘宗周全集》第六册，浙江古籍出版社 2007 年版，第 47 页。

为四年，所以其他大多数时间是以讲学为主要活动。因其曾迁居至蕺山之下并讲学于此处，自称蕺山长者，弟子尊其为山阴先生、蕺山夫子，后之人尊称为蕺山刘子、子刘子。刘宗周讲学著书的过程，亦是其思想形成与发展的过程。在这一过程中，有几件对于其思想形成及发展具有关键性意义的事件，现简述如下：

万历四十二年五月，刘宗周自五月自京回家，开始闭门读书。曰："昔伊川先生读《易》，多得之涪州。朱子落职奉祠，其道益光。吾侪可无自厉乎！"① 读书即久，乃悟天下无心外之理，无心外之学，乃论著曰：

> 只此一心，自然能方能圆，能平能直，圆者中规，方者中矩，平者中衡，直者中绳，四者之而天下之道冒是矣……只此一心，散为万化，万化复归一心……大哉心乎！原始要终，是故知生死之说。②

这是刘宗周思想发展过程中的重要环节。此处应注意的是，刘宗周"甲寅悟心"一事并不能等同于其思想开始走向心学或言阳明心学。③而从这段话最后一句可以看出，其句式是对于周敦颐《太极图说》末

---

① （清）刘汋：《蕺山刘子年谱》，《刘宗周全集》第六册，浙江古籍出版社 2007 年版，第 69 页。

② 同上书，第 69—70 页。

③ 此处借朱鸿林先生的一段话为说明。朱鸿林先生在《〈明儒学案·曹端学案〉研读》一文中讲到："按照刘宗周的理解，曹端的高处就在于悟到这个宇宙之理其实是在人心里面。这点也是刘宗周最欣赏曹端之处。但这样一来，曹端的理学不就摆明是心学了么？'心学'这个词，大家可能不陌生。一般将它看成是'理学'的对立，虽然刘宗周并不这样看。我想指出，其实'理学'是衔摄'心学'的，没有一个理学家是不讲心的。你看所有理学家讲的，最后都与心的问题有关。你怎么了解这个'理'？无非便是从这个心开始。但是曹端对心的体会、对心的理解，恐怕比很多人都要深刻。说来也凑巧，从他那个时候开始，明朝很多重要的儒者，对'心'都是特别留意和注意的。他们不必是曹端的传人，而且也不一定有师承关系，你看陈白沙是这样，王阳明也是这样。已故的中国旅美学者陈荣捷先生，在美国教中国哲学史很著名，他就写了一篇文章，专门点出明初儒学的心学转向。他举的例子就有曹端和薛瑄，薛瑄可是人们公认的朱熹理学大师啊！"（参见朱鸿林《〈明儒学案·曹端学案〉研读》，载朱鸿林《〈明儒学案〉研究及论学杂著》，生活·读书·新知三联书店 2016 年版，第 112 页。）本书将在"余论"部分论述"心""理""气"三者之间的"三位一体"性关系，而是否为"心"学一系并非在"是否言心"，而在于"是否信心"。但为行文方便，本书在最后一章讨论刘宗周的学派属性之前，仍将以学术界通行的"心学"意义为表述，并辅以"甘泉心学"或"阳明心学"的讲法为区别。

句"大哉易也"的临摹，可见其思想受到周敦颐的影响当为无疑。按《年谱》中提供的文字，并无明确交代刘宗周是否已经开始接触王阳明本人的著作，而按前述，从刘宗周于天启七年才"读《阳明文集》而信之不疑"一事来分析，我们虽无法否认刘宗周已经接触王学以及王学后学的著作，但可以明确此"悟心"不应归为学于王阳明本人之思想。而按刘汋所言其于王学之"三变"的说法，认此时期为其已经接触阳明之学但仍然"疑之"或更为宜。但从翌年其教授于解吟轩的教法可看出，刘宗周所强调的圣学入手处是由实地工夫，那么当时刘宗周对于阳明后学的弊病已深有感悟却是一定的。如其言："今欲学为人，请自学礼始。凡一语一默、一饮一食、一进一反，莫不各有当然之则，苟能致谨于斯，浅言之则小学之科条，深言之即收放心之要法也。"① 此时刘宗周所设立的教法是以"严肃"为主，甚至在盛夏之时也要令弟子们穿着冠服。

天启五年，刘宗周始有"慎独"之说。据《年谱》记载：

（会讲于解吟轩）每会，令学者收敛身心，使根柢凝定，为入道之基。尝曰："此心绝无凑泊处，从前是过去，向后是未来。遂外是人分，搜里是鬼窟，四路把截，就其中间不容发处，恰是此心真凑泊处。此处理会得分明，则大本达道皆从此出。"于是有慎独之说焉。②

刘宗周以"大本达道皆从此出"解"慎独"，其意指可参考《重刻尹和靖先生文集序》一文。刘宗周在文中写道："圣人之道即圣人之心是已……是心也，仲尼传之子思子，以作《中庸》，则曰'君子戒慎乎其所不睹，恐惧乎其所不闻'，而约之曰'慎独'，遂为后世传心的旨。"③ 首先，刘宗周把"慎独"理解为自尧舜以降至孔子的圣人之道、

---

① （清）刘汋：《蕺山刘子年谱》，《刘宗周全集》第六册，浙江古籍出版社 2007 年版，第 71 页。
② 同上书，第 81 页。
③ （明）刘宗周：《重刻尹和靖先生文集序》，《刘宗周全集》第四册，浙江古籍出版社 2007 年版，第 6 页。

圣人之心，此"心"传至《中庸》，是以"戒慎""恐惧"来描摹其状态，而简言为"独"。这样理解下的"慎独"已经不是单单朱子在《四书章句集注》中所解释的闲居独处时的作为修养论意义上的"慎独"，而是具有了本体意。由此，"慎独"之说，在刘宗周处开始以不同于先儒们的新的意义存在，所以其弟子黄宗羲才有言"儒者人人言慎独，惟先生始得其真"之语。

天启七年，刘宗周开始辑《有明道统录》。刘宗周著此书的方式是仿造朱熹的《名臣言行录》而作，"首记平生行履。次语录，末附断论。大儒特书，余各以类见去取，一准孔、孟。有假途异端以逞邪说、托宿乡愿以取世资者，摈弗录，即所录者，褒贬俱出独见"①。由此可见，刘宗周所著《有明道统录》的出发点并不是从史学的角度来客观的阐述有明以来的学术思想，而是由自己的学术观点为出发点来评价有明诸儒的学术。由于此书今已佚失，所以刘宗周对于诸儒的详细评价不可观，而据刘汋所概述，"薛敬轩、陈白沙、罗整菴、王龙溪，世推为大儒，而先生皆有贬辞"，及黄宗羲《明儒学案·师说》所载刘宗周论王畿，"直把良知作佛性看，悬空期个悟，终成玩弄光景，虽谓之操戈入室可也"可知，刘宗周著书当有愈救治"王学后学"空疏之意。而此时对于刘宗周思想发展更为重要的是其对王阳明思想的态度转变，按《年谱》记载：

先生读《阳明文集》，始信之不疑，为论次曰："先生承绝学于辞章训诂之后，一反求诸心，而得其所性之觉，曰良知。因示人以求端用力之要，曰致良知。良知为知，见知不囿于闻见；致良知为行，见行不滞于方隅。即知即行，即心即物，即静即动，即体即用，即工夫即本体，即上即下，无之不一。以求学者支离眩骛之病，可谓震霆启寐，烈耀破迷，自孔、孟以来，未有若此之深切著明者也。特其急于明道，往往将向上一机轻于指点，启后学躐等之弊有之。天假之年，尽融其高明

---

① （清）刘汋：《蕺山刘子年谱》，《刘宗周全集》第六册，浙江古籍出版社 2007 年版，第 84 页。

踔绝之见而底于实地，则范围朱、陆而进退之，有不待言矣。"①

　　这里刘宗周形容阳明之学为"震霆启寐，烈耀破迷，自孔、孟以来，未有若此之深切著明者"，可见刘宗周对于王阳明思想评价之高。但刘宗周同时也指出他所认为王阳明思想的问题，他讲到"特其急于明道，往往将向上一机轻于指点，启后学躐等之弊有之"。如按刘汋总结其父对于王阳明哲学的"三变"，从此阶段开始应为"中信之，信其为圣学也"。但应注意，刘宗周之"信"阳明之时，亦即带有欲超越阳明思想之意。

　　崇祯四年，刘宗周与陶石梁先生一起共讲学于陶石篑先生祠。因强调"今日开口第一义，须信我辈人人是个人，人便是圣人之人，圣人人人可做。于此信得及，方是良知眼孔"②，所以命名其社为"证人社"。陶石梁为阳明后学王畿一系三传儒者，其学强调"识得本体，则工夫在其中。若不识本体，说恁工夫"③？而刘宗周则认为："不识本体，果如何下工夫？但既识本体，即须认定本体用工夫，工夫愈精密则本体愈昭荧。今谓既识后遂一无事事，可以纵横自如，六通无碍，势必至猖狂纵恣，流为无忌惮之归而后已。"④

　　"证人社"至第二年夏五月刘宗周递会于小学、阳明二祠终讲。此后直至崇祯十七年共十二年中，刘宗周经历了两次被启用而后数月便被革职总计不足两年的当朝经历。而其余大多时间便是著书与讲学。这一段时间是其思想不断完善的过程，亦是对于阳明学"终而辨难不遗余力"的过程。刘宗周所具有代表性的著作亦大多成书于这段时期，分别为：

　　崇祯七年，辑《圣学宗要》，著《人谱》（至临终前两月改订）；崇祯八年，重辑《孔孟合璧》《五子连珠》（《合璧》初成于天启六年丙寅，刘宗周四十九岁时）；崇祯十一年，定《阳明传信录》；崇祯十二

---

　　① （清）刘汋：《蕺山刘子年谱》，《刘宗周全集》第六册，浙江古籍出版社 2007 年版，第 85 页。
　　② 同上书，第 101 页。
　　③ 同上书，第 103 页。
　　④ 同上。

年，定《古学经》；崇祯十五年，著《原旨》《治念说》《心意十问》《诚意筌蹄》；崇祯十六年，著《读易图说》《易衍》《古易钞义》《大学诚意章章句》《证学杂解》《良知说》，书《存疑杂著》等。

崇祯十七年（1644 年），李自成入京，福王南迁明室，刘宗周被诏起复原官。次年，即弘光元年，杭州失守。面对气数已尽的明王朝，刘宗周决定以死殉国，以生命证道，"食人之食者，死人之事，分义然也"。自弘光元年六月十九日起，刘宗周开始绝食，二十日后，一代大儒刘宗周停止了思想。

纵观刘宗周的一生，可见其主要的成就是在学术思想上。其改"致良知"为"慎独"① 所欲完成的学术任务，是救治王学后学左派之"空疏""玄虚"之病。因此，其整个学术思想之发展亦是与其对于王阳明思想的理解是分不开的。在以上对于其学术思想之发展过程的分析中，我们亦可知，刘宗周对于王阳明思想的系统性接触及理解，是在其"悟心"及提"慎独"为宗之后，因此，可以说王阳明思想在刘宗周处是其"评判"之对象。依此思路分析，我们就要追问，刘宗周是在怎样的文化影响下形成其"慎独"思想的？其后刘宗周又是如何理解王阳明思想的？以及刘宗周所理解及评判的王阳明思想是否就是王阳明本人的思想？这些问题应该是我们在研究刘宗周思想时所必须思考的。

第二节　刘宗周的师承渊源

按刘汋《年谱》所记：

（万历三十一年癸卯，先生二十六岁）秋八月，如德清，师事许敬

---

① 此种说法应无不妥，但学界涉及关于"慎独""诚意"何者为刘宗周思想之主旨问题的讨论，所以在此处加此说明。笔者先将刘宗周思想主旨定为"慎独"这一结论，并将在以下章节中对此给予论述，以达互证。在第五章中，对其改"慎独"为"诚意"之原因加以辨析。

菴先生。① 许先生名孚远，学宗紫阳，敦笃真儒也。先生问为学之要，许先生告以"存天理，遏人欲"，遂执贽北面师事之。请为太夫人传。许先生载笔而书，终以敬身之孝勖先生曰："使念念不忘母氏艰苦，谨身节欲，一切世味不入于心，即胸次洒落光明，古人德业不难成。《传》所谓求忠臣于孝子之门，乃刘子所以报母氏于无穷也。"先生终身守之不敢失。自此励志圣贤之学，谓入道莫如敬，从整齐严肃入，自貌言之细，以至事为之著，念虑之微，随处谨凛，以致存理遏欲之教。每有私意起，必痛加省克，直勘前所由来为如何，又勘后所决裂更当如何。终日端坐读书，曰："吾心于理欲之介非不恍然，古人复从而指之曰此若何而理，彼若何而欲，则其存之遏之也，不亦恢恢有余地乎？"②

按上一段所讲，刘汋认为许孚远之学本于朱子，并讲此时许孚远所告知刘宗周为学之要乃在于"存天理，遏人欲"，圣学之法门为敬，从整齐严肃而入。刘汋的这个说辞有一处值得注意的地方，他讲许孚远教以"敬"为圣学入道之要，我们或可以认为强调"敬"字可追本于程朱一系，但认为讲"存天理，遏人欲"即为朱子学一系，似乎并不合理。王阳明在教弟子之言中，亦对"天理"有所强调。按刘宗周所辑《阳明传信录》中，其在按语中所标示王阳明强调"天理"之言即有十多处。由此可见，刘汋所讲许孚远之学本于朱子或可存疑。③ 并且，从

---

① （清）刘汋：《蕺山刘子年谱》，《刘宗周全集》第六册，浙江古籍出版社 2007 年版，第 61 页。

② 同上书，第 61—62 页。

③ 乔清举先生亦对许孚远之学源于朱子一系存疑，他讲：许氏本出自甘泉弟子门下，其学亦属于甘泉一系的心学系统，则刘氏从许敬菴处所受，亦当为甘泉一系心学的影响。在此句下乔先生以脚注标示：劳思光先生《新编中国哲学史》云"许氏承紫阳一派"，不知何所据也。见该书第三卷下，第 568—575 页。（参见乔清举《湛若水哲学思想研究》，文津出版社 1993 年版，第 239 页。）另亦有学者指出，刘宗周所从许孚远之时为许孚远晚年，许氏晚年之学问是从湛学出而入朱子之学。这个观点给笔者如下启发：许孚远为湛门再传弟子无疑，若其晚年又能够入于朱子之学。那么，是否湛学与朱学在思维方式上本有可相通之处？笔者将在余论部分说明此问题。但此处并不认为刘汋以教"存天理，遏人欲"称许孚远乃是因发现湛学与朱学在本质上的联系而言。

师承关系来看，许孚远从师唐枢，唐枢为甘泉弟子，这是有明确师承关系的。在黄宗羲所作《明儒学案》中，亦是将许孚远编入甘泉学案中。这样来看，将许孚远之学直接归为朱子一系，可能只可作为刘汋之"一己之见"。假设如刘汋所讲，刘宗周早年所学为朱子之学，中年后又有笃信阳明并有改造阳明之学之功，那么刘宗周之思想或遂为合朱王两派之学之大儒？此或为刘汋褒奖其父之意？我们不得而知。但从刘宗周学于许孚远处所得之思想，实可上追于唐枢至追本于湛甘泉。

黄宗羲在《明儒学案》中谈许孚远时讲：

（许孚远）年二十四，荐于乡，退而学于唐一菴之门。年二十八，释褐为进士，与四方知学者游，始以反身寻究为功。居家三载，困穷艰厄，恍惚略有所悟……及过兰溪，徐鲁源谓其言动尚有繁处，这里少凝重，便与道不相应。先生顶门受针，指水自誓。故先生之学，以克己为要……先生信良知，而恶夫援良知以入佛者……南都讲学，先生与杨复所、周海门为主盟。周、杨皆近溪之门人，持论不同。海门以无善无恶为宗，先生作《九谛》以难之。言："文成宗旨，元与圣门不异，故云性无不善，故知无不良，良知即是未发之中，此其立论至为明析。无善无恶心之体一语，盖指其未发廓然寂然者而言之，则形容得一静字，合下三言始为无病。今以心意知物俱无善恶可言者，非文成之正传也。"[1]

按黄宗羲所讲，并未提及许孚远与朱子之学有何种学术上的继承性关系，反而强调许氏赞同阳明之学，此抑或与其师唐枢"慕阳明之学"有所关联。但这里须指出，许氏所赞同阳明之学实乃是许氏自己或言本于甘泉一系所理解之"阳明之学"。[2] 许氏的这种理解，直接影响到刘

---

① （清）黄宗羲：《甘泉学案五》，《明儒学案》（下），中华书局 2008 年版，第972—973 页。

② 这里先将这个问题提出，即王阳明所讲"致良知"并非湛甘泉所理解之"致良知"。湛、王所理解之差异与王阳明所讲"致良知"思想的内涵，本书在此章稍后部分及第四章有详细论述。此处说明此事，只欲说明湛甘泉对于"致良知"之理解方式是影响到许孚远以及刘宗周对王阳明思想之理解的。

宗周对王阳明思想主旨的把握。许孚远对于阳明思想的理解可见于上文所提及的其与周海门之《九谛》《九解》之辩中。

《九解》篇首言此次许周之辩之原因:"南都旧有讲学之会……一日拈《天泉证道》一篇,相与阐发,而座上许敬菴公未之深肯。明日,公出九条目,命曰《九谛》,以示会中,先生为《九解》复之。"①

按此记,许周之辩之起因即王畿与钱德洪所争辩"四句教法"之事。而从全篇的内容来看,九条争论之主要问题是集中于讨论"心"为"善"还是"无善无恶"。

许孚远在前四谛中,从不同角度对人性为善这一观点进行表述。如:

《易》言元者善之长也,又言继之者善,成之者性。《书》言德无常师,主善为师。《大学》首提三纲,而归于止至善。夫子告哀公以不明乎善,不诚乎身。颜子得一善,则拳拳服膺而弗失。《孟子》七篇,大旨道性善而已。性无善无不善,则告子之说,孟子深辟之。圣学源流,历历可考而知也。今皆捨置不论,而一以无善无恶为宗,则经传皆非。②

宇宙之内,中正者为善,偏颇者为恶,如冰炭黑白,非可私意增损其间。③

人性本善,自蔽于气质,陷于物欲,而后有不善。然而本善者,原未尝泯灭,故圣人多方诲迪,使反其性之初而已。祛蔽为明,归根为止,心无邪为正,意无伪为诚,知不迷为致,物不障为格,此彻上彻下之语,何等明白简易。④

按上述许孚远第一条所讲,古圣先贤之谈论性,皆言善。此"善"在许孚远处为性之本。第四条则讲人性之不善之原因在于气质所蔽,所

---

① (清)黄宗羲:《泰州学案五》,《明儒学案》(下),中华书局2008年版,第861页。
② 同上。
③ 同上书,第862页。
④ 同上书,第863页。

以圣人教之复性之初本。① 而周海门所辨之善恶乃是现实层面之已发状态之善恶，而作为性之本之状态，实为无善无恶，因无善恶，所以名为"至善"。他讲：

> 维世范俗，以为善去恶为隄防，而尽性知天，必无善无恶为究竟。无善无恶，即为善去恶而无迹，而为善去恶，悟无善无恶而始真……头上难以安头，故一物难加者，本来之体，而两头不立者，妙密之言。是为厥中，是为一贯，是为至诚，是为至善，圣学如是而已。经传中言善字，固多善恶对待之善，至于发明心性处，善率不与恶对，如中心安仁之仁，不与忍对，主静立极之静，不与动对。《大学》善上加一至字，尤自可见。荡荡难名为至治，无得而称为至德，他若至仁至礼等，皆因不可名言拟议，而以至名之。至善之善，亦犹是耳。②

其实，这一问题本身放置在"天泉证道"王畿与钱德洪之辩及其后王门后学各派诸子的论学中，已不是一"新鲜"问题。王门后学诸子关于这个问题已有大量不同方式及角度的见解。关于这个问题之论辩的实质，钱德洪早已给出一个较为明晰的解释，钱德洪讲：

> 人之心体一也，指名曰善可也，曰至善无恶亦可也，曰无善无恶亦可也。曰善、曰至善，人皆信而无疑矣，又为无善无恶之说者，何也？至善之体，恶固非其所有，善亦不得而有也。至善之体，虚灵也，犹目之明，耳之聪也。虚灵之体不可先有乎善，犹明之不可先有乎色，聪之不可先有乎声也。目无一色，故能尽万物之色；耳无一声，故能尽万物之声；心无一善，故能尽天下万物之善……故先师曰"无善无恶者心之体"，是对后世格物穷理之学先有乎善者立言也。因时设法，不得已之

---

① 乔清举先生认为："许氏此思想之渊源在甘泉，甘泉曾经说过'有善无恶心之体，有善有恶意之动。'"（参见乔清举《湛若水哲学思想研究》，文津出版社1993年版，第237页）。
② （清）黄宗羲：《泰州学案五》，《明儒学案》（下），中华书局2008年版，第861—862页。

辞焉耳。①

　　按钱德洪所讲，王阳明所言"无善无恶"所针对的是先立一独断本体之问题。孝悌之真情，非因先有善体，而是孝悌之为人之心之本然状态，自然而发而知爱知亲之谓也。所以，在阳明思想中，"至善"抑或"无善无恶"不足为辨，并且此问题并不是阳明思想之重点，但其后学却因"固守师说"而陷入这一问题的争论中。本书此处不就许周之辩在学理中的问题作详细评述，而仅就许周之辨中许氏影响刘宗周思想之内容进行说明。

　　刘宗周在对心体的认识上，直接继承许孚远认"心"为客观实体之思想，在《学言》中，刘宗周在谈到心体时讲：

　　心体浑然至善。以其气而言，谓之虚；以其理而言，谓之无。至虚，故能含万象；至无，故能造万有。而二氏者虚而虚之，无而无之，是以蔽于一身之小而不足以通天下之故，逃于出世之大而不足以返性命之原，则谓之无善也亦宜。②

　　刘宗周这种"心体"为"至善"的讲法，显然是与其师许孚远一致的。刘宗周亦通过其解周敦颐所讲"几善恶"加以阐释心体之所以为"至善"。他讲：

　　濂溪曰"几善恶"，故阳明亦曰"有善有恶"。濂溪曰"动而未形，有无之间者几也"，阳明亦曰"意之动"。然两贤之言相似而实不同，盖先儒以有无之间言几，后儒以有而已形言几也。曰"善恶"，言有自善而之恶之势，后儒则平分善恶而已。或曰："意非几也"。则几又宿

---

　　① （清）黄宗羲：《浙中王门学案一》，《明儒学案》（上），中华书局2008年版，第234—235页。
　　② （明）刘宗周：《学言》，《刘宗周全集》第二册，浙江古籍出版社2007年版，第410页。

在何处？意非几也，独非几乎？①

　　濂溪曰"几善恶"，即继之曰："德，爱曰仁，宜曰义，理曰礼，通曰智，守曰信。"此所谓德几也，道心惟微也。几本善，而善中有恶，言仁义非出于中正，即是几之恶，不谓忍与仁对，乖与义分也。先儒解几善恶，多误。②

　　首先，刘宗周所持的观点亦是人性为善。但这种善不是善恶对立意义上的善。所以，刘宗周以"几善恶"为其思想之支撑，将"善恶"之关系解释成为"几本善，而善中有恶"的模式。这其中，"几"为有无之间，乃是形上与形下之关节点，非是有形之中善恶之间之几。此"几"为"独"，为"意"，所以诚意、慎独成为下学上达之工夫。在这样一个系统下，善作为心之本体得到了规定，恶作为善中非出于中正之存在亦有了恶之存在之原因。善恶乃是自善而恶之势。这样也就达到了统合形上形下之意。抑或看作是对于其师之意之补充。③ 如此亦可看出刘宗周必须改意为心之所存之端倪，盖若非所存，则意当为有善有恶，与其释"几"便不能相符合。

　　正因为这样一种对于"心"体的客观性认识，许孚远以及刘宗周对于"四无之说"的提法是存疑的。《九谛》中许孚远讲：

　　王文成先生致良知宗旨，元与圣门不异……"无善无恶心之体"一语，盖指其未发廓然寂然者而言之，而不深惟《大学》止至善之本

---

　　① （明）刘宗周：《学言》，《刘宗周全集》第二册，浙江古籍出版社 2007 年版，第 445 页。

　　② 同上。

　　③ 这里刘宗周以"自善而之恶之势"解"善恶"是与许孚远所讲"中正者为善，偏颇者为恶"之意在思维方式上是一致的，因在笔者现有的许孚远文字中并无找到直接的关于周子所讲"几"的讲述，盖无从定断刘宗周此解是否以及在何种程度上继承许孚远，而暂断以为发明其意。但是这样的类似讲法，是可以从许孚远之师唐枢的文字中找到根据的。《明儒学案·甘泉学案四》中唐枢《语录》载：问："几为圣人所有，如何又有恶几？"曰："恶岂有几？如弩然，机发便其直如矢，自然旁行不得。"又问："如何以几分善恶？"曰："此对诚无为而言，谓几分善恶，盖有善而无恶也。"参见（清）黄宗羲《甘泉学案四》，《明儒学案》（下），中华书局 2008 年版，第 966 页。

旨，亦不觉其矛盾于平日之言。至谓"有善有恶意之动，知善知恶是良知，为善去恶是格物"，则指点下手工夫，亦自平正切实。而今以心意知物俱无善恶可言者，窃恐其非文成之正传也。①

龙溪王子所著《天泉桥会语》，以四无四有之说，判为两种法门，当时绪山钱子已自不服。《易》不云乎："神而明之，存乎其人；默而成之，不言而信，存乎德行。"神明默成，盖不在言语授受之际而已。颜子之终日如愚，曾子之真积力久，此其气象可以想见，而奈何以玄言妙语，便谓可接上根之人？其中根以下之人，又别有一等说话，故使之扦格而不通也。且云："汝中所见是传心秘藏，颜子、明道所不敢言，今已说破，亦是天机该发世时，岂容复秘？"嗟乎！信斯言也，文成发孔子之所未发，而龙溪子在颜子、明道之上矣。其后四无之说，龙溪子谈不离口，而聪明之士，亦人人能言之。然而闻道者，竟不知为谁氏！窃恐《天泉会语》画蛇添足，非以尊文成，反以病文成。吾侪未可以是为极则也。②

刘宗周《学言》中讲：

王门矫朱子之说，言良知复以四事立教，言无、言有、言致、言格，自谓尽可无弊。然宗旨本定于无，已是一了百当，故龙溪直说出意中事。但恐无之一字不足以起教也，故就有善有恶以穷之。仍恐一无一有对待而不相谋也，故又指知善知恶以统之。终病其为虚知虚见也，又即为善去恶以合之，可谓费尽苦心。然其如言心而心病，言意而意伤，言知而知岐，言物而物庞。四事不相为谋，动成矛盾。本欲易简，反涉支离。盖阳明先生偶一言之，而实未尝笔之于书为教人定本，龙溪辄欲以己说笼罩前人，遂有天泉一段话柄。甚矣！阳明之不幸也。③

---

①　（清）黄宗羲：《泰州学案五》，《明儒学案》（下），中华书局 2008 年版，第 866 页。

②　同上书，第 867 页。

③　（明）刘宗周：《学言》，《刘宗周全集》第二册，浙江古籍出版社 2007 年版，第 450 页。

虚位之体

　　许孚远意为"不自觉其矛盾于平日之言"，刘宗周讲为"盖阳明先生偶一言之"，二人之意乃指，"四无"之说实为王阳明为救偏補病而"偶言"之语，并不可以其作为王阳明思想的主旨。①

　　如前所讲，从师承关系来看，许孚远之学本于唐枢，而唐枢又为甘泉弟子。② 那么，从这样一种师承关系上看，刘宗周应为甘泉一系弟子。而在这样一种师承关系中所体系出的在思想继承上的影响，我认为乔清举先生在《甘泉哲学体系及其后传研究》中的概括是值得参考的。他讲：

---

　　① 黄宗羲亦承刘宗周之观点，他讲道：蕺山先师尝疑阳明《天泉》之言与平时不同。平时每言"至善是心之本体"。又曰："至善只是尽乎天理之极，而无一毫人欲之私。"又曰"良知即天理。"《录》中言天理二字，不一而足，有时说"无善无恶者理之静"，亦未尝径说"无善无恶是心体。"今观先生（邹东廓）所记，而四有之论，仍是以至善无恶为心，即四有四句亦是绪山之言，非阳明立以为教法也。今据《天泉》所记，以无善无恶议阳明者，盖亦有考于先生之记乎？"参见（清）黄宗羲《江右王门学案一》，《明儒学案》（上），中华书局2008年版，第332—333页。

　　② 唐枢为甘泉弟子中倾向于整合湛、王二人思想的。按黄宗羲《明儒学案》所记："先生初举于乡，入南雍，师事甘泉。其后慕阳明之学而不及见也。故于甘泉之随处体认天理，阳明之致良知，两存而精究之。卒标'讨真心'三字为的。夫曰真心者，即虞廷之所谓道心也。曰讨者，学问思辨行之功，即虞廷之所谓精一也。随处体认天理，其旨该矣，而学者或昧于反身寻讨。致良知，其几约矣，而学者或失于直任灵明。此讨真心之言，不得已而立，苟明得真心在我，不二不杂，王、湛两家之学，俱无弊矣。然真心即良知也，讨即致也，于王学尤近。"（参见（清）黄宗羲《甘泉学案四》，《明儒学案》（下），中华书局2008年版，第948页）按黄宗羲的解释，唐枢以"讨真心"释"致良知"，实与王学更为接近。在《真心图说》中，唐枢谈到其所讲"真心"概念时有言，"真心是人实有之心。实有之心，乃天地生人之根底，亘古今不变，不着一物，是谓中者天下大本"，"天之生人，原是无所不知，无所不能。人之为心，亦是不学而知，不虑而能。其所为知，所为能，又却停停当当，增不得一些"，"真心即是良知，良知是活机。活为性，机为欲，活机性之欲也。"（参见（清）黄宗羲《甘泉学案四》，《明儒学案》（下），中华书局2008年版，第955—956页。）这些讲法实际上是本于湛甘泉的理解的，即将"真心"（良知）理解为一客观的本体性概念。所以，唐枢之学仍属于湛门一系。并且，在对于"理气""心性"、本体与工夫等关系的理解中，唐枢亦与湛若水一系保持一致。如：讲"理气"为"理气无彼此，无异同，无偏全，总是太虚影子。虚之极则能生，故流行而为气；虚之极则不滞，故灵通而为理。不滞则所以为生，生则得于有生。所以为生，立有生之机，有生负终匮之化。然有生之机，即假终匮之化而见，气外别无情理处"（参见（清）黄宗羲《礼玄剩语》，《甘泉学案四》，《明儒学案》（下），中华书局2008年版，第950页）讲本体与工夫关系，"功夫就是本体，不容添得一些，寻本体不走作，才是真工夫。"（参见（清）黄宗羲《论功夫》，《甘泉学案四》，《明儒学案》（下），中华书局2008年版，第958页）这样的讲法亦都可在刘宗周处见到。

甘泉的后学中，最值得重视而又没有得到重视的，便是唐枢—许孚远—刘宗周一系。宗周慎独诚意之学与甘泉体认天理之学实有渊源关系，二者在思维方式上完全相同，都是从天地间唯一气、一理到一心，从气本论到心本论的逻辑思维过程；其强调理气、心性、心理之不可分，气质之性与天地之性之不可分，道心人心之不可分，亦皆滥觞于甘泉之学……学界研究宗周之哲学思想，一般也都于其与阳明哲学之关系上探讨，而对于阳明学本来没有的天道观理气论部分，则笼统地说是继承了张载，而不复探讨其与甘泉学的关系。①

乔清举先生在上文中所提到的，学界专注于探讨刘宗周思想与阳明学之关系而忽略从其他角度考察的问题是值得注意的。同时，乔清举先生指出的刘宗周"慎独"之学与湛若水"随处体认天理"思想在思维方式上的一致性的观点对我们理解和把握刘宗周思想的本质起到极大的帮助作用。对这一传承关系的确证，将有助于我们理清刘宗周思想的发展脉络以及分析刘宗周对王阳明思想解读的维度。首先，我们考察刘宗周思想的发展历程。按《年谱》所记：

（万历四十二年甲寅，先生三十七岁）先生以群小在位，给假归，闽门读书……久之，悟天下无心外之理，无心外之学，乃著论曰："只此一心，自然能方能圆，能平能直，圆者中规，方者中矩，平者中衡，

----

① 乔清举：《甘泉哲学体系及其后传研究》，《哲学研究》1994 年第 2 期，第 57 页。另，持刘宗周思想为湛学一脉这一观点，还可见于以下学者从其他角度的提及：黄宣民先生在《蕺山心学与晚明思潮》一文中讲道："蕺山之学虽近于东林而非出于东林，盖其学术渊源，可追溯至陈（白沙）湛（甘泉）。黄宗羲在其《蕺山同志考序》中说：'蕺山子以清苦严毅，疏通千圣之旨，其传出于德清许司马敬庵，敬庵师吴兴唐比部一庵，一庵事南海湛太守甘泉，甘泉则白沙陈文恭之弟子也。'"又有言：就师承关系而言，蕺山属于与王学并行的陈、湛一派。（参见黄宣民《蕺山心学与晚明思潮》，载钟彩钧主编《刘蕺山学术思想论集》，"中研院"中国文哲研究所筹备处 1998 年版，第 211—212，215 页。）李振纲先生在《证人之境——刘宗周哲学的宗旨》一书中谈到将刘宗周之学与胡五峰之学相联系的不合理性时讲到：蕺山之学脉，上接许敬庵、唐一庵、湛甘泉、陈白沙、吴康斋（与弼）一线。其间学问宗旨虽不完全同质，但唐、湛、陈皆有心学印迹。可见五峰自五峰，蕺山自蕺山，学路并不相承。（参见李振纲《证人之境——刘宗周哲学的宗旨》，中国人民大学出版社 2000 年版，第 162 页。）

直者中绳，四者立而天下之道冒是矣。际而为天，蟠而为地，运而不已，是为四气；处而不坏，是为四方；生而不穷，是为万类；建而有常，是为五常；革而不悖，是为三统；治而有宪，是为五礼、六乐、八征、九伐。阴阳之为《易》，政事之为《书》，性情之为《诗》，刑赏之为《春秋》，节文之为《礼》，升降之为皇帝王霸，皆是也。只此一心，散为万化，万化复归一心。元运无纪，六经无文，五礼、六乐、八征、九伐无法，三统无时，五常无迹，万类无情，两仪一物，方游于漠，气合于虚，无方无圆，无平无直，其要归于自然，而不知所以然。大哉，心乎！原始要终，是故知生死之说。"①

此事被后之学者称为"甲寅悟心"，是刘宗周走上"心学"一脉的标志性事件。此后直至天启五年刘宗周提出"慎独"之说，此间或可看作是刘宗周"慎独"思想形成前的沿"心学"思考的思想逐步成熟期。② 而在这两年后（天启七年，刘宗周五十岁时），方有刘宗周"读《阳明文集》，始信之不疑"，并言阳明"特其急于明道，往往将向上一机轻于指点，启后学躐等之弊有之"③，所以开始改造王学之事。

从刘汋对刘宗周这段学术经历的记载中，我们有理由认为：刘宗周在提出"慎独"之说前所体悟之心学，并不是阳明一脉之心学。而依前段所讲之师承关系以及下文之考察，我们可以得出，刘宗周"悟心"之学术根基应在甘泉"心学"。④

甘泉讲心，可见其《求放心篇》：

---

① （清）刘汋：《蕺山刘子年谱》，《刘宗周全集》第六册，浙江古籍出版社 2007 年版，第 69—70 页。

② 此说法亦有割裂思想家思想发展过程之嫌，盖一思想家之思想发展的真实心路历程乃是一整体性。但此处为下文说明刘宗周思想发展所受之影响作铺垫，所以不得已而为此说法。

③ （清）刘汋：《蕺山刘子年谱》，《刘宗周全集》第六册，浙江古籍出版社 2007 年版，第 85 页。

④ 这里所讲刘宗周所悟之"心"乃是湛甘泉之"心学"而非王阳明之"心学"，实际上是主张湛甘泉所讲之"心"与王阳明对"心"的理解有别，关于二者之间的区别，本书在第四章及余论部分将有相应论述。

孟子之言求放心，吾疑之。孰疑之？曰：以吾之心而疑之。孰信哉？信吾心而已耳。吾常观吾心于万物之先矣，洞然而虚，昭然而灵。虚者心之所以生也，灵者心之所以神也。吾常观吾心于有物之后矣，窒然而塞，愦然而昏。塞者心之所以死也，昏者心之所以物也。其虚焉灵焉，非由外来也，其本体也。其塞焉昏焉，非由内往也，欲蔽之也。其本体固在也，一朝而觉焉，蔽者彻，虚而灵者见矣。日月蔽于云，非无日月也，镜蔽于尘，非无明也，人心蔽于物，非无虚与灵也。心体物而不遗，无内外，无终始，无所放处，亦无所放时，其本体也。信斯言也，当其放于外，何者在内？当其放于前，何者在后？何者求之？放者一心也，求者又一心也。以心求心，所为憧憧往来，朋从尔思，祇益乱耳，况能有存耶？故欲心之勿蔽，莫若寡欲，寡欲莫若主一。①

心者，虚也，灵也。体物不遗，无内外、前后之分，是本体的存在样式，而由于与外物相接而被物欲所蔽，所以要通过工夫以回归于本体之澄然状态，所以甘泉讲，"欲心之勿（无）蔽，莫若寡欲，寡欲莫若主一"，寡欲、主一，即是要人反求。这里需要注意，在甘泉讲心为"其虚焉灵焉，非由外来也，其本体也"，即是将"心"规定为一客观实存之心，是一内涵"上下四方""往古来今"之实体。如其所讲，"圣人之学，皆是心学。所谓心者，非偏指腔子里方寸内与事为对者也，

---

① （清）黄宗羲：《甘泉学案一》，《明儒学案》（下），中华书局2008年版，第878页。许孚远解"心"亦有类似讲法。在《与胡庐山论心性》中，许孚远讲：夫率性之为名，自天之降衷，不离乎形气者而言。而心之为名，合灵与气而言之者也。性只是一个天命之本体，故为帝则，为明命，为明德，为至善，为中，为仁，种种皆性之别名也。此未尝有外于心之灵觉，而灵觉似不足以尽之。心者至虚而灵，天性存焉，然而不免有形气之杂，故虞廷别之曰："人心，道心"，后儒亦每称曰"真心，妄心，公心，私心"。其曰道心、真心、公心，则顺性而动者也，心即性也。其曰人心、妄心、私心，则杂乎形气而出者也，心不可谓之性也。君子之学，能存其心，便能复其性。盖心而归道，是人而还天也，即灵觉，即天则，岂有二耶？夫性之在人，原来是不识不知，亦原来是常明常觉，即寂而照，即照而寂，初非有内外先后之可言。若以虚寂为性体，而明觉为心用，是判心性为二物，断知其有不然也。……混之则两字不立，析之则本体不二，要在学者善自反求，知所用力，能存其心，能复其性而已矣。"参见（清）黄宗羲《甘泉学案五》，《明儒学案》（下），中华书局2008年版，第979—980页。

虚位之体

无事而非心也"①，"吾所谓天理者，体认于心，即心学也。有事无事，原是此心。无事时万物一体，有事时物各付物，皆是天理充塞流行，其实无一事"。② 在将心认识为一实体的前提下，湛甘泉致力于统一"心性"的问题。湛甘泉的《心性图说》代表了其对于"心""性"关系的基本看法，他讲：

> 性者，天地万物一体者也。浑然宇宙，其气同也。心也而不遗者，体天地万物者也。性也者，心之生理也，心性非二也。譬之谷焉，具生意而未发，未发故浑然而不可见。及其发也，恻隐羞恶辞让是非萌焉，仁义礼智自此焉始分矣，故谓之四端。端也者，始也，良心发见之始也。是故始之敬者，戒惧慎独以养其中也。中立而和发焉，万事万化自此焉，达而位育不外是矣。故位育非有加也，全而归之者耳。终之敬者，即始之敬而不息焉者也。曰："何以小圈？"曰："心无所不贯也。""何以大圈？"曰："心无所不包也。"包与贯，实非二也。故心也者，包乎天地万物之外，而贯夫天地万物之中者也。中外非二也。天地无内外，心亦无内外，极言之耳矣。故谓内为本心，而外天地万物以为心者，小之为心也甚矣。③

按甘泉所讲，性为生意未起，浑然不可见之地，是心之生理。而此理之体认之处在"心"，工夫为"敬"。而刘宗周所讲"心""性"之关系亦是此思路。

刘宗周在《复沈石臣》中讲：

> 性者，心之理也，心以气言，而性其条理也。离心无性，离气无理，虽谓"气即性，性即气"，犹二之也。④

---

① （清）黄宗羲：《甘泉学案一》，《明儒学案》（下），中华书局 2008 年版，第 897 页。
② 同上书，第 901 页。
③ 同上书，第 876—878 页。
④ （明）刘宗周：《复沈石臣（中柱）》，《刘宗周全集》第三册，浙江古籍出版社 2007 年版，第 363 页。

在《中庸首章说》中讲：

> 独之外，别无本体；慎独之外，别无工夫，此所以为《中庸》之
> 道也……须知性只是气质之性，而义理者，气质之本然，乃所以为性
> 也。心只是人心，而道者人之所当然，乃所以为心也。人心道心，只是
> 一心；气质义理，只是一性。识得心一性一，则工夫亦一。静存之外，
> 更无动察；主敬之外，更无穷理。其究也，工夫与本体亦一。此慎独之
> 说，而后之解者往往失之。①

综合以上两条所引，我们可以看出，在对"心""性"关系的认识
上，刘宗周表现出的是与湛甘泉极为相似的具有"整合性"或言"圆
融性"特征的一致性。② 除此之外，在"理""气"，"已发""未发"，
"人心""道心"关系等问题上，刘宗周思想亦表现出此类特征，这方
面内容将在本书以后章节中有详细论述，在此不作赘述。这里仅强调，
刘宗周在思维方式上的"圆融性"特征当受影响于湛甘泉，因此可将
其归为"湛学"门下。并且，湛甘泉曾以这样一种"圆融性"的方式
来整合"程朱理学"与"陆王心学"之间的分歧。③ 其影响刘宗周处则
表现为，在面对王学后学左派"空疏"之病时，以"圆融性"的方式
来改造"王学"。

那么，既然性为心之理，性（理）之体认必在心之工夫，在这样
一种"湛学"所讲的由工夫中体认本体，本体工夫合一的结构性下，
王阳明的"致良知"思想又有什么样的学理问题呢？如上所述，湛学
以一种统合心性、理气的"圆融性"方式为思维方式，以整合"程朱
理学"和"陆王心学"之间的分歧。阳明学的问题，按甘泉的理解，

---

① （明）刘宗周：《中庸首章说》，《刘宗周全集》第二册，浙江古籍出版社 2007 年版，
第 300—301 页。

② 如乔清举先生讲："湛氏心学的宗旨，可称之为合理、气、心性而为一"。（参见乔清
举《湛若水哲学思想研究·序》，文津出版社 1993 年版。）

③ 如冯达文先生持这种观点。他讲：甘泉子藉《心性图》而融会了程、朱与陆、王的
歧见，无疑就显得圆熟。（参见黎业明《湛若水年谱·序》，上海古籍出版社 2016 年版，第 4
页。）

即强调主体之知，而忽略这种知之背后之根据应是天理。他在《新泉问辩录》中讲：

> 良知者何也，天理是也。到见得天理乃是良知；若不见得天理，只是空知，又安得良？①

从湛甘泉的批评可以看出，在湛甘泉的理解中，王阳明所讲的良知乃是知的层面，而作为知的合理性的最终根据应该是天理。天理是保证知识为"良"的前提和基础。在"良知"概念中，"甘泉甚至把'良知'分为'良'和'知'两层：'良'即具有客观规定性的天理……而'知'则为纯粹的感觉、思维能力或作用"，② "良知是从属于天理的，天理是良知的客观规定性"，③ 所以，"甘泉强调对良知必须有一个扩充的工夫，尤其是强调把读书作为扩充的方法，其原因就在于他的良知概念中所具有作为客观规定性内涵的天理，不能从本心自身中引申出来的，必须通过读书问学，才能获得对天理，从而亦是良知内涵的把握"④。

甘泉强调对良知必须有一个扩充的工夫，实际上是把"致良知"解释成为一个"动宾"结构的"短语"。而甘泉这种看法背后所从出的思维方式，即"良知"在甘泉的思想中是作为一个"学问"问题而存在的，所以甘泉讲良知时把其分解为"良"与"知"，良知概念在甘泉处是具有可分析性的。这种可分析性亦决定了甘泉必要追问"良知"之内容性。这种内容性的实在性才应该是"良知"得以成立的客观标准，甘泉把这个客观的根据称为"天理"。所以，甘泉讲："夫性即理也，夫心非独知觉而已也，知觉而察知天理焉，乃为心之全体。"这样来看，在甘泉的思想中，"良知"不是本，"理"才是本，"良知"作为知觉只是察知天理之"官能"。以"良知"为官能，以察为本之"理"，

---

① （明）湛若水：《新泉问辩录》（门人宜兴周冲编辑），《泉翁大全集之六十七》。
② 乔清举：《湛若水哲学思想研究》，文津出版社1993年版，第89—90页。
③ 同上书，第94页。
④ 同上。

这种认识方式在逻辑结构上，其实是与阳明所讲"致良知"之逻辑结构是一致的。但不同的是，"良知"在王阳明处所体现出的是一种"生命"性（此观点将于本书第四章第四节中作详细解释），即自然而然存在之人之心之本性之状态，而在甘泉处，"良知"则变成了一种外在性的知识结构的可分析的概念性存在，这种差别性使得甘泉必然走向对"良知"的内容性的客观根据的追问上，从而提出"天理"为"良知"之基。而这一"天理"之界说，亦不得不成为一外在"语言性"的存在。在这样的思维方式下，我们就不难理解为何甘泉理解"良知"只是主体之知的问题了。也正是有此对阳明"致良知"思想之"误解"，才有其批评王阳明思想支离之意。甘泉讲：

> 夫所谓支离者，二之之谓也。非徒逐外而忘内谓之支离，是内非外者亦谓之支离。过犹不及耳。必体用一原，显微无间，一以贯之乃可免此。[1]
>
> 曷谓支离，曰，或偏则外，或偏则内，二之皆支离也。人知偏外者谓之支离，而未知偏内者之为支离矣。偏外则忘本，忘本则迹；偏内故恶物，恶物则寂。二者皆支离之疚也。离也者，二而二之也。是故，致一则一矣。[2]

"支离"一词，见于"鹅湖之会"陆九渊批判朱熹之学之诗句"易简工夫终久大，支离事业竟浮沉"。但陆九渊所批评朱熹之"支离"，与湛甘泉此处所讲"偏则内外"之意是有差别的。陆九渊所批评朱熹学为"支离"，是指离开"本体"去体认天理，为一"论辩"之外求之学，所学之"理"必与"本心"相无凑泊而至于支离，而圣学之实功即在于切身之"体察"，身之本则在"心"。所以，陆子所批朱子之学，或讲"陆子心学"与"朱子理学"之差别，绝不是求理之于内外之差

---

① （清）黄宗羲：《甘泉学案一》，《明儒学案》（下），中华书局 2008 年版，第 881 页。
② （明）湛若水：《辩惑》（凡十五章），《泉翁大全集》。

别，而是在于在对"理"之问题之把握角度之不同。① 程朱求理于外之学，实际上是一种停留在先在承认"理"之存在的本体论层面的角度，即在思考"理"时，其先在规定了"理"的存在，然后再以格物的方式把握此理。但陆九渊所指向的是"应如何认识理"的问题，即陆九渊承认有是"理"，但此理绝不是一先在之"理"，而是要通过人之"心"这样一个"中介"之物才能够被把握的。这样所批判及欲避免的正是朱子所讲"格物穷理"方式中隐藏的外在文化的"异化"的危险。对此，朱熹亦有承认："向来诚是太涉支离。盖无本以自立，则事事皆病耳。又闻讲授亦颇勤劳，此恐或有未便。今日正要清源正本，以察事变之几微，岂可一向汩溺于故纸堆中，使精神昏弊，失后忘前，而可以谓之学乎？"② 所以，此心为把握"理"之条件、之"中介"，而非一客观实体性之存在。这样来看，朱陆之差别，乃是在于理论角度之不同，而不在于格物方向之向内向外。

但是，在甘泉思想中，"心"不是作为一个"中介"之物之存在，而是作为一个实体性的存在。所以，在甘泉的理解中，陆九渊之解"支离"之意，即主内。所以，朱陆之别即格物之格于"内"与格于"外"之别。在这样理解之前提下，象山（包括阳明）之学，必然被解释成为走向只体认本心而忽视外在修养之工夫，以走向所谓之"主观"。所以，如何合二家之问题，遂成为甘泉学之学术课题。其所用之方法，即可归结为合"理气""心气"等。而甘泉的这种思维方式，是被刘宗周所继承的。但此处需要注意，甘泉所批判之问题，我们可称之为对陆象山、王阳明本人之学之"误读"，但是，甘泉所批之问题的确存在于阳明后学中的多位思想家中。所以，这里顺提一句，把"良知"理解为"心"之主观性是"王学后学左派"之问题，而不是王阳明哲学本身之问题。湛甘泉以及刘宗周在这一问题上亦未作区分，因为他们本身所理解王阳明之"良知"就是一个知识性的理解。

① 本书将于余论第二节部分对"心学派"与"理学派"之差异作展开论述。
② （明）王阳明：《朱子晚年定论》，《王阳明全集》（上），上海古籍出版社1992年版，第132页。

由以上分析可知，甘泉"心学"一脉在对刘宗周理学思想的思维模式的形成过程中，是起到极其重要的作用的。不仅如此，甘泉所讲"天理"与"慎独"之关系，抑或对刘宗周提出以"慎独"为宗之学给予启发。

心问："如何可以达天德？"道通云："只体认天理之功，一内外，兼动静，徹始终，一息不容少懈，可以达天德矣。"盘亦问："何谓天德？何谓王道？"道通谓："君亦理会慎独工夫来。敢问慎独之与体认天理，果若是同与？"先生曰："体认天理与慎独，其工夫俱同。独者，独知之理，若以为独知之地，则或有时而非中正矣，故独者，天理也。此理惟己自知之，不但暗室屋漏，日用酬应皆然。慎者，所以体认乎此而已。若如是，有得便是天德，便即王道，体用一原也。"①

甘泉这段对于体认天理与慎独关系的解读，与刘宗周对慎独的理解是相同的。甘泉首先将"慎独"之"独"理解为"独知之理"，而非"独知之地"。"独知之地"为朱子之解，意指君子在独知之时仍能够按照君子之应有之德行来严格要求自己的言行。而甘泉认为，朱子之解为独知，落于知的层面或为外物所蔽，所以或有不为中之时。因此，"独"应解为"独知之理"，此理纯乎中正，为本体。而现实之日用酬应，无非知此天理，此工夫即是慎独。② 所以，慎独为工夫本体之合一，体用一原。刘宗周之解"慎独"与甘泉此处所解"慎独"之逻辑结构是完全一致的，而在内容上作了进一步的发挥，以图救治王学后学左派空疏之病。

基于以上论述，我们认为，刘宗周自早年从师许孚远，所继承的思

---

① （清）黄宗羲：《甘泉学案一》，《明儒学案》（下），中华书局 2008 年版，第 888—889 页。

② 唐枢对"慎独"亦有类似解法，他讲："性之感于世而应之，寂然不动，一触而遂通天下之故。天下之故，乃万物皆备之体，能使其体之全具，非养就寂本，乌得遂通？独乃感与应关棙，慎之所以持其两也。"见（清）黄宗羲《甘泉学案四》，《明儒学案》（下），中华书局 2008 年版，第 962 页。

虚位之体

维模式即是本于湛甘泉一系的具有"圆融性"的思维模式，这种思维方式影响了其对于王阳明思想的认识，进而形成了其改造王阳明思想的方式。但刘宗周并未停留在许孚远所讲"主敬""存天理"的教法下，而是自立以"慎独"为宗，这是与其在面对"时代课题"时所受启发之文化资源相联系的。

第 二 章

刘宗周"慎独"思想形成的文化资源

　　上章中对刘宗周从师许孚远一事之分析，来说明刘宗周在思维方式上继承了甘泉一系。与甘泉以"天理"与"良知"之辨批判王阳明思想的思维方式相同，刘宗周在面对"致良知"之学时，必要区分其为"至善"或"无善无恶"。这种思维方式背后所体现出的是，刘宗周在面对"致良知"问题时，把其当作了一个可以"分析"的学问问题。这是刘宗周理解王阳明思想以及理解王学的"第一出发点"。而又由于刘宗周所处之时代是"王学后学左派"空疏之病盛行之时代，所以，依刘宗周的思考方式，欲救治王学后学之病，其必要之处，即在于对工夫之强调。这是其"慎独"之说提出的思想前提和时代背景。刘宗周在改造王学的同时，亦有欲超越王阳明思想之企图。其以"慎独"立说，一方面是要说清王学之主旨，另一方面又不满于王学的以"致良知"归宗。所以，在处理王阳明思想时，刘宗周虽把王阳明归为圣学，但并非圣学之"唯一"之宗。因此，在刘宗周建立自己的学术思想体系时，便自然的"跳过"王阳明，寻找王阳明之前的儒家经典与先贤，如《四书》以及周敦颐、二程、朱熹等思想家的思想，作为建立及阐释其思想的文化资源。

　　在这些文化资源中，《中庸》及周敦颐的思想，无疑是对刘宗周"慎独"思想形成影响最大的。为说明此问题，本章于第一节分析刘宗周对《中庸》的解读以及其后言《学》《庸》互为表里对其"慎独"思想形成的影响；第二节论述其对周敦颐思想的继承与发挥。除此之外，刘宗周提出"慎独"之说，并力言此说乃是上追孔孟之儒门正脉，本章亦将于第三节对这一问题进行说明。

第一节　刘宗周对《中庸》
"慎独"之意的阐发

　　刘宗周关于《中庸》最重要的著作便是《中庸首章说》一文。《中庸首章说》一书写成于崇祯四年刘宗周与陶石梁先生共同讲学的"证人社"时期。关于《中庸首章说》成书的目的，刘汋在《年谱》中归为"著《中庸》首章大意，发明心性之说"，"是时先生专揭慎独之旨教学者"①。

　　据《证人社语录》记载，《中庸首章说》是"证人社"第五会中刘宗周因回答门人所问《中庸》首章大旨所作。第五会先是由付环如解《中庸》首章，而后刘宗周与陶石梁对其所讲进行评论以及进一步讲解其未说明的道理。陶石梁先生认为，"须向此中讨个合下承当处"②，刘宗周进而讲到，"学问吃紧工夫全在慎独，人能慎独，便为天地间完人"③，而"认得能睹能闻是独体，则慎独工夫便可下手矣"④。一友叹言"认得独体犹易，著实下工夫处甚难"，陶石梁告之须"认取主人翁"，刘宗周继而讲："主人翁只是一个，识认是他，下手亦是他。这一个只在这腔子内，原无彼此，有甚难易？吾辈惟真实承当这主人翁，日用间小小账簿自能料理。喜怒哀乐如何是中节，如何是不中节，都瞒过他不得，何难一一下手。"⑤ 一友接言"喜怒哀乐到无处，方是极致"，刘宗周答言："然则天地万物亦可无否？大凡学者问以问其所疑，

---

　　① （清）刘汋：《蕺山刘子年谱》，《刘宗周全集》第六册，浙江古籍出版社 2007 年版，第 101 页。
　　② （明）刘宗周：《证人社语录》，《刘宗周全集》第二册，浙江古籍出版社 2007 年版，第 565 页。
　　③ 同上。
　　④ 同上书，第 565—566 页。
　　⑤ 同上书，第 566 页。

言以其所信，言不由衷，岂能慎独？慎与不慎，人禽之关，不可不畏。"①

从这段会录记载来看，刘宗周是通过解答门人之疑问而将《中庸》首章之旨归结于其"慎独"思想的。其所作《中庸首章说》是对这一内容的具体表述。

在《中庸首章说》中，刘宗周首先是把中庸之道归为"慎独"。他讲："盈天地间皆道也，而统之不外乎人心。人之所以为心者，性而已矣。以其出于固有而无假于外铄也，故表之为'天命'……天即理之别名，此理生生不已处即是命……率此性而道在是，道即性也。修此性而教立焉，性至此有全能也……然则由教入道者，必自复性始矣。道不可离，性不可离也。"② 由此可见，刘宗周是在天、性、道、教的统一中规定出性的全能性，进而规定出心的全能性而指出"独"之所在。所以他接下来讲到："君子求道于所性之中，直从耳目不交处，时致吾戒慎恐惧之功，而自此以往，有不待言者矣。'其'指此道而言，道所不睹不闻处，正独知之地也。"③ 刘宗周把不睹不闻处归结为是独之地，那么如何识得这个独体？刘宗周认为："独体惺惺，本无须臾之间，吾亦与之为无间而已。惟其本是惺惺也，故一念未起之中，耳目有所不及加，而天下之可睹可闻者，即于此而在。冲漠无朕之中，万象森然已备也。"④ "独"本是无形无相而又无所不在的，"独"存在于一念的可睹可闻处。"独"在此处是一"本体"，这一本体并不是独立于外的存在，而是就在于万事万物的多样性之中，"君子乌得不戒慎恐惧、兢兢慎之！慎独而见独之妙焉"，把握独本体的方法即是"戒慎恐惧"。进一步，刘宗周把"独"规定为是喜怒哀乐之未发之"中"，"慎独"为"天地位""万物育"之"中和"，"慎独"之意即工夫即本体，即"中庸之

① （明）刘宗周：《证人社语录》，《刘宗周全集》第二册，浙江古籍出版社 2007 年版，第 566 页。

② （明）刘宗周：《中庸首章说》，《刘宗周全集》第二册，浙江古籍出版社 2007 年版，第 299 页。

③ 同上。

④ 同上。

虚位之体

道"。他讲：

> "喜怒哀乐之未发谓之中"，此独体也，亦隐且微矣。及夫发皆中节，而中即是和，所谓"莫见乎隐，莫显乎微"也。未发而常发，此独之所以妙也。中为天下之大本，非即所谓"天命之性"乎？和为天下之达道，非即所谓"率性之道"乎？君子由慎独以致吾中和，而天地万物无所不本，无所不达矣。达于天地，天地有不位乎？达于万物，万物有不育乎？天地此中和，万物此中和，吾心此中和，致则俱致，一体无间……极天下之至妙者矣，而约其旨不过曰"慎独"。独之外，别无本体；慎独之外，别无工夫，此所以为《中庸》之道也。①

在这里，刘宗周所讲之中，并非有具体的实体性指向之"中"本体，而是在一种未发之中与已发之和之"妙"中的互动之中的整体性概念，此即是"独"。这种对于"独"的规定，用刘宗周自己的话讲，即"独是虚位"。而其在具体内容上，则是已发与未发的合一，本体与工夫的合一。刘宗周因此也批评了只把"中"作为未发的观点。他在《学言》中讲：

> 喜怒哀乐之未发谓之中，先儒教人看此气象，正要人在慎独上做工夫，非想像恍忽而已。后儒苦于未发前求气象，不已惑乎？伊川谓"不当于喜怒哀乐未发之前求中"，正恐人滞在气象上，将中字作一物看，未便去做工夫，岂不辜负？昔日如温公念个中字，伊川便谓他不如持戒珠。②

由此可知，在刘宗周的理解中，未发之中是要放在具体的工夫中来理解的。在《中庸首章说》中，刘宗周是借说"气质之性"与"义理

---

① （明）刘宗周：《中庸首章说》，《刘宗周全集》第二册，浙江古籍出版社2007年版，第299—300页。
② （明）刘宗周：《学言》，《刘宗周全集》第二册，浙江古籍出版社2007年版，第372页。

之性"的关系来阐发这一思想的。刘宗周讲到:

> 或曰:"有气质之性,有义理之性。"则性亦有二与?为此说者,正本之人心道心而误焉者也。程子曰:"论性不论气不备,论气不论性不明,二之则不是。"若既有气质之性,又有义理之性,将使学者任气质而遗义理,则"可以为善,可以为不善"之说信矣。又或遗气质而求义理,则"无善、无不善"之说信矣。又或衡气质义理而并重,则"有性善、有性不善"之说信矣。三者之说信,而性善之旨复晦,此孟氏之所忧也。须知性只是气质之性,而义理者,气质之本然,乃所以为性也。心只是人心,而道者人之所当然,乃所以为心也。人心道心,只是一心;气质义理,只是一性。识得心一性一,则工夫亦一。静存之外,更无动察;主敬之外,更无穷理。其究也,工夫与本体亦一。此慎独之说,而后之解者往往失之。①

这段话首先批评了学者割裂气质、义理之性的做法,指出只强调气质之性会导致可善、可不善之说,而只强调义理之性则会导致无善、无不善之说。而分言气质之性与义理之性为二性则会造成性善、性不善之说。以上无论何种说辞都不是孟子乃至儒家人性观的实质。刘宗周认为,人心道心为统一、气质义理为统一,道心的存在是人心存在的基础;义理之性是气质之性的基础。要在人心中把握道心、气质之性中把握义理之性。所以,《中庸》中所讲心与性亦是合一的。刘宗周认为这正是《中庸》所发展并超越"虞廷心传"的地方。刘宗周在《学言》中对"虞廷心传"之意解释道:"人心,言人之心也;道心,言心之道也,心之所以为心也。可存可亡,故曰危;几希神妙,故曰微。惟精,以言乎其明也;惟一,以言乎其诚也,皆所谓惟微也。明亦可暗,诚亦可二三,所谓危也。二者皆以本体言,非以工夫言也。至允执厥中,方以工夫言。中者,道之体也,即精一之宅也。允执者,敬而已矣。敬以

---

① (明)刘宗周:《中庸首章说》,《刘宗周全集》第二册,浙江古籍出版社 2007 年版,第 300—301 页。

敬此明，是谓尝惺惺；敬以敬此诚，是谓主一无适。微故精，精故一。故曰惟微、惟精、惟一，连数之而语脉贯合，至允执一句方更端也。惟允执二字专以工夫言，故尧授舜，单提之而不见其不足。后之儒者，止因误解《大学》既有格致之功，又有诚正之功，以合之《中庸》明善诚身之说，因以上援虞廷，分精分一，既分精分一，则不得不分人分道，种种支离，而圣学遂不传于后世矣。"① 而此处其解《中庸》，正是本于此"合一"之旨，所以"心一性一，则工夫亦一。静存之外，更无动察；主敬之外，更无穷理。其究也，工夫与本体亦一"，即是刘宗周所强调的工夫落实之处。这样一来，刘宗周所讲"慎独"本体便有了实在下手之处，避免了"王学后学左派"所造成的空疏之病。

在说明儒家心性合一、气质义理合一、本体工夫合一之旨后，刘宗周提出"慎独"之说即是儒家千年文化的学脉，而只因前儒理解有偏失而使得其意不明。在此，他肯定周敦颐所讲"主静立人极"之意与王阳明"致良知"之教法，而对朱熹学问的支离之病提出批评。他说："昔周元公著《太极图说》，实本之《中庸》，至'主静立人极'一语，尤为'慎独'两字传神。"② 其后杨时、罗从彦、李侗一派学术宗旨教人看"喜怒哀乐之未发"时气象，而朱熹学于李侗，应当也受此影响。而程子一派则认为，"'静'字稍偏，不若专主于'敬'，又以'敬'字未尽，益之以'穷理'之说，而曰：'涵养须用敬，进学在致知'"③。而后，"朱子从而信之，初学为之少变，遂以之解《大》《中》，谓慎独之外，另有穷理功夫，以合于格致诚正之说。仍以慎独为动而省察边事，前此另有一项静存功夫"④。把慎独作为动察之事，而另立静存工夫，刘宗周认为这样是割裂了本体与工夫之间的统一性关系。而其后谈及王阳明"致良知"教法，刘宗周讲到：

---

① （明）刘宗周：《学言》，《刘宗周全集》第二册，浙江古籍出版社 2007 年版，第 473 页。

② （明）刘宗周：《中庸首章说》，《刘宗周全集》第二册，浙江古籍出版社 2007 年版，第 301 页。

③ 同上。

④ 同上。

近日阳明先生始目之为支离，专提"致良知"三字为教法，而曰"良知只是独知时"，又曰"惟精是惟一工夫，博文是约礼工夫，致知是诚意工夫，明善是诚身工夫"，可谓心学独窥一源。①

显然，刘宗周虽同意王阳明"致良知"之教法，其要是点出"良知只是独知时"以合"诚意"之说。进一步，他将"致良知"之说归本为"慎独"。他讲到：

至他日答门人"慎独是致知工夫"，而以中为本体，无可著力。此却疑是权教。天下未有大本之不立而可从事于道生者，工夫用到无可著力处，方是真工夫，故曰："勿忘勿助，未尝致丝毫之力。"此非真用力于独体者，固不足以知之也。大抵诸儒之见，或同或异，多系转相偏矫，因病立方，尽是权教。至于反身力践之间，未尝不同归一路，不谬于慎独之旨……学不知本，即动言本体，终无著落。学者但知穷理为支离，而不知同一心耳。②

这里需要注意的是，刘宗周认为王阳明所讲"慎独是致知工夫"为因病发药之"权教"，即是在其主观上认为王阳明亦认同以"独"为本体，"慎独"即"致良知"。其目的乃为立"慎独"之说在王阳明处找到合理的文本支撑。

刘宗周由《中庸首章说》一书揭示"慎独"之大旨，可以说此时正是刘宗周在公开讲学中初以"慎独"为教旨并直面王学后学"左派"之时。其教人体"独"，或言指出慎独工夫之"实践"之处在于静坐一关。《年谱》中讲：

或问慎独下手处，先生曰："且静坐。"又问："静坐中愈觉妄念纷

① （明）刘宗周：《中庸首章说》，《刘宗周全集》第二册，浙江古籍出版社2007年版，第301页。
② 同上书，第301—302页。

扰，奈何？"先生曰："心不能静，只为有根在，故濂溪教人必先之以无欲，以此故也。"①

这种教法是合于其所讲"静存之外更无动察，主敬之外更无穷理""学不知本，即动言本体，终无著落"之说的，其意盖欲人自体以"独"为本，但同时，以这一修养方法示人，亦有使人落入"空寂"之潜在危险，而使"独"成为一静止之"虚"体。刘宗周对这一问题是有所察觉的，按《年谱》次年（崇祯五年）冬十月条记：

是时先生用慎独工夫。独体只是个微字，慎独之功，只于微处下一著子，故专从静中讨消息。久之，始悟独说不得个静字，曰："一独耳，指其体谓之中，指其用谓之和。"又曰："中，阳之动也，和，阴之静也。不得以未发为静，已发为动。又不得以未发属性，已发属情。盖谓喜怒哀乐以四德言，不以七情言，亦一时事，不分前后际。"遂有丙子以后语录……②

由以上记载可见，刘宗周改言"独"兼"中和""阴阳""动静"等语，实欲在"动"时工夫处找到"慎独"之学之支点，而作为儒家文化自身修养工夫经典的《大学》很自然的便成为刘宗周思考这一问题的文化资源。刘宗周的解决途径可概括为：合《大学》《中庸》为表里，举"诚意"之旨而姑置"慎独"为第二义。按其所讲："一诚贯所性之全，而工夫则自明而入，故《中庸》曰诚身，曰明善；《大学》曰诚意，曰致知，其旨一也。要之，明善之善，不外一诚，明之所以诚之也；致知之知，不离此意，致之所以诚之也。本体工夫，委是打合。"③合言《大学》《中庸》之时，在崇祯九年（时年刘宗周五十九岁）。按

---

① （清）刘汋：《蕺山刘子年谱》，《刘宗周全集》第六册，浙江古籍出版社 2007 年版，第 101 页。

② 同上书，第 104 页。

③ （明）刘宗周：《学言》，《刘宗周全集》第二册，浙江古籍出版社 2007 年版，第 453 页。

《年谱》所记：

> 始以《大学》诚意，《中庸》已发未发之说示学者。①

此时刘宗周身虽在官，但多闲暇时间，心有所得便记录下，整理成书名为《独证编》。《独证编》中论《大学》时讲到：

> 《大学》之言心也，曰忿懥，恐惧，好乐，忧患而已。此四者心之体也。其言意也，则曰好好色，恶恶臭。好恶者，此心最初之机，即四者之所自来。故意蕴于心，非心之所发也。又就意中指出最初之机，则仅有知善知恶之知而已，此即意之不可欺者也。故知藏于意，非意之所起也。又就知中指出最初之机，则仅有体物不遗之物而已，此所谓独也。故物即知，非知之所照也。大学之教，一层切一层，真是水穷山尽学问，原不以诚意为主，以致良知为用神者。
> 大学之教，只要人知本。天下国家之本递在身，身之本在心，心之本在意。到意处已无可推矣，而工夫则从格致始，谓致其知止之知，而格其物有本末之物，要归止至善云耳。格致者，诚意之功。工夫结在主意中，方为真工夫。如离却意根一步，亦更无格致可言。故格致与诚意二而一，一而二者也。②

论《中庸》则讲到：

> 程子云"喜怒哀乐未发谓之中，此时下不得个静字"，已是千古卓见，却不肯下个动字。然人安得有无喜怒哀乐之时？而后儒苦于未发前求气象，不已惑乎？须知一喜怒哀乐，而自其所存言谓之中，自其所发言谓之和（以表里对待言，不以前后际言也）中，阳之动也；和，阴

---

① （清）刘汋：《蕺山刘子年谱》，《刘宗周全集》第六册，浙江古籍出版社2007年版，第117页。
② 同上。

之静也。合阴阳动静而妙合无间者，独之体也。①

刘宗周认为《大学》中意为心之所存，意之好善恶恶为心之最初之机，而此知善知恶之知又藏于意中，知即是物，知之最初之机即是独。所以，格物致知就可归本于诚意。因此，刘宗周必认"意为心之所存，非所发也。朱子以所发训意，非也"；而谈及《中庸》，刘宗周则特别强调出"喜怒哀乐，而自其所存言谓之中，自其所发言谓之和（以表里对待言，不以前后际言也）"，这即是把"中""和"之间的关系规定为逻辑上的空间关系，而不是事物发展过程中的时间关系。进而，他指出"中"为阳之动，"和"为阴之静，阴阳动静妙合无间而为独之体。结合上面所讲《大学》意为心之所存，刘宗周这里所讲"中"为阳之动即是认为人无无喜怒哀乐之时，正如无无知善知恶之时，所以看似静时，实为心、意、知、物已动之机。刘宗周此处解《大学》《中庸》，与前儒所解有两点主要的区别：第一，刘宗周把意规定为心之所存而非所发；第二，把中规定为阳之动，和规定为阴之静。

或人质疑以"中"言"动"、以"和"言"静"之说，刘宗周以"动而无动，静而无静"之语作答，《年谱》记：

或问：寂然之时，四气冥于无端，感而遂通之时，四气造于有象，安得以未发为动，已发为静乎？曰：寂然之时，喜怒哀乐未始沦于无；感而遂通之时，喜怒哀乐未始滞于有。以其未始沦于无，故当其未发，谓之阳之动，动而无动故也；以其未始滞于有，故及其已发，谓之阴之静，静而无静故也。动而无动，静而无静，神也，性之所以为性也。动而无静，静而无动，物也，心之所以为心也。（他日先生曰：《大学》首揭三纲，表人心之道体。次详八目，示精一之全功。而执中之义已蕴于此矣。至子思直指喜怒哀乐谓之中，阐尧、舜以来相传之意。其言未发之中，即意诚之真体段，故皆以慎独为本教。乃知《学》《庸》二书

---

① （清）刘汋：《蕺山刘子年谱》，《刘宗周全集》第六册，浙江古籍出版社2007年版，第117—118页。

相为表里，示后人以入道指诀。自圣学不明而心宗道晦，言《大学》者以把持念虑为诚意之功，而道心竟淆于危殆；言《中庸》者以静观气象窥未发之眹，而中体或落于偏枯。于是二书自相矛盾，学术浸以支离，更数千年，流祸未已，则亦吾儒之说有以启之也。)①

　　根据前文之解释，此处对刘宗周答语的理解便不必拘于细节之词。其大旨是讲动静实为一机而不可分言，《大学》《中庸》二书相为表里，其宗旨即归为"慎独"。而刘宗周此处改前儒观点之意义何在？在以"动而无动，静而无静，神也，性之所以为性也。动而无静，静而无动，物也，心之所以为心也"回答或人之疑问中可以看出，这样做的目的即是要通过对"心""性"之间"互动性"关系的描述来消除"独"本体的僵死性缺陷。但我们也应注意到，刘宗周的这种方式是以语言的"辩证性"来描述出的"独"之动。

　　由此可见，刘宗周是将作为本体之"独"描述成为一个集心性合一、动静合一、未发已发合一的整体性的结构性本体。在这一结构性的"慎独"系统中，"《中庸》从不睹不闻说"，所以"不睹不闻，天之命也；亦睹亦闻，性之率也；即睹即不睹，即闻即不闻，独之体也"②；"《大学》从意根上说"，所以，"意根最微，诚体本天；本天者，至善者也……于此寻个下手工夫，惟有慎之一法，乃得还他本位，曰独。仍不许乱动手脚一毫，所谓诚之者也。此是尧、舜以来相传心法，学者勿得草草放过"③。"慎独"因其自"不睹不闻"，"本天"，所以"独"为"本"；又因其本于"意根"，慎独之功落于"诚意"之实在之处。这样，"慎独"就成为了一个合"本体"与"工夫"的结构性"本体"观念，这是刘宗周解《中庸》首章及《大学》以发明"慎独"思想之

---

　　①　（清）刘汋：《蕺山刘子年谱》，《刘宗周全集》第六册，浙江古籍出版社 2007 年版，第 118 页。

　　②　（明）刘宗周：《学言》，《刘宗周全集》第二册，浙江古籍出版社 2007 年版，第 392 页。

　　③　（清）刘汋：《蕺山刘子年谱》，《刘宗周全集》第六册，浙江古籍出版社 2007 年版，第 453—454 页。

意。同时，刘宗周将解《中庸》之意与《大学》相结合，将"诚意"工夫置于"慎独"思想中，从而将《大学》之工夫归结于"诚意"一关，以求"修正"王阳明所解之《大学》。这是其晚年致力于修订《大学》改本的思想前提，本书将于第五章对此问题进行详细论述。

第二节　"慎独"与周敦颐思想

刘宗周借解《中庸》首章而阐释其"慎独"本体观念。而在宋明诸儒中，刘宗周最为推崇的是周敦颐。① 在刘宗周看来，圣学之脉即在"慎独"，其至宋学，即是周敦颐所讲"主静立极"。如《学言》中载："圣学之要，只在慎独。独者，静之神、动之机也。动而无妄，曰静，慎之至也。是谓主静立极。"②

周敦颐思想对刘宗周"慎独"思想发展之影响，强为之分析来说，可分为三个层面："独"与"无极而太极"的本体观；"几"与"意"的工夫下手处；以及仿照《太极图说》而作《人谱》阐发圣学之工夫。而这三方面实乃是一整体的。

一　"独"与"无极而太极"

从《年谱》中的记载来看，刘宗周在万历四十二年（1614 年）五月自京回家，开始闭门读书时应已对周敦颐之学有所涉猎，其著论中"大哉心乎！原始要终，是故知生死之说"一句显然是模仿《太极图说》的语气。在"证人社"时期，刘宗周也以"心不能静，只为有根在，故濂溪教人必先之以无欲，以此故也"③ 一语强调"慎独"工夫下手处。而刘宗周开始著书发明周敦颐之学，则应是始于崇祯七年（1634

---

① 刘宗周对周敦颐思想之推崇，刘汋《年谱》中并未记述其原因，但从刘宗周的师承关系来看，此或亦源自湛若水。盖湛若水作《圣学格物通》首列"诚意"格，"诚意"首要在"审几"。

② （明）刘宗周：《学言》，《刘宗周全集》第二册，浙江古籍出版社 2007 年版，第 361 页。

③ （清）刘汋：《蕺山刘子年谱》，《刘宗周全集》第六册，浙江古籍出版社 2007 年版，第 101 页。

年）时所著《圣学宗要》。

按《年谱》记载，《圣学宗要》成书于此年夏六月。其著书目的为：

> 先生谓：孔、孟既没，周、程、张、朱起而承之，又三百年而得阳明子，其杰然者。顾分合异同之间，学者多不得其要归，乃辑五子书之要者诠解之。周子则《太极图说》，程伯子则《识仁》《定性书》，张子则《东铭》《西铭》，朱子则《答张敬夫中和说》及《答湖南诸公书》，阳明子则《与陆元静良知答问》及《拔本塞源论》，大约以"主静立人极"一语为宗，而其余诸子，俱要归于此，为《圣学宗要》云。①

《圣学宗要》是研究刘宗周思想的一部重要著作。在此书中，刘宗周从己见出发而辑宋明理学各家著作并加以注释，而最终归宗于周敦颐"主静立人极"一语。并且，刘宗周对于推崇周敦颐这一学术思想倾向不仅仅体现于《圣学宗要》一书，在其他著作中亦有所体现。按刘汋《年谱》所记："……及《圣学宗要》《人谱》《原旨》《读易图说》《证学杂解》诸书，大抵于先儒成说掀翻无遗，即延平看未发气象，亦谓落边际，独信濂溪、伯淳为无弊。俱卓然明道之书也。"②

《圣学宗要》引周敦颐《太极图说》一书。③《太极图说》首句言"无极而太极"，关于"无极而太极"之意，自有宋以来，就一直存在着对于此句是"本体论与宇宙论的理解争论"④。这个问题最早是被朱

---

① （清）刘汋：《蕺山刘子年谱》，《刘宗周全集》第六册，浙江古籍出版社2007年版，第106页。另：此段文字与《圣学宗要·引》中刘宗周所言大意相同，而比《引》中文字更简洁，故选用此段文字。详见（明）刘宗周《刘宗周全集》第二册，浙江古籍出版社2007年版，第228页。

② （清）刘汋：《蕺山刘子年谱》，《刘宗周全集》第六册，浙江古籍出版社2007年版，第104—105页。

③ 在《五子连珠》中，刘宗周亦引《太极图说》作为周敦颐学问之大旨，并言此书为其"得统于孔、孟处"。《圣学宗要》与《五子连珠》在内容上皆引周敦颐、程颢、张载及朱熹著作，不同处是《圣学宗要》引阳明著作，而《五子连珠》引程颐著作。但两书的成书目的指向上有差别，不可因其皆引上述儒者著作而归为同一类。此问题将于下一节作详细论述。

④ 张连良：《周敦颐"人极"标准思想的哲学意义》，《人文杂志》2006年第6期。

熹发现的，他在《记濂溪传》中讲到：

> 戊申（孝宗淳熙十五年）六月，在玉山邂逅洪景卢（洪迈）内翰，借得所修国史。中有濂溪、程、张等传，尽载《太极图说》，盖濂溪于是始得立传。做史者于此为有功矣。然此说本语首句但云"无极而太极"，今传所载乃云"自无极而为太极"。不知其何所据而增此"自""为"二字也。夫以本文之意，亲切浑全，明白如此，而浅见之士犹或妄有讥议。若增此字，其为前贤之累，启后学之疑，益以甚矣。谓当请而改之而或者以为不可。①

在有无"自""为"二字之问题上，刘宗周的理解是同意于朱熹的，他讲："太极本无极，是直截语。如后人参解，乃曰'太极本于无极'耳，信如此，岂不加一重障碍？"②

另，朱熹在《太极图说解》中，对"无极而太极"的含义解释为：上天之载，无声无臭，而实造化之枢纽，品汇之根柢也。故曰："无极而太极。"非太极之外，复有无极也。③《太极图说解·附辨》进一步解释了这样理解的原因，朱熹讲：

> 万物之生，同一太极者也。而谓其各具，则亦有可疑者。然一物之中，天理完具，不相假借，不相陵夺，此统之所以有宗，会之所以有元也。是则安得不曰各具一太极哉！若夫所谓体用一源者，程子之言盖已密矣。其曰"体用一源"者，以至微之理言之，则冲漠无朕，而万象昭然已具也。其曰"显微无间"者，以至著之象言之，则即事即物，而此理无乎不在也。言理则先体而后用，盖举体而用之理已具，是所以为一源也。言事则先显而后微，盖即事而理之体可见，是所以为无闲也。然则所谓一源者，是岂漫无精粗先后之可言哉？况既曰体立而后用

---

① （宋）朱熹：《朱子全书》第24册，上海古籍出版社2002年版，第3410页。

② （明）刘宗周：《学言》，《刘宗周全集》第二册，浙江古籍出版社2007年版，第464页。

③ （宋）朱熹：《朱子全书》第13册，上海古籍出版社2002年版，第72页。

行，则亦不嫌於先有此而后有彼矣。①

按朱熹的解释，"太极"是造化的枢纽、品汇的根据；但因为太极无声无臭，所以其属性为"无"。并且"太极"即是他所讲的"理"。这样的解释，即是把"无极而太极"解释成为一个偏正的结构——"太极"为本体，"无极"是"太极"的属性。除朱熹外，宋明儒者如二程、张载、陆九渊、王阳明等亦有对"无极而太极"的不同解释，但本质上都是以"本体论"的思维方式来理解的。②

在《太极图说》的按语中，刘宗周首先阐述他对"无极而太极"一词的理解，他写道：

"一阴一阳之谓道"，即太极也。天地之间，一气而已，非有理而后有气，乃气力而理因之寓也。就形下之中而指其形而上者，不得不推高一层以立至尊之位，故谓之太极；而实本无太极之可言，所谓"无极而太极"也。使实有是太极之理，为此气从出之母，则亦一物而已，又何以生生不息，妙万物而无穷乎？今曰："理本无形，故谓之无极。"无乃转落注脚。太极之妙，生生不息而已矣。③

刘宗周解"太极"为道、理，并且规定理存在于气之中。虽本无"太极"的实体形式，但因为"太极"为形上之根据，要推高它的位置，所以叫作"太极"；又因为有"太极"之理，理是蕴藏于气之中之理，并无任何形态可言，所以又称为"无极"。可见刘宗周对"无极而太极"的解释也是本于"本体论"的思维方式。但刘宗周对于"太极"的解释亦有与先儒所不同之处，这一点黄宗羲概括为是"太极为万物之

---

① （宋）朱熹：《朱子全书》第 13 册，上海古籍出版社 2002 年版，第 77—78 页。

② 陆九渊与朱熹有"无极""太极"之辨。按陆九渊的理解，"太极"为本，而"无极"为赘语。但二人对"太极"之认识都是本体论的思维方式。（文字详见《与朱元晦》，《陆九渊集》，中华书局 1980 年版，第 21—30 页。）

③ （明）刘宗周：《圣学宗要》，《刘宗周全集》第二册，浙江古籍出版社 2007 年版，第 230 页。

总名"。按《年谱》记载：（崇祯十年）冬十一月，辨解太极之
误……曰：

子曰"易有太极"，周子则云"无极而太极"，无极则有极之转语，
故曰"太极本无极"，盖恐人执极于有也。而后之人又执无于有之上，
则有是无矣。转云无是无，语愈玄而道愈晦矣。因曰："一奇即太极之
象，因而偶之，即阴阳两仪之象。两仪立而太极即隐于阴阳之中，故不
另存太极之象。"于是纵言之，谓："道理皆从形气而立，离形无所谓
道，离气无所谓理。"曰："天者万物之总名，非与物为君也；道者万
器之总名，非与器为体也；性者万形之总名，非与形为偶也。"又曰：
"理即是气之理，断然不在气先，不在气外。知此，则知道心即人心之
本心，义理之性即气质之本性，千古支离之说可以尽扫，而学者从事于
入道之路，高之不堕于虚无，卑之不沦于象数，道术始归于一乎！"
（他日，先生曰："千秋上下，大道陆沉，总坐无极太极四字。学者且
细读《通书》，寻个入门。"）①

按刘宗周的理解，"太极"虽为道、理，但"太极"并不是独立存
在于事物之外的，而是"皆从形气而立"的。"离形无道""离气无理"
强调了本体与工夫之间的统一性关系，进而规定出"天者万物之总名"
则是对"太极"本体意的解释。以"总名"言"太极"，正见"太极"
作为"本体"在刘宗周处，为一"虚位"概念。把"太极"理解为
"万物"之"总名"为刘宗周之独见，以此统"道心""人心"为一
心，"气质""义理"为一性以合"独"体之意。

接下来，刘宗周在解"圣人定之以中正仁义，而主静，立人极焉"
时讲：

惟圣人深悟无极之理，而得其所为静者主，乃在中正仁义之间，循

① （清）刘汋：《蕺山刘子年谱》，《刘宗周全集》第六册，浙江古籍出版社 2007 年版，
第 120—121 页。

理为静是也。①

对于这段话的理解，应注意刘宗周讲"静"为"循理"。曾有人对此解提出质疑，"或曰：'周子既以太极之动静生阴阳，而至于圣人立极处，偏著一静字，何也？（阴阳动静，无处无之。如理气分看，则理属静，气属动，不待言矣。）'曰：'循理为静，非动静对待之静。'"②《学言》中，刘宗周亦多处强调周子之"静"非"动静"之静，他讲：

周子主静之静，与动静之静迥然不同。盖动静生阴阳，两者缺一不得，若于其中偏处一焉，则将何以为生生化化之本乎？然则何以又下个静字？曰："只为主宰处著不得注脚，只得就流行处讨消息。"亦以见动静只是一理，而阴阳太极只是一事也。③

问："未发气象从何处看入？"曰："从发处看入。""如何用功夫？"曰："其要只在慎独。""兼动静否？"曰："功夫只在静，故云主静立人极，非偏言之也。""然则何以从发处看入？"曰："动中求静，是真静之体；静中求动，是真动之用。体用一源，动静无端，心体本是如此。"（体用一原，显微无间，此宋儒见道之语，后人往往信不过。）④

刘宗周首先讲周敦颐之"静"并不是"动静"之静。因为动静之变化即是阴阳之道的变化，二者缺一不可。此处静字之意是指"因主宰处著不得注脚"，因此"只得就流行处讨消息"，"动中求静，是真静之体"，"体用一源，动静无端"，此显然"慎独"之功。刘宗周又有言"周子言中正，即中和之别名"⑤，意即是合《太极图说》与《中庸》

---

① （明）刘宗周：《圣学宗要》，《刘宗周全集》第二册，浙江古籍出版社 2007 年版，第231 页。

② （明）刘宗周：《学言》，《刘宗周全集》第二册，浙江古籍出版社 2007 年版，第401页。

③ 同上书，第378 页。

④ 同上书，第374 页。

⑤ （明）刘宗周：《学言》，《刘宗周全集》第二册，浙江古籍出版社 2007 年版，第421页。

之旨为一，而其最终意旨即是以此合其"慎独"之说。《学言》中又讲："'圣人定之以仁义中正，而主静立人极焉。'分明为《中庸》传神。盖曰'致中和'而要之于慎独，云'慎独'所以致中和。而周子先言'定以仁义中正'，亦阴阳之外别无太极耳。故曰：'一阴一阳之谓道。'"①

刘宗周以"总名"释"太极"，"太极"之理即是存在于万事万物之中，所以"天地此太极，圣人此太极"②。进而其解"原始反终，故知死生之说"讲：

> 自无极说到万物上，天地之始终也。自万事反到无极上，圣人之终而始也。③

刘宗周讲"始终之说"即是"生死之说"，并以此驳斥释氏之学。他认为佛家所讲生死即是向出生之前去追问，此种生死观只是关乎个人之生死，所以以"无生为了义"；而儒家所讲的生死观，即是"生生不穷"之意，这种生死观即是与天地万物为一体的，"以无生为了义，只了得一身。以生生而不穷为了义，并天地万物一齐俱了"④。

由此，刘宗周以"万物之总名"解"太极"以合"独"体；以"主静立极"说明"慎独"工夫。刘宗周又有"'主静立人极'，只是诚意好消息"⑤一语，以强调"诚意"为"慎独"入手处之意。

二 "诚意"与"几"

刘宗周借解《通书》之意，以发明"诚意"之功。在解《通书·

---

① （明）刘宗周：《学言》，《刘宗周全集》第二册，浙江古籍出版社2007年版，第416—417页。

② （明）刘宗周：《圣学宗要》，《刘宗周全集》第二册，浙江古籍出版社2007年版，第231页。

③ 同上。

④ 同上。

⑤ （明）刘宗周：《学言》，《刘宗周全集》第二册，浙江古籍出版社2007年版，第446页。

诚下第二》章首句"圣，诚而已矣"时，他讲：

　　诚则无事矣，更不须说第二义。才说第二义，只是明此诚而已，故又说个"几"字。①

　　周敦颐讲"几"字，见于《通书》下章《诚几德第三》："诚无为，几善恶，德爱曰仁，宜曰义，理曰礼，通曰智，守曰信。"②

　　刘宗周言"诚"不须说第二义。关于"诚"字，刘宗周在《学言》中说道："圣贤垂训，字字皆可发病，惟诚字无病，所谓调元剂也。一诚立，而万善从之。"③

　　刘宗周言"诚"字无病，一诚立而万善从之，即是从本体意义上讲"诚"，此时"诚"之意即是"无极而太极"之意，"诚之功"即合于"主静立人极"之意上。所以刘宗周归结其意讲："周子之学，以诚为本，从寂然不动中抉诚之本，故曰：'主静立极。'本立而道生，千变万化皆从此出。化吉凶悔吝之途，而返复其至善之体，是主静真得力处。静妙于动，动即是静。无静无动，神也，一之至也，天之道也。呜呼！至矣。"④

　　其言"几"曰：

　　濂溪曰"几善恶"，故阳明亦曰"有善有恶"。濂溪曰："动而未形，有无之间者几也"，阳明亦曰"意之动"。然两贤之言相似而实不同，盖先儒以有无之间言几，后儒以有而已形言几也。曰"善恶"，言有自善而之恶之势，后儒则平分善恶而已。或曰"意非几也"，则几又

---

　　① （明）刘宗周：《学言》，《刘宗周全集》第二册，浙江古籍出版社2007年版，第401页。

　　② （宋）周敦颐：《通书》，《周敦颐集》，中华书局1990年版，第15页。

　　③ （明）刘宗周：《学言》，《刘宗周全集》第二册，浙江古籍出版社2007年版，第378页。

　　④ 同上书，第364—365页。

宿在何处？意非几也，独非几乎？①

 濂溪曰"几善恶"，即继之曰："德，爱曰仁，宜曰义，理曰礼，通曰智，守曰信。"此所谓德几也，道心惟微也。几本善，而善中有恶，言仁义非出于中正，即是几之恶，不谓忍与仁对，乖与义分也。先儒解几善恶，多误。②

 刘宗周首先区分了"几善恶"与"有善有恶"之别。"几善恶"指善恶未发之时；而"有善有恶"则是已发之时。所以周敦颐所讲"几善恶"之意并非平分善恶之意，而是讲自善中有可恶之势，其原因即在于其"仁义"非出于中正之时。③ 按其所言"几本善"可见，刘宗周解"几"为善，而又言"几"为"意"，这里面所存在的问题即是，按刘宗周的理解方式，则"意"必为善而恶恶，这样的理解方式是与先儒所不同的。关于这个问题，其门人就曾有过疑问："周子尝曰'几善恶'，盖言意也。今曰'好善恶恶者意之静'，则善恶者意乎？好善恶恶者意乎？"④ "善恶者意乎"即是讲意有善有恶；"好善恶恶者意乎"则讲的是意为善根，这一问题的实质，按刘宗周自己的意思讲，即是辨"意"为"心之所存"还是为"心之所发"。刘宗周对此问题的回答可以说是非常机智的，他讲："吾请以孔子之言折之。曰：'几者，动之微，吉之先见者也。'曰'动之微'，则动而无动可知；曰'先见'，则不著于吉凶可知；曰'吉之先见'，则不沦于凶可知。此'诚意'真注疏也。周子曰'几善恶'，正所谓指心而言也。"⑤ 刘宗周首先引孔子之语解"几"为"吉之先见"，可知"几"所指向为善；又言"几"为

---

① （明）刘宗周：《学言》，《刘宗周全集》第二册，浙江古籍出版社 2007 年版，第 445 页。

② 同上。

③ 以"中正"言善，可参见许孚远《九谛》之二，其有言：宇宙之内，中正者为善，偏颇者为恶，如冰炭黑白，非可私意增损其间。见（清）黄宗羲《泰州学案五》，《明儒学案》（下），中华书局 2008 年版，第 862 页。

④ （明）刘宗周：《学言》，《刘宗周全集》第二册，浙江古籍出版社 2007 年版，第 391 页。

⑤ 同上。

"诚意"注疏，而最终指向心体。那么，此时之"几"即是具有了"本体"意，所以"几"亦是"独"。刘宗周这样的解释方式，即是把"诚无为，几善恶"看作"至善"本体自身的运动，而把"爱曰仁，宜曰义，理曰礼，通曰智，守曰信"看作是"本体"的表现形式。

　　进而，刘宗周通过解《通书·思第九》章之意以发明"思诚"之意，他讲：

　　《通书》此章最难解，周子反复言诚、神、几不已，至此指出个把柄，言思是画龙点睛也。思之功全向几处用。几者动之微，吉之先见者也。知几故通微，通微故无不通，无不通故可以尽神，可以体诚，故曰："思者圣功之本，而吉凶之机也。"吉凶之机，言善恶由此而出，非几中本有善恶也。几动诚动，言几中之善恶方动于彼，而为善去恶之实功已先动于思。所以谓之"见几而作，不俟终日"，所以谓之"知几其神"。机非几也，言发动所由也。①

　　"机非几也"，刘宗周在《学言》中谈到"机"与"发"的区别时讲："发非机也，以发为机，矢已在的矣，况机乎？由字即自字，《中庸》曰'知风之自'。"②刘宗周强调于"几"处作用思之功，意在指明"慎独"的下手处。思之功，"知几故通微，通微故无不通，无不通故可以尽神，可以体诚"，而"诚"为"天之道"。他讲："乾，天道也。诚者，天之道也，四德之本也。诚之者，人之道也。立诚所以立命也，知几其神所以事天也。圣同天，信乎！"③在刘宗周看来，"周子诚、神、几三字，作一事看，无有前后际，亦无粗细"④，表明由"思"入"诚"，以工夫体证本体之意。至此，刘宗周通过"几"言意、言独；又强调"思"为"几"之功，以统一本体与功夫二者之间的关系。

---

　　①　（明）刘宗周：《学言》，《刘宗周全集》第二册，浙江古籍出版社2007年版，第469—470页。
　　②　同上书，第436页。
　　③　同上书，第364页。
　　④　同上书，第437页。

因此，周子《太极图说》《通书》之旨，即《中庸》之旨，而皆本于"慎独"。《学言》中讲：

> 良知不学不虑，万古常寂，盖心之独知如此。故《中庸》一书，极其指点，曰"不睹不闻"，曰"不言不动"，曰"不见"，曰"无为"，曰"不显"，曰"不大"，曰"无声无臭"，曰"隐"，曰"微"，曰"闇"，曰"无倚"，可为深切著明。至周子始据此作《太极图说》，曰"无"，曰"静"，《通书》曰"诚无为"，而终之以艮止之义。①

三 《人谱》与《太极图说》

周敦颐思想对刘宗周"慎独"思想发展所起影响的另一重要事实，即是刘宗周仿《太极图说》体例而著《人谱》一书。

据《年谱》记载，《人谱》一书成书于崇祯七年秋八月（时年刘宗周五十七岁）。刘汋记言：

> 《人谱》者，谱人之所以为人也。首《人极图说》，言人心之体分为二五，散为万善，极而至于天覆地载，民胞物与，不外此心之知能。乃其工夫，要之善补过，以异于不思善恶之旨。次《六事工课》，即发明《图说》之意，终之以《纪过格》，言过不言功，远利也。②

应当说刘汋对于《人谱》一书主旨的概括是十分恰当的，《六事工课》（即《证人要旨》）发明《图说》之意更是刘宗周继承并发挥周敦颐"无极而太极"思想之证。《人谱》是刘宗周学术思想中的一部非常重要的著作，据《年谱》记载，刘宗周在绝食而亡的前一月中，仍在改定《人谱》。刘汋在《年谱》中讲道："先生于《谱》中未当者再加改正。是书凡三易稿始定。又取古人言行，从《纪过格》诸款类次以

① （明）刘宗周：《学言》，《刘宗周全集》第二册，浙江古籍出版社 2007 年版，第 411 页。

② （清）刘汋：《蕺山刘子年谱》，《刘宗周全集》第六册，浙江古籍出版社 2007 年版，第 106 页。

备警，名《人谱杂记》。(《杂记》尚未毕草。先生临绝，命汋补之，敬受命成书)。"① 由此可见刘宗周对于《人谱》的重视程度。

关于《人谱》成书的历史背景，刘汋于《年谱》中提到：秦弘祐仿袁了凡《功过册》一书而著《迁改格》，此书大旨为"善与过对举，一理性情，二敦伦纪，三坊流俗，四广利济"②。当刘宗周读到此书，讲"此害道之书也"，而后有感而作《人谱》。

刘宗周作《人谱》之前，曾与秦弘祐有书信往来，以陈《迁改格》为害道之书。首信中刘宗周讲：

> 有过，非过也。过而不改，是谓过矣。有善，非善也，有意为善，亦过也……仆以为论本体决其有善无恶，论工夫则先事后得，无善有恶可也。③

又有《答弘祐书》言：

> 仆窃谓天地间道理只是个有善而无恶。我辈人学问只是个为善而去恶。言有善便是无恶，言无恶便是有善。以此思之，则阳明先生所谓"无善无恶心之体"，未必然也。言为善便是去恶，言去恶便是为善，即阳明先生所谓"去人欲便是存天理"是也。以此思之，则阳明先生所谓"为善去恶是格物"，亦未必然也。④

由此可见，刘宗周《人谱》一书虽直言为针对《迁改格》所作，但其实质指向不止于此，而亦有针对整个"王学后学左派"空疏之病。关于这一指向，《四库提要》曾指出：

---

① (清)刘汋：《蕺山刘子年谱》，《刘宗周全集》第六册，浙江古籍出版社2007年版，第164页。

② 同上书，第106页。

③ 姚明达：《刘宗周年谱》，《刘宗周全集》第六册，浙江古籍出版社2007年版，第372页。

④ 同上书，第373页。

《人谱》明刘宗周撰。姚江之学多言心，宗周惩其末流，故课之以实践。是书乃其主蕺山书院时所述以授生徒者也。《人谱》一卷，首列《人极图说》，次《记过格》，次《改过说》。《人谱类记》二卷，曰《体独篇》、曰《知几篇》、曰《凝道篇》、曰《考旋篇》、曰《作圣篇》，皆集古人嘉言善行，分类录之，以为楷模。每篇前有总记，后列条目，间附以论断。主於启迪初学，故词多平实浅显。兼为下愚劝戒，故或参以福善祸淫之说。然偶一及之，与袁黄《功过格》立命之学终不同也。或以芜杂病之，则不知宗周此书本为中人以下立教，失其著作之本旨矣。①

"课之以实践"指出《人谱》对修养工夫的强调，"为中下人立教"，亦见刘宗周作为鸿儒的责任担当。杜维明先生也从这一角度谈道：

宗周《人谱》就是为了所有明代之士，为那些灵魂还没有彻底被污染，还有一点点自觉意识的知识分子而作的。除此之外，即是对那些良知已经完全泯灭、灵魂已经完全堕落的人，《人谱》也未曾放弃。同时，对于那些大字不识一个，分属于农、工、商阶层的人，《人谱》也一样有用、一样适合。②

我们可以由此总结：《人谱》即是刘宗周面对明朝末年"王学后学左派"的玄虚空洞，为拯救世人而作之儒门"教化"（修养工夫）之书。按姚明达的说明，《人谱》一书原名《证人小谱》，版本不一，而刘宗周又"再三修改"。今存《人谱》一书首《人谱正篇》，载《人极图》及《人极图说》；后有《人谱续编》（一、二），载《证人要旨》《纪过格》等以及"取古人言行，从《纪过格》诸款类次以备警"而成的《人谱杂记》③。《人极图说》全文如下：

---

① （明）刘宗周：《人谱、人谱类记提要》（浙江巡抚采进本），《刘宗周全集》第六册，浙江古籍出版社 2007 年版，第 709—710 页。

② 杜维明：《人谱道德精神世界》，《学术月刊》2001 年第 7 期。

③ 《人谱杂记》系刘宗周死后由刘汋按其意编纂而成。

无善而至善，心之体也。继之者善也。成之者性也。由是而之焉，达于天下者，道也。放勋曰："夫子有亲，君臣有义，夫妇有别，长幼有序，朋友有信。"此五者，五性之所以著也。五性既著，万化出焉。万化既行，万性正矣。万性，一性也。性，一至善也。至善，本无善也。无善之真，分为二五，散为万善。上际为乾，下蟠为坤。乾知大始，吾易知也；坤作万物，吾简能也。其俯仰于乾坤之内者，皆其与吾之知能者也。大哉人乎！无知而无不知，无能而无不能，其惟心之所为乎！《易》曰："天下何思何虑？天下同归而殊途，一致而百虑。天下何思何虑！"君子存之，善莫积焉；小人去之，过莫加焉。吉凶悔吝，惟所感也。积善积不善，人禽之路也。知其不善，以改于善。始于有善，终于无不善。其道至善，其要无咎。所以尽人之学也。①

笔者认为，《人极图说》按内容可以分为三部分：第一部分，由"无善而至善"至"皆其与吾之知能者也"，讲"至善"之本体；第二部分，由"大哉人乎"至"天下何思何虑"，讲人之本在于"心"；第三部分，由"君子存之"至"终于无不善"，讲达于"至善"之修养方法。

第一部分，刘宗周首句阐明"至善"之本体，按刘宗周注言所讲："即周子所谓'太极'。太极本无极也。统三才而言，谓之极；分人极而言，谓之善。其意一也。"② 此句即是表明，"天道"可以称为"太极"，而天道落实于人之处，即为"至善"。此语合于《中庸》首章所讲"天命之谓性"之意。在《人谱续篇一》（《证人要旨》）中，刘宗周讲"人心有独体焉，即天命之性"，"独"即"太极""至善"之别名。由"继之者善也"至"皆其与吾之知能者也"，即是刘宗周所讲此"至善"（"独"体）自然生发之过程。刘宗周注言，"动而阳也。乾知大始是也。静而阴也。坤作成物是也"，③ 讲"至善"本体自身之运动，

——————

① （明）刘宗周：《人谱》，《刘宗周全集》第二册，浙江古籍出版社 2007 年版，第 3—4 页。

② 同上书，第 3 页。

③ 同上。

虚位之体

《人谱续篇一》言"独体本无动静,而动念其端倪也","由是而之焉,达于天下者,道也",此合《中庸》"率性之谓道"之意。此"人道"为何?"夫子有亲,君臣有义,夫妇有别,长幼有序,朋友有信",刘宗周名为"五性之德"。在《人谱续篇一》中,刘宗周解释道:

> 人生七尺堕地后,便为五大伦关切之身。而所性之理,与之一齐俱到。分寄五行,天然定位。夫子有亲,属少阳之木,喜之性也;君臣有义,属少阴之金,怒之性也;长幼有序,属太阳之火,乐之性也;夫妇有别,属太阴之水,哀之性也;朋友有信,属阴阳会合之土,中之性也。①

此为以"五德"配"五行",刘宗周在《学言》中亦有类似以"喜怒哀乐"配"四时"、孟子之"四端"、《易》之"元亨利贞"之说,其旨在说明"此独体之妙,所以即隐即见,即微即显。"② 接下来,刘宗周以"万性,一性也"一段,说明此"至善"本体为人人所共有之性。"无善之真,分为二五,散为万善",这表明本体的运动方式即是"阴""阳"二气的互动中进行的,由"阴阳"至"五行"而至"万物",这是讲"本体"自身发展的时间性环节,是一种"宇宙生成论"模式的表达。但刘宗周并不满足于"宇宙生成论"的模式,而是进一步阐述对于"无善而至善"本体的逻辑性理解。他讲:"万性,一性也。性,一至善也。至善,本无善也。"即是说"无善而至善"之本体内在即包含着阴阳、五行及万物,本体、阴阳、五行、万物之间是一个逻辑关系,而不只是生成关系。本体与万物之间的关系是"一"与"多"的关系。所以,"至善"是一个两个环节的统一体关系:第一,"至善"之本体是万事万物之所以形成的物质性基础;第二,"至善"是存在于万事万物之中的"统摄"万事万物的先天性根据。所以,"其

---

① (明)刘宗周:《人谱续篇一》,《刘宗周全集》第二册,浙江古籍出版社 2007 年版,第 7—8 页。

② (明)刘宗周:《学言》,《刘宗周全集》第二册,浙江古籍出版社 2007 年版,第 415 页。

俯仰于乾坤之内者，皆其与吾之知能者也"。此段刘宗周附注言："乾道成男，即上际之天；坤道成女，即下蟠之地。而万物之胞与，不言可知矣。《西铭》以乾坤为父母，至此以天地为男女，乃见人道之大。"①"仰俯乾坤之内与吾之知能者"、"民胞物与"者，即为"至善"。

第二部分，刘宗周讲，"无知而无不知，无能而无不能，其惟心之所为乎"，"无知之知，不虑而知。无能之能，不学而能"，即阳明所言之"良知"。以此正是指出"人"之所以为人处，"学以学为人，则必证其所以为人。证其所以为人，证其所以为心而已"，②而证心之功，即是"慎独"，"学不本之慎独，则心无所主，滋为物化"③。于是进入到《人谱》一书的第三部分，即"证人"之法。"知其不善，以改于善"，刘宗周在《人谱续篇一》中命名为"迁善改过以作圣"。他讲道：

自古无现成的圣人，即尧、舜不废兢业。其次只一味迁善改过，便做成圣人，如孔子自道可见……既如此是善，而善无穷。以善进善，亦无穷。不如此是过，而过无穷。因过改过，亦无穷。一迁一改，时迁时改，忽不觉其入于圣人之域，此证人之极则也。然所谓是善是不善，本心原自历落分明。学者但就本心明处一决，决定如此不如彼，便时时有迁改工夫可做。更须小心穷理，使本心愈明，则查简愈细，全靠不得今日已是见得如此如此，而即以为了手地也。故曰："君子无所不用其极。"④

"一迁一改，时迁时改，忽不觉其入于圣人之域"即是刘宗周所言证人教法，对比此法，实似于朱子"格物致知"补传之教；而刘宗周又有言"所谓是善是不善，本心原自歷落分明"，此乃强调阳明之教。

---

① （明）刘宗周：《人谱》，《刘宗周全集》第二册，浙江古籍出版社2007年版，第4页。

② （明）刘宗周：《人谱续篇一》，《刘宗周全集》第二册，浙江古籍出版社2007年版，第5页。

③ 同上书，第6页。

④ 同上书，第9页。

正见其欲综合两家之意。最后一句，刘宗周以"其道至善，其要无咎。所以尽人之学也"总结全篇主旨，并注言："君子存之，即存此何思何虑之心。周子所谓'主静立人极'是也。然其要归之善补过，所由殆与不思善恶之旨异矣。此圣学也。"① "主静立人极"即"慎独"，《学言》讲："圣学之要，只在慎独。独者，静之神、动之机也。动而无妄，曰静，慎之至也。是谓主静立极。"② 进而，刘宗周在《人谱续篇二》中著《记过格》以列罪过种类；著《讼过法》（即静坐法）及《改过说》以详述"证人"之教。③

第三节　合"慎独"与孔孟之"求仁"

刘宗周依《中庸》及周敦颐"无极而太极"之说为文化资源而阐释其"慎独"思想。此外，刘宗周亦以其说一追孔孟，以合先圣之"求仁"之旨。

根据《年谱》所记，刘宗周于丙寅年（时年刘宗周四十九岁）初成《孔孟合璧》。《年谱》讲：

秋日，诸生十余辈拏舟来谒，座中问《孔》《孟》大旨。先生告以求仁之说，曰："吾辈自幼读《论》《孟》，至语圣贤合一处则茫然不能置对，何以一天下之道？"于是集二书言仁者录之，题曰《孔孟合璧》，附以《吃紧三关》，言求仁所必有事也。④

① （明）刘宗周：《人谱》，《刘宗周全集》第二册，浙江古籍出版社 2007 年版，第 4 页。

② （明）刘宗周：《学言》，《刘宗周全集》第二册，浙江古籍出版社 2007 年版，第 361 页。

③ 关于刘宗周所讲过错产生及改过方法，何俊、尹晓宁先生所著《刘宗周与蕺山学派》一书第五章中已有详细论述。详见何俊、尹晓宁《刘宗周与蕺山学派》，中国人民大学出版社 2009 年版，第 128—144 页。

④ （清）刘汋：《蕺山刘子年谱》，《刘宗周全集》第六卷，浙江古籍出版社 2007 年版，第 83 页。

而后，又于崇祯八年三月重辑《合璧》《连珠》。《年谱》讲：

> 先生既取《孔》《孟》之言仁者，类之曰《孔孟合璧》，附以《吃紧三关》：一曰人己，二曰敬肆，三曰迷悟。今复裒周、程、张、朱五子之言仁者以益之，曰《五子连珠》。盖取《汉历》"日月如合璧，五星如连珠"之义，而《三关》并附以五子之说，遂合为一编。①

从刘汋的描述来看，刘宗周于崇祯八年重辑《合璧》《连珠》，在对《孔》《孟》及《吃紧三关》部分的内容上，应并未做出文意上的重要修改。其重辑工作主要集中在以周、程、张、朱五子"言仁"之语，以合《孔孟合璧》之大旨。所以，对《合璧》《连珠》之主旨的理解，应着重参考刘宗周丙寅年之思想。

从时间上看，在丙寅《合璧》成书前一年（天启五年），刘宗周始有"慎独"之说。而在成书前数月又险有"不测"之患。《年谱》中记：

> 三月，归家，闻惠公世扬被逮，招辞传会及先生，以昔日受荐故也……督抚移檄绍郡，一时误传为先生，家人惶遽，先生慰之曰："毋恐。第安坐待之。"明日，始知为黄公。黄公至郡，先生饯之萧寺，促膝谈国是，唏嘘流涕而别。已而谓门人曰："吾平生自谓于生死关打得过，今利害当前，觉此中怦怦欲动，始知事心之功未可以依傍承当也。"遂携汋课读于韩山草堂，专用慎独之功。谓"独只在静存，静时不得力，动时如何用工夫？"②

按刘汋所记，此时刘宗周所解"慎独"之意，乃是专属于"静存工夫"。而由上述之事之经历，亦可见其"慎独"工夫，是从自身经历

---

① （清）刘汋：《蕺山刘子年谱》，《刘宗周全集》第六卷，浙江古籍出版社 2007 年版，第 107 页。

② 同上书，第 82 页。

体会而来。此时刘宗周所强调的"慎独"工夫，刘汋概括为：

> 先生从主敬入门，敬无内外，无动静，故自静存以至动察皆有事而不敢忽，即其中觅个主宰曰独，谓于此敬则无所不敬，于此肆则无所不肆，而省察于念虑皆其后者耳。故中年专用慎独工夫，谨凛如一念未起之先，自无夹杂，既无夹杂，自无虚假。慎则敬，敬则诚，工夫一步推一步，得手一层进一层。①

此时刘宗周所讲"慎独"，"独"为主，而"慎独"之功乃是从"敬"而入，"敬肆"一关乃是工夫下手处，由敬而"慎"，实为真工夫。而观《孔孟合璧》及《吃紧三关》之内容，正是对此"慎独"之说之阐明。

一 《孔孟合璧》中的"求仁"之意

在《孔孟合璧·小序》中，刘宗周讲：

> 客有问孔、孟大旨者，予不敏，以求仁之说告之。②

刘宗周取孔、孟言仁者而归为一类并题为《孔孟合璧》，表明其所理解孔门之要即在"求仁"一关。刘宗周在《学言》中亦有言"求仁是圣学第一义"③。

《孔孟合璧》首取"一以贯之"章，刘宗周注曰：

---

① （清）刘汋：《蕺山刘子年谱》，《刘宗周全集》第六卷，浙江古籍出版社 2007 年版，第 83 页。

② （明）刘宗周：《孔孟合璧》，《刘宗周全集》第二册，浙江古籍出版社 2007 年版，第 158 页。

③ （明）刘宗周：《学言》，《刘宗周全集》第二册，浙江古籍出版社 2007 年版，第 363 页。

此孔门第一传宗语。一者，仁也，仁之所以为仁也。一贯则仁也。即心而言，曰"忠恕"。①

在《论语学案》中，刘宗周对此章有更详尽的说明：

一贯之道，即天地之道，非圣人所得而私也。圣人自任以为吾道者，圣人从自己心上看出此道，满盘流露，一实万分，盈天地间，万事万物各有条理，而其血脉贯通处，浑无内外人己感应之迹，亦无精粗大小之殊，所谓"一以贯之"也。"一"本无体，就至不一中会得无二无杂之体，从此手提线索，一一贯通……直将天地万物之理打合一处，亦更无以我合彼之劳，方是圣学分量。此孔门求仁之旨也。求仁之旨，"忠恕"之说也……天下无心外之道，圣人无心外之学也……

一贯之宗，本之《大易》……六十四卦千变万化无穷而复返于太极，周子《太极图说》更发其蕴……曾子以忠恕解一贯，若更未达，则有《大学》一书在，可谓深切而著明矣。②

刘宗周认为"一以贯之"之道即是天地之道，而此天地之道在人处便是落于吾心。从吾心出发而扩充至万事万物，虽万事万物各有其条理，但其"血脉贯通"贯通之处则无分内外、大小、精粗，所以此天地之道才是"一以贯之"的。③进而，刘宗周认为此"一以贯之"之道是上本于《周易》，而下为周敦颐所发展之道。求此仁道之旨，在于"忠恕"，曾子详解其旨而成《大学》一书。

---

① （明）刘宗周：《孔孟合璧》，《刘宗周全集》第二册，浙江古籍出版社 2007 年版，第 159 页。

② （明）刘宗周：《论语学案》，《刘宗周全集》第一册，浙江古籍出版社 2007 年版，第 313—315 页。

③ 如将刘宗周此讲"心"之思维方式与王、湛二家之说作对比，可以明显看出刘宗周的讲法与湛甘泉的相似性。湛甘泉的讲法可参见本书第一章第二节所引《心性图说》一文；王阳明的讲法，参见《大学问》中所讲："大人者，以天地万物为一体者也，其视天下犹一家，中国犹一人焉……大人之能以天地万物为一体也，非意之也，其心之仁本若是，其与天地万物而为一也"。

刘宗周以"忠恕"言求仁之旨，并言此道发明至孟子时，即为"性善"。刘宗周讲到：

> 孟子之学，其大者，在距杨、墨，恶子莫，而其微者，在异告子，并异夷、尹，肢游、夏，具颜、闵，小尧、舜，等百王，上下千古，直是一一个战过，才博得自心的仲尼出来，一口喝破曰："性善。"进而与当日之仲尼觌面印过来，因以定厥宗而教万世。①

所以刘宗周在揭示《孟子》大旨时直言性善。《孟子大旨》首录"滕文公过宋而见孟子"章，刘宗周注曰："此孟子第一传宗语。道一者，仁也。性之所以善也。"② 次录"公都子"章，其注曰："性之善只就心上看出，便的的真。"③ 这样，刘宗周就把孔子求仁之道与孟子性善之说联系起来，而其本原处即在吾心的"良知良能"上。合言孔孟之旨为"求仁"说，意在纠正学者分言孔孟、割裂儒家道统之说。在此篇后按语中，刘宗周写道：

> 孔子之道大矣，然其要旨不外乎求仁。求仁之功，只是下学而上达，其所以告门弟子都是此理。至孟子又推明下学之所自始，要在识其端而推广之，故谆谆道性善，言必称尧、舜，可谓善发圣人之蕴。合而观之，孔、孟之书，往往此略彼详，互相发明，无一句蹈袭，而其学以求仁，则若合符节，故曰："先圣后圣，其揆一也。"后之学圣人者，亦仁而已矣。昌黎氏曰："求观于孔子之道者，必自孟子始。"④

在刘宗周揭示《孟子》一书主旨为"性善"的同时，他也竭力批评把"性情"割裂的观点。他讲：

---

① （明）刘宗周：《孔孟合璧》，《刘宗周全集》第二册，浙江古籍出版社 2007 年版，第172—173 页。
② 同上书，第 165 页。
③ 同上书，第 166 页。
④ 同上书，第 173 页。

孟子曰："乃若其情，则可以为善矣。"何故避性字不言？只为性不可指言也。盖曰吾就性中之情蕴而言，分明见得是善。今即如此解，尚失孟子本色；况可云以情验性乎？何言乎情之善也？孟子言这个恻隐心就是仁，何善如之？仁义礼智，皆生而有之，所谓性也，乃所以为善也。指情言性，非因情见性也。即心言性，非离心言善也。后之解者曰："因所发之情，而见所存之性；因以情之善，而见所性之善。"岂不毫厘而千里乎？①

刘宗周认为，孟子不直接言"性"是因为"性"是一形而上的概念。刘宗周认为孟子所讲的"恻隐之心"即是"仁"，而这些品格是人生而具备的，所以刘宗周又有"性者，刚柔善恶中而已矣。故曰：'性相近也'"②一语。这说明刘宗周认为"仁义礼智"并不只是外在情的表现形式，而是内在之"性"与外在之"情"的相统一。所以，"仁义礼智"皆可谓"生而有之"。而这"仁义礼智"即是刘宗周所讲"四德"，"四德"又合于"喜怒哀乐"，所以才有"指情言性，非因情见性也"一语，旨在强调"性情"的统一，批评将"性""情"割裂的观点。"指情言性，非因情见性也。即心言性，非离心言善也"，正体现了其"心之性情"之说。而对于分言"性情"者的批评，正体现出他所强调的"从来学问只有一个工夫"之意。

此外，刘宗周合言"性""命"皆为"心"。他讲："盖性命本无定名，合而言之，皆心也。自其权藉而言，则曰命，故常能为耳目口鼻君。自其体蕴而言，则曰性，故可合天人，齐圣凡，而归于一。"③此处刘宗周合言"性命"之说，意在以此合《中庸》已发未发之说。他讲到"喜怒哀乐"的关系时说："喜怒哀乐，所性者也。未发为中，其

---

① （明）刘宗周：《学言》，《刘宗周全集》第二册，浙江古籍出版社 2007 年版，第 465 页。

② 同上书，第 464 页。

③ 同上书，第 466 页。

体也；已发为和，其用也；合而言之，心也。"① 这样一来，孟子所言性善之说、求仁之旨即是合于《中庸》已发未发之说，即是"万古同然"之"心"。这样即为其"慎独"之说找到了理论的依据。按刘宗周的理解，"慎独"之旨上承于"孔孟"求仁之意，孟子后则"陆王"未得孟子学术之真传，他讲道：

> 昔象山之学，自谓得之孟子。人有诮之者，曰："除了先立乎其大者一句，更是无伎俩。"象山闻之曰："然。"近世王文成深契象山，而曰："良知二字，是千圣相传嫡骨血。后人亦称文成为孟子之学。夫二子皆学孟子，而所得于孟子者仅如此。今不知大与良在何处，学者思之。"②

在这段说辞中，刘宗周首先指出象山之学得于孟子之处在于先立其大，然后又讲阳明得于象山之学及源于孟子之处为良知，但二者所得亦仅限于此。言外之意，陆王二人于孟子所讲"性善"之意，并无领悟。所以才有"大""良"之在何处之疑问。

由上所述，刘宗周辑孔子"求仁"之语，以言圣学之道之要旨。又辑孟子"道性善"之说，言其说为孔子之道之发明，"合而观之，孔孟之书，往往此略而彼详，互相发明，无一句蹈袭，而其学以求仁，则若合符节，故曰：'先圣后圣，其揆一也。'后之学圣人者，亦仁而已矣。"刘宗周以此而明圣学一贯之旨。至重辑《合璧》，刘宗周另聚周、程、张、朱五子求仁之言而辅证孔孟之言，以明圣学一脉相承之理。

《五子连珠》首列周敦颐《太极图说》，并附注曰："周子之学，尽于《太极图说》。其《通书》一篇，大抵发明主静立极之意，而宗旨不

---

① （明）刘宗周：《学言》，《刘宗周全集》第二册，浙江古籍出版社 2007 年版，第 471 页。

② （明）刘宗周：《孔孟合璧》，《刘宗周全集》第二册，浙江古籍出版社 2007 年版，第 173 页。

外乎求仁。仁即极也。"①《通书》诚、几，即是言"太极"之旨，"诚即是太极之理"，"几本善"。周子之后，刘宗周录程颢首取《定性书》，录程颐取《颜子所好何学论》，张载取《西铭》，朱熹取《答张敬夫》第三则，大体皆言其为取濂溪处。

对此五子及他们的学术特征，刘宗周在全篇后按语中讲到：

昔人谓周子至精，程子至正，而予谓纯公尤至醇云。若张子可谓敦笃矣，朱子几于大矣。论地位，濂溪佟高；论学术，晦翁卓立天下之矩；然以言乎学以求仁，则五子如一辙。视孔、孟殆与二曜之有五纬，相与后先流行以司化育者乎！猗与休哉！因为之颂：

孔孟既没，诸儒崛起。递溯心极，求仁而已。或微或显，群言燦燦。千五百载，长夜有旦。或悟或修，各要其质。或顿或渐，成功则一。乃布曦驭，奔轶绝尘。瞠乎并后，如环之循。元运终始，星纪是会。璧合珠联，斯文未坠。②

按刘宗周的理解，此五子虽其工夫各有差异，地位、学术亦不尽相同，但皆以能上接孔孟之道，"或悟或修，各要其质。或顿或渐，成功则一"。由此，上溯至孔孟，下达至宋代诸儒，皆为传儒门一贯之学脉之法，此是《合璧》《连珠》合言，而欲阐明之意。而谈及"圣门"具体之功，刘宗周则是通过《圣学吃紧三关》进行讲述的。

二 《吃紧三关》中的"慎独"工夫

"三关"首列"人己关"。刘宗周讲：

学莫先于问途，则人己辨焉。此处不差，后来方有进步可规。不

---

① （明）刘宗周：《孔孟合璧》，《刘宗周全集》第二册，浙江古籍出版社 2007 年版，第176 页。
② 同上书，第 190—191 页。

然，只是终身扰扰而已。故拟为第一关，俾学者早从事焉。①

按刘宗周所讲，"人己"之辨，是学圣学的第一关，此地不明，则圣学工夫不能落于实地。刘宗周首引"古之学者为己，今之学者为人"，注言"为是主意"。引"君子求诸己，小人求诸人"，注言"求是下手"。以此点明"人己"之辨既是"知"又是"行"的要求。其后，刘宗周又因诸儒之语录，如程子所讲"言学便以道为事，言人便以圣为志"，张子"为天地立心，为生民立道，为去圣继绝学，为万世开太平"，大体围绕教人立志、学贵为己之言。在《立志说》中，刘宗周亦讲：

人有生以来，有知觉便有意向，意向渐尝而渐熟，则习与性成而志立焉。人虽匹夫，必有志也。志于货利者，惟知有货利而已，举天下之物，无以易吾之货利也；志于声色者，惟知有声色而已，举天下之物，无以易吾之声色也。若志于道，亦复如是。故曰："好仁者，无以尚之。"今之学道者，虽十分亲切，觉得此中隐隐一物有以出乎其上，或潜或露，时有时无，此处毫厘走作，彼处十分都是虚假，只为其志在此而不在彼也……须知男儿负七尺躯，读圣贤书，被服衣冠，所学何事？不思顶天立地做个人，直欲与蝇头争得，蜗角争能，溷厕之中争臭味，岂不辜负了一副衣冠！②

所以，学圣贤之学，其要即在立志，即在明为人为己之辨。此处明白，圣学之工夫方有落实处。在《向外驰求说》中，刘宗周讲此道不在外求，而在反身之意，并批评了求道于外之弊端。他讲：

……须知道不是外物，反求即是，故曰："我欲仁，斯仁至矣。"

---

① （明）刘宗周：《孔孟合璧》，《刘宗周全集》第二册，浙江古籍出版社 2007 年版，第 192 页。

② （明）刘宗周：《立志说》，《刘宗周全集》第二册，浙江古籍出版社 2007 年版，第 320 页。

无奈积习既久，如浪子亡家，失其归路，即一面回头，一面仍作旧时缘，终不知在我为何物……是故读书则以事科举，仕官则以肥身家，勋业则以望公卿，气节则以激声誉，文章则以謏听闻，何莫而非向外之病乎？①

求道于外，即是功利之学，而其现实表现即是，读书以求功名为目标，做官以丰私囊为要务等。而造成此等功利之学之原因，即是于非以见"道"，成"圣"为志，于"人己"一关不明。刘宗周对"人己关"总结讲：

> 为己为人，只闻达之辨说得大概已尽。后儒又就闻中指出许多病痛，往往不离功名富贵四字，而蔽之以义利两言。除却利便是义，除却功名富贵便是道。此中是一是二，辨之最微。学者合下未开眼孔，却将功名富贵认作在己家当，终身干办，何异黎丘丈人认非子以为子乎？若早见此不是自己家当，便须一脚跳出，亟亟觅个安身立命处也。若业已知之而仍不免堕落其中，将奈何？只为己不足，故求助于人，岂知愈求助于人，愈不足于己，此所谓大惑终身不解者。学者更须向不解处作解，痛割一下，始得。立志要矣，善反亟焉。②

为人之学之要，刘宗周归结为"义利"之辨。看得清功名富贵为利，并能将此非己之家当，一脚跳出，此处分辨明白，才为入圣学之正脉。

接下来，在第二关"敬肆关"中，刘宗周讲：

> 学以为己，己以内又有己焉。只此方寸之中作得主者是，此所谓真

---

① （明）刘宗周：《向外驰求说》，《刘宗周全集》第二册，浙江古籍出版社 2007 年版，第 308—309 页。

② （明）刘宗周：《圣学吃紧三关》，《刘宗周全集》第二册，浙江古籍出版社 2007 年版，第 199 页。

己也。必也主敬乎！是为学人第二关。①

所谓"方寸之内""真己""主敬之处"，即是"独"体。刘宗周在《大学古记约义》中亦言："小人之学，从人分上用功，故的然日亡。君子之学，从己分上用功，故暗然日章。暗然者，独之地也。君子之学，未尝不从人分用功来，而独实其根底之地，不系人而系之己，于此著力一分，则人分之寻丈也。"② 所以，从"独体"上用功，即是"主敬"之地。刘宗周讲：

敬之一字，自是千圣相传心法，至圣门只是个慎独而已。其后伊洛遂以为单提口诀，朱子承之，发挥更无余蕴。儒门榜样，于斯为至。③

此讲须注意，刘宗周虽提"敬"一字，但在孔子处，是"修己以敬，修己以安人，修己以安百姓"三者合言，而至程门则单提为"敬"，而朱子承。此关虽名为"敬肆"，但刘宗周对单提"敬"字，是有微词的。他讲：

伊、洛拈出敬字，本《中庸》戒慎恐惧来。然敬字只是死工夫，不若《中庸》说得有著落。以戒慎属不睹，以恐惧属不闻，总只为这些子讨消息，胸中实无个敬字也。故主静立极之说，最为无弊。④

刘宗周认为敬字只是死工夫，不若《中庸》说得有着落，其实质是批程朱一系专提主敬之法，将"独"字只作为"人所不知而己自知

---

① （明）刘宗周：《圣学吃紧三关》，《刘宗周全集》第二册，浙江古籍出版社 2007 年版，第 200 页。

② （明）刘宗周：《大学古记约义》，《刘宗周全集》第一册，浙江古籍出版社 2007 年版，第 649 页。

③ （明）刘宗周：《圣学吃紧三关》，《刘宗周全集》第二册，浙江古籍出版社 2007 年版，第 213 页。

④ （明）刘宗周：《学言》，《刘宗周全集》第二册，浙江古籍出版社 2007 年版，第 397 页。

之地"，"慎独"解为修养工夫的做法。在《学言》中，刘宗周讲：

　　自濂溪有主静立极之说，传之豫章、延平，遂以"看喜怒哀乐未发以前气象"为单提口诀。夫所谓未发以前气象，即是独中真消息，但说不得前后际耳。（新本无此句。别一条云："盖以表里对待言，非以前后际言也。"今以重见，分注各条。）盖独不离中和，延平故即中以求独体，而和在其中，此慎独真方便法门也。后儒不察，谓"未发以前专是静寂一机"，直欲求之思虑未起之先，而曰"既思即是已发"，果然心行路绝，语言道断矣。故朱子终不取延平之说，遂专守程门主敬之法以教学者。特其以独为动念边事，不为（能）无弊。至《湖南中和问答》，转折发明，内有以心为主，则性情各有统理，而敬之一字，又所以流贯乎动静之间等语，庶几不谬于慎独之说。最后更以察识端倪为【第一义为】误，而仍归之涵养一路，可谓善学延平者，然终未得《中庸》本旨。①

　　按刘宗周所解，所谓未发以前气象，乃是"独中真消息"。但这里所讲未发以前气象，不是时间概念上的先后，而是逻辑上的内外表里之分析意。所以，刘宗周讲，"独不离中和"，即在"未发"与"已发"之互动关系中来把握"独"本体，这是李侗的讲法。而朱熹并没有继承李侗的讲法。在朱熹关于"中和"的理解中，有"中和旧说"与"中和新说"之别。"在旧说中，朱熹主'心为已发，性为未发'，在新说中，朱熹主'心贯乎已发未发'。相应地，在修养方法上，朱熹也一改旧说的'先察识后涵养'而为新说的'涵养于未发，察识于已发'。"②而刘宗周这里批评朱熹之处就在于，在朱熹的理解中，把"独"只看成了已发边事，所以主"敬"之工夫始终没能落于本体上。刘宗周亦因此批评朱子所讲"格致"之解：

---

　　① （明）刘宗周：《学言》，《刘宗周全集》第二册，浙江古籍出版社 2007 年版，第 412 页。

　　② 孙利：《朱熹从"中和旧说"到"中和新说"的思想演变》，《湘潭大学学报》（哲学社会科学版）2002 年第 4 期，第 37 页。

虚位之体

朱子于独字下补一知字，可谓扩前圣所未发，然专以属之动念边事，何邪？岂静中无知乎？使知有间于动静，则亦不得谓之知矣。①

综合以上刘宗周所言可知，刘宗周谈"敬"，是沿着程朱格物之法的脉络，其实质是要将其归于自己的"慎独"思想中，但毕竟主"敬"之法有"无著实"之弊病，所以在"敬肆"关后，刘宗周提出第三关——"迷悟关"，以补充"敬"之"实地"。

在"迷悟关"开篇中，刘宗周讲：

由主敬而入，方能觌体承当，其要归于觉地，故终言迷悟。学者阅过此关而学成。②

何为"觉地"？刘宗周在引《孟子》条中有所解：

孟子曰："尽其心者，知其性也；知其性，则知天矣。存其心，养其性，所以事天也。夭寿不二，修身以俟之，所以立命也。"

刘宗周按：心以知为体，尽其心者，尽其知也。知便知那性，知那天，然工夫须从存养来。存养之极，直到夭寿不二时，方是知性、知天真切笃实处。故曰："所以立命也。"是谓行解俱尽。③

按刘宗周所解，心以知为体，尽知即是知性知天。所以，致知之功，其落实之处即是在心。悟得此处，便是觉地。由此可知，刘宗周此处用"悟"一词，其隐藏的含义正是阳明所讲的"良知"一关。这从其于宋儒诸子的摘录按语中可见。引程子：

---

① （明）刘宗周：《学言》，《刘宗周全集》第二册，浙江古籍出版社 2007 年版，第 419 页。

② （明）刘宗周：《圣学吃紧三关》，《刘宗周全集》第二册，浙江古籍出版社 2007 年版，第 214 页。

③ 同上。

伊川曰："……学者须是真知。才知得是，便泰然行将去也。"

刘宗周按：古人只说真知，更稳似良知。①

凡一物有一理，须是穷致其理。穷理亦多端，或读书讲明义理，或论古今人物，别其是非，或应接事物而处其当，皆穷理也。或问："格物须物物格之，还只格一物而万理皆知？"曰："怎得便会贯通？若只格一物便通众理，虽颜子亦不敢如此道。须是今日格一件，明日又格一件，积习既多，然后脱然自有贯通。"

刘宗周按：所谓今日一件，明日一件，盖指上讲明义理三项而言，亦须格在吾身上，后人引为话柄，过矣。②

引朱子：

延平先生之教，以为为学之初，且当常存此心，勿为他事所胜。凡遇一事，即就此事反复推寻，待其融释脱落而后已。如此既久，积累之多，胸中自当有洒然处。

刘宗周按：学者吃紧是理会这一个心，那纸上说底全靠不得。若不先得个本领，虽理会得许多骨董，只是添得许多杂乱，只是添得许多骄客。③

见得义当为，却说不做也无害，见得利不当做，却说做也无害，便是物未格，知未致。见得义当为，决为之；利不可做，决是不做。心下自肯自信，便是物格知至。

刘宗周按：此语在姚江亦当首肯。④

学者须实做工夫。且如见一事不可为，忽然又要去做，是如何？又如好事，初心要做，又却终不肯，是如何？盖人心本善，方其见善欲为之时，此是真心发见之端，然才发便被气禀物欲蔽锢了。此须自去体

---

① （明）刘宗周：《圣学吃紧三关》，《刘宗周全集》第二册，浙江古籍出版社 2007 年版，第 216 页。

② 同上。

③ 同上书，第 220—221 页。

④ 同上书，第 221 页。

察，最是一件大工夫。

　　刘宗周按：这是致良知处。①

　　由以上刘宗周的注释可知，刘宗周是将程朱所讲格物之说，加以本于心，本于身之解释。这样，主敬之工夫落实于"心"处，即是"体"之"悟"。此悟与佛家所讲之悟有别，盖此悟之要在"体察"。在"迷悟关"后，刘宗周总结言：

　　夫子言闻道，引而未发。至孟子言知性、知天，庶几闯入堂奥。然工夫却从存养中来，非悬空揣控，索之象罔者也。故宋儒往往不喜顿悟之说，良然！良然！或曰："格物致知，《大学》之始事，今以悟为终事，何也？"曰："格致工夫，自判断人己一关时，已用得著矣。然必知止知至以后，体之当身，一一无碍，方谓之了悟。悟岂易言乎？修到方悟到，悟到更无住修法。若仅取当下一点灵明，瞥然有见时便谓之悟，恐少间已不复可恃。"②

　　格致工夫落于"当身"之处，方为无碍。刘宗周此意即是合朱子格物之说与阳明"良知"之意，而此合二者之统一之工夫，即是"慎独"。综上，刘宗周"人己"一关谈"义利之辨"，此为学者现实之修养；"敬肆"一关谈圣学工夫，"敬"即是"格致"；"迷悟"一关谈"尽心"、谈"良知"，此为"本体"，工夫落于切身处，方为格物真工夫。由此，"慎独"之功即是本体与工夫合一的儒门修养之正脉。刘宗周借《合璧》《连珠》二文，说明儒家自孔子一贯之学脉，《吃紧三关》一文，阐释"慎独"之学乃是儒家圣学之正传，"或悟或修，各要其质"，意指朱、王两派分得儒家正统之一篇，而终至其"慎独"之学，乃达"成功则一"。

————————

　　① （明）刘宗周：《圣学吃紧三关》，《刘宗周全集》第二册，浙江古籍出版社 2007 年版，第 223 页。
　　② 同上书，第 226 页。

以上是对《合璧》《连珠》及《圣学吃紧三关》中刘宗周所阐释的"慎独"思想内涵的梳理。致此，刘宗周首先借《中庸》以发明"独"非"独处之地"，而为"独体"之本体意，进而言"慎独"为本体工夫之合一。在对周敦颐思想的解读中，以"无极而太极"之宇宙观言"独"，使"独"中具"阴阳""五行"。从而独体之中兼具"有无""动静"及"已发未发"。而于《合璧》《连珠》中则直溯"慎独"本于孔孟，为儒学正脉之意。

此处针对《五子连珠》的文本，还有一个问题需要说明。在上一节中提到，《五子连珠》与《圣学宗要》中，都有收录周敦颐、程颢、张载及朱熹的文章及语录，后之学者亦多有以两书内容互相发明者。两书虽成书时间接近，但两书之成书主旨实有不同。如上所讲，《五子连珠》为附《孔孟合璧》之意，而取宋儒言"求仁"之语录。《吃紧三关》之"迷悟关"部分虽有关于阳明思想之按语，但其用意乃是为合"慎独"之说作铺垫，而并无对阳明"致良知"思想之评价。而《圣学宗要》则不同，刘宗周虽统阳明之学于"圣宗"并谓其"见力直追孟子"，但在按语中却直批其"仍落宋人之见"。此亦刘宗周"辨难不遗余力"，而"为之拈出，以示来者"之意。因此，将《圣学宗传》作为刘宗周所理解的阳明思想主旨之作更为合适。

第 三 章

刘宗周对"王学"的理解

如前所讲,王阳明思想对刘宗周思想的形成和发展是具有极大影响的。亦可讲,对"王学"及其"不足"的思考与修正是伴随刘宗周整个学术生命历程的。那么,研究刘宗周思想,就有一个"绕不开"的问题,即刘宗周究竟是怎样理解王阳明思想的?

《年谱》中刘汋将刘宗周对于理解王阳明思想的态度转变过程总结为:

先生于阳明之学凡三变,始疑之,中信之,终而辨难不遗余力。始疑之,疑其近禅也。中信之,信其为圣学也。终而辨难不遗余力,谓其言良知,以《孟子》合《大学》,专在念起念灭用工夫,而于知止一关全未勘入,失之粗且浅也。夫惟有所疑,然后有所信,夫惟信之笃,故其辨之切。①

黄宗羲在《子刘子行状》中也有类似说法:

盖先生于新建之学凡三变:始而疑,中而信,终而辨难不遗余力,而新建之旨复显。②

---

① (清)刘汋:《蕺山刘子年谱》,《刘宗周全集》第六册,浙江古籍出版社 2007 年版,第 147 页。

② (清)黄宗羲:《子刘子行状》,《刘宗周全集》第六册,浙江古籍出版社 2007 年版,第 43 页。

并在《蕺山学案》中称赞其师之学为：

> 五星聚奎，濂、洛、关、闽出焉；五星聚室，阳明子之说昌；五星聚张，子刘子之道通，岂非天哉，岂非天哉！①

按刘汋和黄宗羲的总结，刘宗周在对王阳明思想的理解过程是经历了一个"由疑转信"的过程，并且二人皆表达出：刘宗周为"王学"之"辩护"，才使得"王学"之旨复明。或言，刘宗周之思想就是在得阳明学之"真"，兼补救阳明之学之不足处上建立起来的。但，或因刘汋为刘宗周之子，黄宗羲为刘宗周弟子，二人之言难免有失"客观"②。讲此二人之语失于客观并非无根据，如黄宗羲在《明儒学案·姚江学案》中讲王阳明思想的形成过程时有言：

> 先生之学，始泛滥于词章，继而偏读考亭之书，循序格物，顾物理吾心终判为二，无所得入。于是出入于佛、老者久之。及至局夷处困，动心忍性，因念圣人处此更有何道？忽念格物致知之旨，圣人之道，吾性自足，不假外求。其学凡三变而始得其门。自此以后，尽去枝叶，一意本原，以默坐澄心为学的。有未发之中，始能有发而中节之和，视听言动，大率以收敛为主，发散是不得已。江右以后，专提"致良知"三字，默，不假坐；心，不待澄，不习不虑，出之自有天则。盖良知即

① （清）黄宗羲：《蕺山学案》，《明儒学案》（下），中华书局2008年版，第1514—1515页。

② 孙中曾先生在《证人会、白马别会及刘宗周思想之发展》中讲道："……黄宗羲的《明儒学案》究竟是客观的陈述意见，抑是掺和部分的主观诠释于其中？主观的判别是必须加以考量的主要原因，在于从王金如及姚江书院贬抑，周海门与陶望龄被判为泰州一脉，以及陶奭龄不被列名，均增加了吾人对黄宗羲在诠释浙东学脉、思想上的疑问，而这同样的也加深吾人重新反省刘宗周思想的兴趣。"（参见孙中曾《证人会、白马别会及刘宗周思想之发展》，载钟彩钧主编《刘蕺山学术思想论集》，"中研院"中国文哲研究所筹备处1998年版，第521页。）陈畅在《论〈明儒学案〉的道统论话语建构》中认为："《明儒学案》是以总结明代儒学为途径、以表彰刘宗周之学为目标的道统论著作。"（参见陈畅《自然与政教——刘宗周慎独哲学研究》，上海人民出版社2016年版，第345页。）以上二先生之观点，可支持笔者此提法。此处应注意的另一问题是，按刘汋之语，刘宗周所理解的王阳明所讲"良知"即为"以《孟子》合《大学》，专在念起念灭用工夫"，这一理解是值得商榷的。

是未发之中，此知之前更无未发；良知即是中节之和，此知之后更无已发。此知自能收敛，不须更主于收敛；此知自能发散，不须更期于发散。收敛者，感之体，静而动也；发散者，寂之用，动而静也。知之真切笃实处即是行，行之明觉精察处即是知，无有二也。居越以后，所操益熟，所得益化，时时知是知非，时时无是无非，开口即得本心，更无假借凑泊，如赤日当空而万象毕照。是学成之后又有此三变也。①

按此段黄宗羲的描述，当阳明居夷狄动心忍性乃悟圣人之道后，学问经历了三个时期而达到完满：第一个时期他描述为"默坐澄心"；第二个时期为江右以后，专提"致良知"为旨；而对于第三个时期，黄宗羲并没有给出直接的定义，而是描述成一种高深玄妙的境界。这种讲法与刘宗周所讲"夫文成之学以致良知为宗"② 之意并不完全相符。除此之外，钱德洪在《刻文录叙说》所讲阳明学之"后三变"亦与黄宗羲所讲有所不同。《刻文录叙说》中讲道：

先生之学凡三变，其为教也亦三变。少之时，驰骋于辞章；已而出入二氏；继乃居夷处困，豁然有得于圣贤之旨：是三变而至道也。居贵阳时，首与学者为"知行合一"之说；自滁阳后，多教学者静坐；江右以来，始单提"致良知"三字，直指本体，令学者言下有悟：是教亦三变也。③

按钱德洪的讲法，王阳明之学的"后三变"应为由"知行合一"到"静坐"，最后归为"致良知"。关于二人所讲阳明学"后三变"过程之不同，刘述先先生首先发现了这一问题，并指出了二人之理解间形成差别的原因。他在《论王阳明的最后定见》一文中指出：

① （清）黄宗羲：《姚江学案一》，《明儒学案》（上），中华书局2008年版，第180页。
② （明）刘宗周：《学言》，《刘宗周全集》第二册，浙江古籍出版社2007年版，第423页。
③ （明）王阳明：《刻文录叙说》，《王阳明全集》（下），上海古籍出版社1992年版，第1574页。

由梨洲的观点看，致良知教不能是终法，而他又不愿意贬抑阳明，故他把致良知教移前，成为学成以后之第二变……最后的终教自不能在阳明那里找，只能归之于蕺山之教，此所以梨洲必须煞费苦心改写阳明思想前后三变之故。[1]

笔者认为这段话的解释是合理的，即黄宗羲的做法是为了凸显刘宗周之学之"高"于王阳明处，而刻意改写阳明思想之变化过程。我们也可间接由此得出，其实在黄宗羲处，亦是认可以"致良知"概括王阳明思想之宗旨的。

以上例为证，讲刘汋、黄宗羲之言刘宗周学术思想或有有失客观之嫌，实则欲提出这样一个问题：我们不应该直接以刘汋、黄宗羲对王、刘思想之论断作为我们思考"致良知"与"慎独"思想之间关系的无疑问的前提。那么，由此需要存疑的关键问题——刘宗周是否得"阳明心学"之"真"？或讲，刘宗周所把握到、所理解的阳明之学是什么？这是本章重点关注的问题。我们将以刘宗周所作《圣学宗要》及《阳明传信录》为主要文本依据，并辅以其《学言》中相关语录对此问题进行考察。

第一节 《圣学宗要》中的"阳明"思想

按刘汋《年谱》所记，《圣学宗要》成书于崇祯七年夏六月（时年刘宗周五十七岁），《圣学宗要》内收周敦颐《太极图》及《图说》，张载《西铭》《东铭》，程明道《识仁篇》《定性书》，朱熹谈"中和"书信四篇、王阳明"良知"问答数条及《拔本塞源论》一篇，刘宗周先于各篇后附以按语解释各篇主旨并于全书后加以按语以发明己意。其所选取儒者文章之根据，可见《圣学宗要·引》中：

---

① 刘述先：《论王阳明的最后定见》，载吴光主编《阳明学综论》，中国人民大学出版社2009年版，第7页。

孔孟既没千余年，有宋诸大儒起而承之，使孔、孟之道焕然复明于世，厥功伟焉。又三百余年而得阳明子，其杰然者也。夫周子，其再生之仲尼乎！明道不让颜子，横渠、紫阳亦曾、思之亚，而阳明见力直追孟子。自有天地以来，前有五子，后又五子，斯道可为不孤。①

按刘宗周的观点，周、程、张、朱、阳明五子作为宋明时期的大儒，其学术地位可与先秦儒家孔、孟、颜回、子思、曾参相媲美，并言"阳明见力直追孟子"。这段话有两方面的意思：第一，刘宗周认为周敦颐之学为宋明理学之开山鼻祖，其《太极图》中所主"主静立人极"之说是上承于孔、孟并下启整个宋明理学，周敦颐应为宋明理学的奠基人；第二，宋明诸儒所继承并发扬的是周敦颐思想，而又以王阳明为最得其旨。《圣学宗要》全书所载诸儒之文字，即在说明宋明诸儒之继承并发明周子之处。

将周敦颐思想标榜为"圣学"旨归，在刘宗周编《圣学宗要》之前亦有所体现。按《年谱》所记，天启七年（时年刘宗周五十岁），刘宗周成《皇明道统录》，刘汋记：

先生辑《道统录》七卷，仿朱子《名臣言行录》，首纪平生行履，次语录，末附断论。大儒特书，余各以类见去取，一准孔、孟……即所录者，褒贬俱出独见。如薛敬轩、陈白沙、罗整菴、王龙溪，世推为大儒，而先生皆有贬辞。方逊志以节义著，吴康斋人竞非毁之，而先生推许不置。通录中无闲辞者，自逊志、康斋外，又有曹月川、胡敬斋、陈克庵、蔡虚斋、王阳明、吕泾野六先生。②

从刘汋所记中我们可以分析出，刘宗周作《皇明道统录》的选录"标准"乃"褒贬俱出独见"，"一准孔孟"之说法或只是虚语。但当我

① （明）刘宗周：《圣学宗要》，《刘宗周全集》第二册，浙江古籍出版社2007年版，第228页。

② （清）刘汋：《蕺山刘子年谱》，《刘宗周全集》第六册，浙江古籍出版社2007年版，第84页。

们进一步思考这一问题，是可以做如下追问的：刘宗周对有明诸儒之评价虽皆出于"独见"，但此"独见"亦应有其背后之所从出之理论基础。或讲，《皇明道统录》并不是一部学术史著作，而只可看作刘宗周表其一家言之"子书"。① 若如此，刘宗周所持"一家之言"之"独见"根据在何？关于这一问题，我们或可从其评价曹端处寻得一些端倪。

在黄宗羲所录《明儒学案·师说》中，② 刘宗周评价曹月川为：

> 先生之学，不由师传，特从古册中翻出古人公案，深有悟于造化之理，而以"月川"体其传。反而求之吾心，即心是极，即心之动静是阴阳，即心之日用酬酢是五行变合，而一以事心为入道之路。故其见虽彻而不玄，学愈精而不杂，虽谓先生为今之濂溪可也。乃先生自谱，其于斯道，至四十而犹不胜其渺茫浩瀚之苦；又十年，怳然一悟，始知天下无性外之物，而性无不在焉，所谓太极之理，即此而是。盖见道之难如此，学者慎毋轻言悟也哉！③

曹端为刘汋所记刘宗周之"无闲辞"者。曹端于《太极图说述解》等著述中对周敦颐思想有所发明，刘宗周以"虽谓先生为今之濂溪可也"称曹端，亦正是此意。由此可见，刘宗周在辑《皇明道统录》时，已是持有以周敦颐思想为儒学正宗之观点。同时，我们也应注意到，王阳明在《皇明道统录》中同为刘宗周所称"无闲辞"者，而"先生读《阳明文集》，始信之不疑"一事亦正是此时。所以，这也验证此前所

---

① "子书"这一提法，是参照于朱鸿林先生对于黄宗羲《明儒学案》一书性质之评价。详见朱鸿林《〈明儒学案·发凡·自序〉研读》，载朱鸿林《〈明儒学案〉研究及论学杂著》，生活·读书·新知三联书店 2016 年版，第 75—77 页。

② 《皇明道统录》今已轶，其文字不可考。黄宗羲《明儒学案·师说》首录刘宗周语，当参考于其《皇明道统录》。此观点可参姚明达《刘宗周年谱》：……其后门人黄宗羲撰《明儒学案》，当有所感发于此书而扩充之，其卷首冠以《师说》数十条，即先生此书之断论也。（参见姚明《达刘宗周年谱》，《刘宗周全集》第六册，浙江古籍出版社 2007 年版，第 307 页。）

③ （清）黄宗羲：《明儒学案·师说》，《明儒学案》（上），中华书局 2008 年版，第 2 页。

讲，王阳明思想并不可作为刘宗周思想形成的文化资源，刘宗周并没有以自命"王学"弟子的态度"学习"王学或持有一种真正"笃信"王阳明思想的态度，而是站在一种"审视"的立场上去看待王阳明思想。或因早年"所疑"，刘宗周思想中具有的是一种欲超越王阳明思想之企图，所以在刘宗周寻找支撑其思想的文化资源时，自然要"跳过"王阳明而探求于其前之思想家。刘宗周在对王阳明思想"信之不疑"之前，其所认可之"圣学之宗"即在周敦颐处（以及其可追本之《中庸》"慎独"）。而于崇祯七年所成《圣学宗要》一书，即是刘宗周沿着这一思路思考而成的。观《圣学宗要》一书所辑刘宗周评价张载、程伯子、朱熹、王阳明之按语即可见。

《圣学宗要》收录张载《西铭》《东铭》二篇，在《西铭》后按语中，刘宗周讲道：

> 凡以善承天心之仁爱，而生死两无所憾焉，斯已矣！此之谓立命之学。至此而君子真能通天地万物以为一体矣。此求仁之极则也。①
> 至《西铭》之所谓"仁"，即《图说》之所谓"极"。《西铭》之所谓"屋漏"，即《图说》所谓"主静立极"之地与！②

《东铭》后按语中讲：

> 戏言戏动，人以为非心，而不知其出于心……然则《西铭》之道，天道也；《东铭》，其尽人者与！③

收录程伯子《识仁说》《定性书》二篇。《识仁说》后按语讲：

> 程子首言识仁，不是教人悬空参悟，正就学者随事精察力行之中，

---

① （明）刘宗周：《圣学宗要》，《刘宗周全集》第二册，浙江古籍出版社 2007 年版，第233—234 页。
② 同上书，第 234 页。
③ 同上书，第 234—235 页。

先与识个大头脑所在，便好容易下工夫也……诚者，自明而诚之谓。敬者，一于诚而不二之谓。①

《识仁篇》分明是《太极图说》脱出真手眼，而一字不落注脚，可谓善发濂溪之蕴。周子说"太极"，程子便于此中悟出一个"仁"，曰："与物无对。"周子说"二五化生"，程子便于此悟出个"皆备之体"。周子说"中正仁义"，程子便于此悟出个"义礼智信皆仁也"。周子说"主静"，程子便于此悟出"诚敬"二字，而曰："未尝致丝毫之力。"周子说"天地合德"，程子便于此悟出个"天地之用皆我之用"。②

《定性书》后按语，刘宗周讲：

此伯子发明主静立极之说，最为详尽而无遗也……"天地之尝"以下，即天地之道，以明圣人之道不离物以求静也……圣人尝寂而尝感，故有欲而实归于无欲，所以能尽其性也……主静之说，本千古秘密藏，即横渠得之不能无疑。向微程伯子发明至此，几令千古长夜矣。③

程子之后，刘宗周辑朱熹《中和说》四篇（前三篇为《答张敬夫》、后一篇为《答湖南诸公》）。按刘宗周的解释是："此朱子特参《中庸》奥旨以明道也。第一书言道体也，第二书言性体也，第三书合性于心，言工夫也，第四书言工夫之究竟处也。"④ 其后刘宗周在总结朱熹学术思想时讲到：

愚按朱子之学本之李延平，由罗豫章而杨龟山，而程子，而周子……朱子初从延平游，固尝服膺其说；已而又参以程子主敬之说，觉静字为稍偏，不复理会。迨其晚年，深悔平日用功未免疏于本领，致有

---

① （明）刘宗周：《圣学宗要》，《刘宗周全集》第二册，浙江古籍出版社 2007 年版，第234—235 页。
② 同上书，第 237 页。
③ 同上书，第 239 页。
④ 同上书，第 243 页。

"辜负此翁"之语，固已深信延平立教之无弊，而学人向上一机，必于此而取则矣。《湖南答问》诚不知出于何时，考之原集，皆载在敬夫次第往复之后，经辗转折证而后有此定论焉。则朱子平生学力之浅深，固于此窥其一班，而其卒传延平心印，以得与于斯文，又当不出于此书之外无疑矣……朱子不轻信师传，而必远寻伊洛以折衷之，而后有以要其至，乃所为善学濂溪者。①

以上是刘宗周对宋明诸儒学问"宗要"的解释。概言之，周敦颐《太极图说》之旨传至张载而合于《西铭》《东铭》之意，《西铭》言"仁"即《太极图说》所讲之"极"，《西铭》言"屋漏"即《太极图说》之"主静立极"，而修养工夫一关则在《东铭》一篇；此学传至程明道，明道以《识仁篇》发明《太极图说》之意，以《定性书》详讲"主静立极"之说；此学传至朱子，其虽早年从"主敬"之说，但于晚岁悟有其早年之失，而回归于李延平之教，而实追本于周敦颐，所以，刘宗周亦称其为"善学濂溪者"。

继辑朱熹语后，刘宗周又摘王阳明答陆元静数文而名为《良知答问》，其篇后按语讲：

自有宋诸儒而后，学者专守紫阳氏家法为入道之分，即江门崛起，直溯濂溪，犹曰："吾道有宗主，千秋朱紫阳，说'敬'不离口，示我入德方。"独阳明子读《大学》，至"格致"一解，谓朱子"即物究理之说为支离，而求端于心。天下无心外之物，即本心以求物理，是为致良知于事事物物之间，而意可得而诚也。"②

按刘宗周所讲，朱熹虽于晚岁悟前说之非，但学于朱子之学之学者仍持其早岁"主敬"之法，而其病处即在"支离"，观其解《大学》可

————————

① （明）刘宗周：《圣学宗要》，《刘宗周全集》第二册，浙江古籍出版社 2007 年版，第243—244 页。

② 同上书，第252—253 页。

见。独阳明出而言"天下无心外之物，即本心以求物理"之"致良知"之说，为解决朱学弊病之法。"致良知"之教，是发明《中庸》之理，而可直接周敦颐之思想。刘宗周讲：

（阳明）遂揭"致良知"三字专教学者，而《答陆元静》数书，发明《中庸》之理甚奥，则其直接濂溪之传者。其曰"未发之中即良知"，即"主静立极"之说也。其曰"良知无前后内外而浑然一体"，即"性无内外"之说也。其曰"能戒慎恐惧者是良知"，即"敬无动静"之说也。其曰"自私自利为病根"，即"识仁"之微旨也。最后病虐一喻，尤属居要语，所云"服药调理在未发时"者，又即朱子涵养一段功夫之意。朱子他日曰"涵养需用敬，进学在致知"，至阳明子则合言之耳。①

按刘宗周的解读，"未发之中即良知"即周敦颐"主静立极"之说。在《学言》中，刘宗周亦多处谈及王阳明思想合于周敦颐思想之处，如其讲"阳明子曰：'恶动之心非静也，求静之心即动也。'并此二心，即无动无静，即是无极而太极"②，"心无善恶，而一点独知，知善知恶。知善知恶之知，即是好善恶恶之意；好善恶恶之意，即是无善无恶之体，此之谓'无极而太极'"③等语。而王阳明所讲"良知无前后内外而浑然一体""自私自利为病根"等语亦可合于张载、程伯子之说。除此之外，阳明言"服药调理在未发时"即是朱熹所讲修养工夫，"涵养需用敬，进学在致知"在朱子处分言，而于阳明处则为合一。因此，朱熹、王阳明二人之教法，在刘宗周看来乃是"殊途而同归"。刘宗周接下来讲：

---

① （明）刘宗周：《圣学宗要》，《刘宗周全集》第二册，浙江古籍出版社2007年版，第253页。

② （明）刘宗周：《学言》，《刘宗周全集》第二册，浙江古籍出版社2007年版，第388页。

③ 同上书，第411页。

虚位之体

　　孰谓其果立异同于朱子乎？夫诸儒说极，说仁，说静，说敬，本是一条血脉，而学者溺于所闻，犹未免滞于一指而不能相通，或转趋其弊者有之。"致良知"三字，直将上下千古一齐穿贯。言本体，则只此是极，极不堕于玄虚；只此是仁，仁不驰于博爱。言工夫，则只此是静，静不涉于偏枯；只此是敬，敬不失之把捉。洵乎其为易简直截之宗也。或疑子之学近于禅者，乃儒释之辨直以自私自利为彼家断案，可为推见至隐。学莫先于义利之辨，于此一差，无往而不异，不必禅也。于此不差，虽谓茂叔为穷禅可也。于子何疑？①

　　依刘宗周之言，王阳明所讲"致良知"之教即指认本体，同时兼论工夫，乃是儒学之正脉。而疑王阳明之学为禅学者，乃是以"自私自利"为出发点来看其学。因此，在刘宗周看来，儒学所别于他法之处，即在"公私义利"一关。刘宗周认为，王阳明有论于"公私义利"之辨，即在《拔本塞源论》一篇。刘宗周录《拔本塞源论》于《良知答问》后，并注言：

　　先生虽一时应病之论，而功利一砭，实以扶万古之人心，孟子好辨而后，仅见此篇。②

　　以上为刘宗周《圣学宗要》所选宋明诸儒之文字以及按语说明。如前所讲，《圣学宗要》乃集诸儒之说以阐明其合周敦颐思想之处。而于王阳明文字后按语更有言"'致良知'三字，直将上下千古一齐贯穿"，可见刘宗周对王阳明思想是报以极大的肯定态度的，但刘宗周对于王阳明思想之肯定，亦是为自己之学说作铺垫，此乃刘宗周思想中所存有的欲超越王阳明之企图。刘宗周虽言阳明以"孟子之见力"直追"圣宗"，但此"宗"并不止于"致良知"，而在"慎独"。刘宗周在全书后按语中表达了此意，他讲：

---

　　① （明）刘宗周：《圣学宗要》，《刘宗周全集》第二册，浙江古籍出版社 2007 年版，第 253 页。
　　② 同上书，第 258 页。

愚按孔门之学，其精者见于《中庸》一书，而"慎独"二字最为居要，即"太极图说"之张本也。乃知圣贤千言万语，说本体，说工夫，总不离"慎独"二字。"独"即天命之性所藏精处，而"慎独"即尽性之学。独中具有喜怒哀乐四者，即仁义礼智之别名……中为天下之大本，即隐即见，即微即显；和为天下之达道，即见即隐，即显即微，故曰"莫见乎隐，莫显乎微"，而独之情状于此为最真。盖"独"虽不离中和而实不依于中和，即"太极"不离阴阳而实不依于阴阳也。中，阳之动也；和，阴之静也。然则宋儒专看未发气象，未免落于边际，无当于"慎独"之义者。故朱子初不喜其说，退而求之已发，以察识端倪为下手，久之又无所得，终归之涵养一路。其曰"以心为主，则性情之体、中和之妙，各有条理"，正指"独"而言，而不明白说破，止因宋儒看得"独"字太浅，"中"字太深，而误以"慎独"之功为"致和"之功故也。阳明子曰"良知即未发之中"，仍落宋人之见。又云"无前后内外而浑然一体"，庶几得之。第以质之《中庸》，往往似合似离，说中说和，无有定指。总之诸儒之学，行到水穷山尽，同归一路，自有不言而契之妙。而但恐《中庸》之教不明，将使学"慎独"者以把捉意见为工夫，而不亲性天之体。因使求中者以揣摩气象为极则，而反堕虚空之病。既置"独"于"中"之下，又拒"中"于"和"之前，纷纷决裂，几于无所适从，而圣学遂为绝德。故虽以朱子之精微，而层折且费辛勤；以文成之简易，而辨难不遗余力，况后之学圣人者乎？因稍为之拈出，以示学者。[①]

首先，刘宗周认为儒学之精要处即在《中庸》所言之"慎独"。"独"为体，乃是天命之性，而内含喜怒哀乐。在《中庸》中以"莫现乎隐，莫显乎微"一句所描摹出的，正是"独"之存在样态。而"中为天下之大本"与"和为天下之达道"的"中和"辩证关系所表达出的正是"慎独"之"即本体即工夫"之统一。其次，刘宗周认为，这

---

① （明）刘宗周：《圣学宗要》，《刘宗周全集》第二册，浙江古籍出版社 2007 年版，第258—260 页。

样的"慎独"之意在宋儒处是被周敦颐理解并通过"无极而太极"的思想而加以阐发的。如上章所讲,刘宗周把周敦颐所讲"太极"解为"万物之总名"的"虚位"概念,这与他所理解的"独"作为本体概念的逻辑特征是一致的。所以,"'独'虽不离中和而实不依于中和,即'太极'不离阴阳而实不依于阴阳也"。而《中庸》中所讲"独"作为本体之意,在朱熹与王阳明处是没有被理解的。朱熹解"慎独"为"闲居独处"时用工夫,是将"慎独"只作为"致和"之功;王阳明讲"良知即未发之中",只以"中"为本而不言"独"。朱熹与王阳明之病皆在于只认"中"为本,而把"慎独"只当作修养工夫一关看。

第二节　《阳明传信录》中的"阳明"思想

《阳明传信录》成书于崇祯十一年冬十月(时年刘宗周六十一岁),按刘宗周在《序》中所讲,此书为摘取《阳明文集》中《语录》《文录》及《传习录》中之要语,汇编成三卷,而分别阐述阳明学之学则、教法及宗旨,以求重新理清王阳明思想。刘汋《年谱》记其成书缘起:

> 时谈禅者动援阳明而阚朱子,先生曰:"朱子以察识端倪为下手,终归涵养一路,何尝支离?阳明先生宗旨不越良知二字,乃其教人惓惓于去人欲存天理以为致良知之实功,何尝杂禅?"欲删定二子书以明学术之同归,乃先摘《阳明文集》为三卷,每条有发明,以世之读是书者讹故也。驳《天泉证道记》曰:……①

按刘汋所记可知,时有谈禅者而引阳明之说(此当与"王学后学左派"之说盛行有关),而刘宗周则辨阳明思想为儒学正统。其所持观点为:阳明思想以"良知"为宗旨,其教人处为"存天理去人欲"之

---

① (清)刘汋:《蕺山刘子年谱》,《刘宗周全集》第六册,浙江古籍出版社2007年版,第124页。

"致良知"实功，阳明与朱熹之学实乃殊途而同归。在《阳明传信录·小引》中，刘宗周对其言王阳明之"教法"与"宗旨"有所说明。他讲：

> 先生教人吃紧在去人欲而存天理，进之以知行合一之说，其要归于致良知，虽累千百言，不出此三言为转注，凡以使学者截去绕寻向上去而已，世未有善教如先生者也，是谓教法。而先生之言良知也，近本之孔、孟之说，远溯之精一之传，盖自程、朱一线中绝，而后补偏救弊，契圣归宗，未有若先生之深切著明者也，是谓宗旨。则后之学先生者从可知已。不学其所悟，而学其所悔；舍天理而求良知，阴以叛孔、孟之道而不顾，又其弊也。说知说行，先后两截，言悟言参，转增学虑，吾不知于先生之道为如何？间尝求其故而不得，意者先生因病立方，时时权实互用，后人不得其解，未免转增离歧乎？宗周因于手抄之余，有可以发明先生之蕴者，僭存一二管窥，以质所疑，冀得籍手以就正于有道，庶几有善学先生者出，而先生之道传之久而无弊也。因题之曰"传信"云。①

　　按刘宗周的总结，王阳明所讲"存天理去人欲""知行合一"以及"致良知"之说，是其教人之修养工夫；而王阳明所言"良知"是继"虞廷心传"至孔、孟一脉儒家思想之学旨，此为刘宗周"表彰"王阳明思想并欲以"知性分析"方式理清王阳明思想之意。但应注意，刘宗周接下来又有言"舍天理而求良知，阴以叛孔、孟之道而不顾，又其弊也"，此语虽为批评"阳明后学左派"之语，而实含有对王阳明之批判。按刘宗周的理解，"王学后学左派"之病之根本原因，乃可追本于王阳明思想本身，"舍天理而求良知"即表达出刘宗周所认为的以"良知"为"本"之"弊病"。正因为如此，在《阳明传信录》中，刘宗周要加以自己之按语，以"发明先生之蕴""以质所疑"，其实质是欲

---

① （明）刘宗周：《阳明传信录》，《刘宗周全集》第五册，浙江古籍出版社 2007 年版，第 1—2 页。

指出其所认为的王阳明本人思想之"缺陷",而以"慎独"之学,"诚意"之功改造"王学"。刘宗周在《阳明传信录》中对王阳明思想之批评,可集中见于"天泉证道记"后按语中。刘宗周讲:

> 先生每言,至善是心之本体。又曰:"至善只是尽乎天理之极,而无一毫人欲之私。"又曰:"良知即天理。"《录》中言"天理"二字,不一而足,有时说"无善无恶者理之静",亦未尝径说"无善无恶是心体",若心体果是无善无恶,则有善有恶之意又从何处来?知善知恶之知又从何处来?为善去恶之功又从何处起?无乃语语断流绝港乎!快哉,四无之论!先生当于何处作答?却又有"上根下根"之说,谓"教上根人只在心上用工夫,下根人只在意上用工夫",又岂《大学》八目一贯之旨?又曰:"其次且教在意念上著实用为善去恶工夫,久之心体自明。"蒙谓才著念时,便非本体,人若只在念起念灭上用工夫,一世合不上本体,所谓南辕而北辙也。①

按刘宗周所言,王阳明所讲"四句教"法之问题,主要有以下两点:

第一,王阳明即认为"至善是心之本体",《语录》中亦多言"至善只是尽乎天理之极,而无一毫人欲之私""良知即天理"等,那么,为什么此处王阳明却讲"无善无恶是心之体"呢?若"心体本是无",那么心之所发之"意",知善知恶之"知",为善去恶之功又从何起?若如此,无怪龙溪有四无之说。

第二,王阳明讲"上根之人在心上用功,下根之人在意上用功",分明是两段工夫,与《大学》一以贯之之意不和;又言"其次且教在意念上著实用为善去恶工夫,久之心体自明",王阳明所讲"意",为心之所发(按刘宗周的理解,此意为念)。工夫用在念起念灭上,所以"才著念时,便非本体,人若只在念起念灭上用工夫,一世合不上本体,所谓南辕而北辙也。"

---

① (清)黄宗羲:《姚江学案一》,《明儒学案》(上),中华书局2008年版,第218页。

从上述第一点来看，刘宗周只承认"至善是心之本体"，这实际上是把"心""良知"看成一"客观性"的存在。刘宗周在《阳明传信录》中另外三处关于"心""良知"的阐释，也是沿着这样一种思路来解读的。

第一处，《文录》中朱子礼问为学为政之要。王阳明讲：

"明德、亲民，一也。古人之明明德以亲其民，亲民所以明其明德也。是故明明德，体也；亲民，用也。而止至善，其要矣。"子礼退而求至善之说，炯然见其良知焉，曰："吾乃今知学所以为政，而政所以为学，皆不外乎良知焉。信乎，止至善其要也矣！"

（蕺山按）：良知即天理，故曰至善。①

第二处，《传习录》中王阳明言：

知是心之本体，心自然会知。见父自然知孝，见兄自然知弟，见孺子入井自然知恻隐，此便是良知，不假外求。

（蕺山按）：即云至善是心之本体，又云知是心之本体。盖知只是知善知恶，知善知恶正是心之至善处。②

第三处，《传习录》中：

问："良知原是中和的，如何却有过不及？"曰："知得过不及处，就是中和。"

（蕺山按）：良知无过不及，知得过不及的是良知。③

综合刘宗周按语所解可见，讲"心"体、"良知"为"至善""无

---

① （明）刘宗周：《阳明传信录》，《刘宗周全集》第五册，浙江古籍出版社2007年版，第36页。
② （清）黄宗羲：《姚江学案一》，《明儒学案》（上），中华书局2008年版，第200页。
③ 同上书，第215页。

过不及"，即是要确立"良知"的客观性。但这种"良知无过不及，知得过不及的是良知"的讲法及其背后的思维方式，实际上是将阳明所欲描述出"心之自然存在的状态"而避免"理"之存在的"独断前提"的问题讲回到"良知"本体作为先天存在的独断规定中，而这恰恰是又回到了"程朱理学"的思维方式之中。

朱熹解"过与不及"可见其《中庸章句》第三章"子曰：'中庸其至矣乎！民鲜能久矣'"中。这一章注释的关键问题在于对"久"字的理解。朱熹对于这一章的注释与汉唐儒家的注释具有比较大的差异。鉴于此，这里首先引用郑玄、孔颖达与朱熹的注来看对于"久"字的不同解释：

> 郑玄注曰："言中庸为道至美，顾人罕能久行。"孔颖达疏曰："言中庸为至美，故人罕能久行之。"①
> 朱熹注曰："过则失中，不及则未至，故惟中庸之德为至。然亦人所同得，初无难事，但世教衰，民不兴行。故鲜能之，今已久矣。"②

由以上两家的注可以看出，郑玄、孔颖达的注是把"民鲜能久矣"的"久"字理解为是"持久""长久"之意。郑注孔疏的意思可以理解为：因为中庸之道是至美之道，所以在实行中庸之道的过程中，就很难保证时时刻刻保持在中庸的持久性状态中。为什么难以持续保持这样的一种状态？是因为中庸之道既是至平易、至平常的，又是至极致、至精微的。所以在现实生活中，对于这样一个至极致、至精微的中庸之道稍有不慎，便会落入到"过之"或者"不及之"之域，而难以把握其恰到好处的分寸。如《中庸》第二章所讲："君子之中庸也，君子而时中。"中庸的状态应该是一个"时中"，是一个在"变"中对于"用中"的把握。所以中庸的状态是一个原则性与灵活性二者的统一。但落

---

① （汉）郑玄、（唐）孔颖达：《礼记正义》，《十三经注疏》，北京大学出版社 1999 年版，第 1425 页。
② （宋）朱熹：《中庸章句》，《四书章句集注》，中华书局 1983 年版，第 19 页。

实在现实的生活经验中时，人则很难保证长期持守于中庸之道中，而"过与不及"恰恰是人最为常态的表现。进一步讲，如果把中庸之德视为一无"过与不及"、恰到好处的存在，那么这样的一个中庸之德，则只能是作为万事万物存在的一个尺度、一个原则而存在。这样一个无"过与不及"的中庸之德是作为最高的原则、界限的理想状态而存在的，但是这样的一个理想状态并不能呈现为任何终极完成的状态，即不能作为一种既成事实而存在。由此可见，"过与不及"恰恰是中庸的现实存在形式，而中庸则是"过与不及"自我调整的原则。这意味着中庸就是在"过与不及"的自我调整中实现的。这样的解释正是《中庸》的本意——符合中庸概念的"中庸"是一个理想的目标，在现实中则表现为以中庸为调节原则而呈现出的"过与不及"。

反观朱熹注，将"民鲜能久矣"理解为"世教乱衰"而中庸之德已经断裂很久，因此不能行于世。显然在这样的理解中包含了两个前提：第一，中庸之德有一个能够可以呈现给我们的既定的、完成的形式，这意味着中庸之德是一个可实现的形式，即在日用平常的生活中能够找到一个绝对符合中庸的状态；第二，这种可实现的、既定的实现形式曾经在历史中呈现过，而那样的一个时代是可以称为"圣人之制"的行"中庸"的时代。但因为历史的发展，世道变衰，所以中庸之行已经断绝很久了。而孔子所感叹的、所要唤醒的正是人们对于中庸之德的尊重，并通过教化回归到这样一个时代中。

正因为朱熹有这样的理解，所以在其注第六章："子曰：'舜其大知者也与！舜好问而好察迩言，隐恶而扬善，其斯以为舜乎！'"时讲："两端，谓众论不同之极致。盖凡物皆有两端，如小大厚薄之类，于善之中又执其两端，而量度以取中，然后用之，则其择之审而行之至矣。然非在我之权度精切不差，何以与此。此知之所以无过不及，而道之所以行也。"[1] 朱熹此注之理解或源于小程子的解释，在《二程遗书》中所记有如下对话：

---

① （宋）朱熹：《中庸章句》，《四书章句集注》，中华书局 1983 年版，第 20 页。

虚位之体

苏季明问："舜'执其两端'，注以为'过不及之两端'，是乎？"
曰："是。"曰："既过不及，又何执乎？"曰："执犹今之所谓持使不得
行也。舜执持过不及，使民不得行，而用其中使民行之也。"又问：
"此执与汤执中如何？"曰："执只是一个执。舜执两端，是执持而不
用。汤执中而不失，将以用之也。"①

　　程颐的解释方法可概括为：舍弃两端而求其中。这种方法带来的结
果必然是一个片面性的抽象性，若此方法可行，即需要预设出一个独断
论的前提。而朱熹的解释方法正是按这样的路线来行的。朱熹注释中首
先设定了"理"的绝对客观存在的现实性，进而肯定了舜大知的优先
性。在肯定了这一前提下，他认为因为舜有此大知，所以才能够"执其
两端，而度量以取中"以行中庸之道。这样的解释即是把大知归结为是
一种作为抽象的原则的先天禀赋。
　　参照朱熹的解释模式，再看刘宗周所讲《中庸》之"中"，可见其
亦是通过这样预设的方式来确定"中"作为"本体"的。《学言》中
讲道：

　　阳明子言良知，每谓"个个人心有仲尼"，至于中和二字，则又谓
"必慎独之后，方有此气象"。岂知中和若不是生而有之，又如何养成
得？中只是四气之中气，和只是中气流露处。天若无中气，如何能以四
时之气相禅不穷？人若无中气，如何能以四端之情相生不已？故曰：
"哀乐相生，循环无端，正明目而视之，不可得而见，倾耳而听之，不
可得而闻。"故曰："是故君子戒慎乎其所不睹，恐惧乎其所不闻"。呜
呼！其旨微矣。②

　　按刘宗周之意，"中"为四气之中气，即是人情欲生发之根据，为

----

① （宋）程颢、程颐：《二程遗书》，上海古籍出版社 2000 年版，第 264 页。
② （明）刘宗周：《学言》，《刘宗周全集》第二册，浙江古籍出版社 2007 年版，第 413
页。

"本",这是按照"程朱理学"的思维方式而把"中"认定为一"先在"之规定,此"中"即为君子"戒慎乎其所不睹,恐惧乎其所不闻"之"独"本体。而"良知"则为"慎独"工夫之后之气象。言外之意,"致良知"应归本于"慎独"。这里刘宗周对于"良知"的理解,是在"知识"性范畴下的解读。《学言》中记:

> 良知一点,本自炯炯,而乘于物感,不能不恣为情识;合于义理,不得不胶为意见。情识意见纷纷用事,而良知隐覆于其中,如皎日之下有重云然,然其为良知自若也。覆以情识,即就情识处一提便醒;覆以意见,即就意见处一提便醒。便醒处仍是良知之能事,更无提醒此良知者。①

"良知"如先天之"禀赋",但由于被"情识""意见"遮蔽而有知之"不良",就"情识""意见"处随处提醒,使"良知"复明,此是刘宗周所解"致良知"之意。依刘宗周之理解,则"致良知"之功仍是在"已发"之中用功,但呈显于"情识"之中之"良知"应有所"本",否则"知善知恶之知从何来?有善有恶之意从何来?","致""良知"就只成了在"念起念灭"上作工夫,即如上述刘宗周批评"天泉证道记"中第二点所讲,"才著念时,便非本体,人若只在念起念灭上用工夫,一世合不上本体,所谓南辕而北辙也"。在《阳明传信录》按语中,刘宗周亦多有从此角度谈及王阳明思想之"缺陷"。如注《传习录》中"爱因未会先生'知行合一'之训"一段,刘宗周讲:

> "只见那好色时已是好了,不是见了后又立个心去好","只闻那恶臭时已是恶了,不是闻了后又立个心去恶"。此语最分明。此是先生洞见心体处,既不是又立个心去好恶,则决不是起个意去好恶可知。固知

---

① (明)刘宗周:《学言》,《刘宗周全集》第二册,浙江古籍出版社 2007 年版,第403—404 页。

虚位之体

意不可以起灭言。①

注"爱问：'格物，物字即是事字，皆从心上说。'"一段，刘宗周讲：

以心之所发言意，意之所在言物，则心有未发时却如何格物耶？请以前好恶之说参之。②

注"问'格物于动处用功否？'"一段时，刘宗周讲：

此是先生定论。先生他日每言"意在于事亲，即事亲为一物"等云云。予窃转一语曰："意不在事亲时是恁物？"千载而下，每欲起先生于九原质之而无从也。先生又曰："工夫难处全在格物致知上，此即诚意之事，意既诚，大段心亦自正，身亦自修。但正心修身工夫，亦各有用力处，修身是已发边，正心是未发边，心正则中，身修则和"云云。先生既以良知二字冒天下之道，安得又另有正修功夫？止因将意字看作已发了，故工夫不尽，又要正心，又要修身；意是已发，心是未发，身又是已发。先生每讥宋学支离，而躬自蹈之，千载而下，每欲起先生于九原质之而无从也。噫！③

由以上三段按语可见，刘宗周所认为王阳明思想之所以起后学之弊之原因，即在于将《大学》之"意"字解错，刘宗周讲道：

看《大学》不明，只为意字解错，非干格致事。汉疏八目先诚意，故文成本之曰："大学之道，诚意而已矣。"极是。乃他日解格致，则有"意在乎事亲"等语，是亦以念为意也。至未起念以前一段工夫坐之正心位下，故曰："无善无恶者心之体，有善有恶者意之动。"夫正

---

① （明）刘宗周：《阳明传信录》，《刘宗周全集》第五册，浙江古籍出版社 2007 年版，第 54 页。

② 同上书，第 55 页。

③ 同上书，第 62 页。

心而既先诚意矣，今欲求无善无恶之体，而必先之于有善有恶之意而诚之，是即用以求体也。即用求体，将必欲诚其意者先修其身，欲修其身者先齐其家，又先之治国平天下，种种都该倒说也。此亦文成意中事，故曰："明明德以亲民，而亲民正所以明其明德。"至以之解《中庸》，亦曰："致中无工夫，工夫专在致和上。"夫文成之学以致良知为宗，而不言致中，专以念头起灭处求知善知恶之实地，无乃粗视良知乎？其云："大学之道，诚意而已矣；诚意之功，格物而已矣；格物之极，止至善而已矣，止至善之则，致良知而已矣。"此其供状也。看来果是《大学》本文否？[①]

而在《阳明传信录》"天泉证道记"按语中，刘宗周则提出了他对"意"字的解释及对"四句教"的新诠：

> 先生解《大学》，于"意"字原看不清楚，所以于四条目处未免架屋叠牀至此。及门之士一再摹之，益失本色矣。先生他日有言曰："心意知物只是一事。"此是定论。既是一事，决不是一事皆无。蒙因为龙溪易一字曰："心是有善无恶之心，则意亦是有善无恶之意，知亦是有善无恶之知，物亦是有善无恶之物。"不知先生首肯否？[②]

以"有善无恶"解"意"，即其所讲"意为心之所存而非所发"之"意"。关于刘宗周对此种解"意"方式的论述，前章已有说明；同时，刘宗周以"有善无恶"解"意"以及与此相关联的对《大学》一文主旨的新的诠释方式，后章亦会有所论述，故此处对于刘宗周解"意"的学理内涵不作展开讨论。此处仅就从刘宗周谈"意""念"关系而有关于其对"王学"理解的一个问题加以说明。

刘宗周在《学言》中曾针对其时"阳明后学左派"之通病有如下批评：

---

① （明）刘宗周：《学言》，《刘宗周全集》第二册，浙江古籍出版社 2007 年版，第 422—423 页。
② （清）黄宗羲：《姚江学案一》，《明儒学案》（上），中华书局 2008 年版，第 218 页。

起一善念，吾从而知之，知之之后，如何顿放？此念若顿放不妥，吾虑其剜肉成疮。起一恶念，吾从而知之，知之之后，如何消化？此念若消化不去，吾恐其养虎遗患。总为多此一起，才有起处，虽善亦恶；转为多此一念，才属念缘，无灭非起。今人言致良知者如是。①

刘宗周此条言"今人言致良知者"在"念起念灭"上用功，针对对象为阳明后学之学者，但依前所论，刘宗周认为这一问题的实质乃出于王阳明思想本身，即以"致良知"为教只落在于"知"之层面而不及言"行"。本书将于下章说明，刘宗周批评王阳明"致良知"思想之不足及错解《大学》主旨之处，实际上是基于刘宗周对于王阳明思想之"误解"。但刘宗周此条所批评之停留于"念起念灭"上之"空疏"之病，的确是"阳明后学左派"之问题。这是我们考察刘宗周对"王学"的评价时应该注意的。

刘宗周当时所直接面对的"王学后学左派"之学者，是王畿一脉的陶石梁。按黄宗羲《子刘子行状》中所记：

当是时，浙河东之学，新建一传而为王龙溪（畿），再传而为周海门（汝登）、陶文简，则湛然澄之禅入之；三传而为陶石梁（奭龄），辅之以姚江之沈国谟、管宗圣、史孝咸，而密云悟之禅又入之。会稽诸生王朝式者，又以捍阖之术鼓动以行其教。证人之会，石梁与先生分席而讲，而又为会于白马山，杂以因果僻经妄说，而新建之传扫地矣。②

黄宗羲所言"证人之会"，即刘宗周与陶石梁于崇祯四年共同讲学的"证人社"。按《年谱》记载：

先生于三月三日率同志大会于石篑先生祠，缙绅学士可二百余人，

---

① （明）刘宗周：《学言》，《刘宗周全集》第二册，浙江古籍出版社2007年版，第458页。

② （清）黄宗羲：《子刘子行状》，《刘宗周全集》第六册，浙江古籍出版社2007年版，第42页。

同主事者为石梁先生……初登讲席，先生首谓学者曰："此学不讲久矣。文成指出良知二字，直为后人拔出自暴自弃病根。今日开口第一义，须信我辈人人是个人，人便是圣人之人，圣人人人可做。于此信得及，方是良知眼孔。"因以"证人"名其社。①

"证人社"第五会讨论《中庸》首章大旨，刘宗周作记，成《中庸首章说》一书，此事前已说明，在此不再赘述。而据姚明达所整理《刘宗周年谱》可知，刘宗周与陶石梁的另一较大分歧是发生在第九会中。第九会论《季路问事鬼神章》：

座中有知行之说进者，谓知之真必须行之力。陶奭龄则单提一知，董黄庭则单重一行，断断然争之不置。先生曰："我辈言良知，正为力行地耳。要之，知与行总不得分。"因论及生死，曰："吾儒之学，以了生死为事。佛氏之说，亦以了生死为事。但吾儒之学，事事求之于实，惟尽其生事，以善其死事。故曰：全而受之，全而归之。佛氏之说，事事求之于虚，必悟于生前，以知于死后，故曰：生从何来，死从何去。"遂作《生死说》。②

……陶奭龄先生亦作《知生说》，持论不同。③

按照以上一段的说明，刘宗周所强调的即是"知行合一"之说，而陶石梁则单提知处；论生死，刘宗周所要学者落于"事事求之于实"处，而批评的则是主"悟"的佛氏之说。陶石梁本于王畿一系，所学之学问当杂于"悟"，此正是二人分歧的原因所在。

另据《年谱》记载，次年五月，陶石梁开始与同志数十人分会白马岩居，而刘宗周则"见尝过从"。而分会之原因，即是刘陶二人学术

---

① （清）刘汋：《蕺山刘子年谱》，《刘宗周全集》第六册，浙江古籍出版社2007年版，第101页。

② 姚明达：《刘宗周年谱》，《刘宗周全集》第六册，浙江古籍出版社2007年版，第357页。

③ 同上书，第358页。

虚位之体

宗旨之别。《年谱》中讲：

> （石梁）每令学者识认本体，曰："识得本体，则工夫在其中。若不识本体，说恁工夫？"先生曰："不识本体，果如何下工夫？但既识本体，即须认定体用工夫，工夫愈精密则本体愈昭焕。今谓既识后遂一无事事，可以纵横自如，六通无碍，势必至猖狂纵恣，流为无忌惮之归而后已。"①

而在与会白马山后，因"座中举修悟异同"，刘宗周"复理前说以质"。《年谱》中记：

> 弘祐曰："陶先生言识认本体，识认即工夫，恶得以专谈本体少之？"先生曰："识认终属想像边事，即偶有所得，亦一时恍惚之见，不可据以为了彻也。且本体只在日用常行之中，若舍日用常行，以为别有一物可以两相凑泊，无乃索吾道于虚无影响之间乎？"又与弘祐书曰："学者宜时时凛乎若朽索之驭六马，说不得我且做上一截工夫，置欲第二义不问。须看作一个工夫始得。"②

按刘宗周的理解，既识本体，即须认定本体用工夫。若只认本体而不识工夫，则必"猖狂纵恣"，流为"无忌惮"之归。而在《与秦弘祐书》中，刘宗周亦是反复强调要学者在日用平常之"行"中来体认"本体"。虽刘宗周一再欲指正学者空虚之病，但当时的效果并不理想，"数致规正，诸生自信愈坚，先生遂不复与之辩矣"③。

由此可见，此"空疏""玄虚"之病正是"王学后学左派"当时所留下之严重问题且影响较大，而刘宗周亦是深有所感。所以，作为一名有担当的儒家学者，如何救治"王学后学左派"所留下的"空疏""玄虚"之病，便是刘宗周所肩负的"学术任务"。

---

① （清）刘汋：《蕺山刘子年谱》，《刘宗周全集》第六册，浙江古籍出版社2007年版，第103页。

② 同上书，第103—104页。

③ 同上书，第104页。

第 四 章

"慎独"本体观念的特征

在《明儒学案·蕺山学案》中，刘宗周的弟子黄宗羲概括其师的哲学思想时讲：

> 先生之学，以慎独为宗，儒者人人言慎独，唯先生始得其真。盈天地间皆气也，其在人心，一气之流行，诚通诚复，自然分为喜怒哀乐，仁义礼智之名，因此而起者也。不待安排品节，自能不过其则，即中和也。此生而有之，人人如是，所以谓之性善，即不无过不及之差，而性体原自周流，不害其为中和之德。学者但证得性体分明，而以时保之，即是慎矣。慎之工夫，只在主宰上，觉有主，是曰意，离意根一步，便是妄，便非独矣。故愈收敛，是愈推致，然主宰亦非有一处停顿，即在此流行之中，故曰"逝者如斯夫！不舍昼夜。"盖离气无所为理，离心无所为性。①

另，黄宗羲在《刘子全书序》中亦开章明义地指出："先师之学在'慎独'"。② 考刘宗周自己所言"圣学之要，只在慎独"③，"慎独之学，即中和即位育，此千圣学脉也"④ 等，结合前几章对刘宗周学术思想形成的文化资源等考察说明，可知以"慎独"概括刘宗周思想的主旨并

---

① （清）黄宗羲：《蕺山学案》，《明儒学案》（下），中华书局2008年版，第1514页。
② （清）黄宗羲：《刘子全书序》，《刘宗周全集》第六册，浙江古籍出版社2007年版，第652页。
③ （明）刘宗周：《学言》，《刘宗周全集》第二册，浙江古籍出版社2007年版，第424页。
④ 同上书，第490页。

无不恰之处。至于学术界有争议的关于其晚年专提"诚意"而将"慎独"至于第二义之事,[①] 本书将至于下一章予以说明。

第一节 "慎独"的一般意

"慎独"一词最早可见于先秦儒家经典《大学》《中庸》中。[②] 作为《大学》《中庸》中重要的概念,"慎独"被其后历代儒者所重视。在一般意义上,"慎独"被理解为儒门教育思想中的一种最重要的修养工夫,它所指向的是修养主体的内心世界,这一指向被由孔子至"思孟"学派一系特别重视。《大学》中所讲"慎独"就是从这一角度讲的。《大学》中讲:

> 所谓诚其意者,勿自欺也。如恶恶臭,如好好色,此之谓自谦。故君子必慎其独也。[③]

朱熹注:

> 独者,人所不知而己所独知之地也。言欲自修者知为善以去其恶,则当实用其力,而禁止其自欺。使其恶恶则如恶恶臭,好善则如好好色,皆务决去,而求必得之,以自快足于己,不可徒苟且以殉外而为人也。然其实与不实,盖有他人所不及知而己独知之者,故必谨之于此以审其几焉。[④]

---

① 据刘汋《年谱》所记,(先生五十九岁时)"……专举立诚之旨,即慎独姑置第二义矣"。(先生惓惓说个"诚"字,又惓惓说"思诚"二字)有学者据此而认刘宗周晚年思想之宗旨为"诚意"。笔者认为刘宗周专提"诚意"乃是刘宗周针对朱王《大学》之辨而在教法上的改造,其思想宗旨仍在"慎独"。

② 因本书所讨论的主要问题与"慎独"概念最早出于何处关系不大,故不就出土文献中所涉"慎独"文字及其成书具体年代做说明考察。此处只以通行说法为根据。

③ (宋)朱熹:《大学章句》,《四书章句集注》,中华书局1983年版,第7页。

④ 同上。

《大学》讲：

> 小人闲居为不善，无所不至。见君子而后厌然，掩其不善而著其
> 善。人之视己，如见其肺肝然，则何益矣！此谓诚于中，形于外，故君
> 子必慎其独也。①

朱熹注：

> 闲居，独处也。厌然，消沮闭藏之貌。此言小人阴为不善，而阳欲
> 掩之，则是非不知善之当为与恶之当去也；但不能实用其力以至此耳。
> 然欲掩其恶而卒不可掩，欲诈为善而卒不可诈，则亦何益之有哉！此君
> 子所以重以为戒，而必谨其独也。②

以上所讲第一条中，《大学》作者强调修身者应用其力于为善去
恶，好则如好好色，恶则如恶恶臭，诚意修养之功勿要有自欺之处，而
必实实在在而为之。此谓"他人所不及知而己独知之者"，所以修身者
在此处必加以审"几"。第二条则言能否时刻以"慎独"之工夫为人行
之标准，乃是君子小人之分。从《大学》中所讲之"慎独"可以看出，
"独"被解释成为"人所不知而己所独知之地""闲居独处"之时，而
"慎"即是作为一种戒惧、省察之"谨慎"工夫。因此，《大学》讲的
"慎独"，是从人的独居闲处时诚心正意的修养工夫的意义上讲的，这
也是"慎独"一词的基本解，即我们日常生活中所用"慎独"一词的
含义。但是在《中庸》中，"慎独"之意却不仅仅停留在修养工夫的层
面，《中庸》中讲"慎独"为：

> 天命之谓性，率性之谓道，修道之谓教。道也者，不可须臾离也；
> 可离，非道也。是故君子戒慎乎其所不睹，恐惧乎其所不闻。莫见乎
> 隐，莫显乎微，故君子慎其独也。③

---

① （宋）朱熹：《大学章句》，《四书章句集注》，中华书局1983年版，第7页。
② 同上。
③ （宋）朱熹：《中庸章句》，《四书章句集注》，中华书局1983年版，第17页。

在《礼记正义·中庸》中，郑玄注：

慎独者，慎其闲居之所为。小人于隐者动作言语自以为不见睹，不见闻，则必肆尽其情也。若有佔听之者，是为显见，甚于众人之中为之。①

朱熹在《中庸章句》中依《大学章句》解为：

独者，人所不知而己所独知之地也。言幽暗之中，细微之事，迹虽未形而几则已动，人虽不知而己独知之，则是天下之事无有著见明显而过与此者。是故君子既常戒惧，而于此尤加谨焉，所以遏人欲于将萌，而不使其滋长于隐微之中，以至离道之远也。②

有明一代的学者对"慎独"的理解，大多也是从郑玄、朱熹而来，停留在"独"为闲居独处，慎独为修养工夫这一层面上。但在《中庸》中由"戒慎恐惧""莫见莫显"所描摹出的"独"绝不仅仅是闲居独处，而是同时关涉着本体与对本体的认识。确切地说，《中庸》中所讲的"慎独"是根源于"性""道"的客观必然性，是对于天命之"性""道"的描述。这一点，恰恰是被刘宗周发现并加以深入探讨的，故黄宗羲讲"儒者人人言慎独，唯先生始得其真"。

第二节　中国古代哲学本体概念范畴的特征

欲了解刘宗周所讲"慎独"本体的思想内涵，首先要对中国古代传统哲学本体概念范畴的特征予以把握。中国哲学本体观念与西方哲学

---

① （汉）郑玄、（唐）孔颖达：《礼记正义》，《十三经注疏》，北京大学出版社 1999 年版，第 1422 页。
② （宋）朱熹：《中庸章句》，《四书章句集注》，中华书局 1983 年版，第 18 页。

本体观念是不同的, 张连良先生曾指出: "中国哲学的本体与西方哲学的本体最大的区别, 最本质的区别就是虚与实的区别, 即中国古代哲学的本体是虚位, 而西方古代哲学的本体则往往是实辞。"① 这一讲法提醒我们, 在面对中国古代哲学文化中的本体概念范畴时, 绝不能以西方哲学中具有"实"之指向性的建立本体观念的思维方式来解释中国古代哲学思想中之"本体"。中西方哲学文化中对于本体的认识的"虚"与"实"之不同, 正体现出中西方两种文明在对"本体"问题进行思考时思维方式的不同。从思想的构成形式来讲, "思想"是以观念为"核心", 而以感受性或语言为表现形式而形成的一个有机统一的"三位一体"性。即:

感受性　　　观念　　　语言
（表现形式）　（核心）　（表现形式）

所以, 作为"思想"即表现出两种呈现样态: 或为语言, 或为一种感受性。任何一种思想都是在这样一个"三位一体"性中, 以"活的""表现形式"而存在的。这个"活的""表现形式"的灵魂, 便是每个人之个体。

这里所讲, 思想形式是以观念为核心, 以感受性与语言为平台的一个综合体, 这种说法本身还是一种"知性分析"的说法。这是我们为了把握"思想"的内涵, 强为之而把其分解为三端。而在我们真实的生活中, 它总是停留在实实在在的我们的精神活动当中, 是一个密不可分的整体。这样的"三位一体"可以从另外的角度来表述, 即整个思想, 总是一个以知识、感悟为两端, 思想为中心的整体性。这是一个合内于外、合外于内的内外合一性, 是知识的本性。知识活动总是一个"内外合一"的活动, 这样就会表现为两个方向: 由内指向于外的活动, 是把我们内在的感悟客观化为对对象的知识, 是关于对"对象是什

---

① 张连良:《中国哲学的本体观念及建立本体观念的方法》,《吉林大学社会科学学报》2000 年第 5 期, 第 39 页。

么""对象怎样"的一个知识判断；由外指向于内的活动，是把外在的对象引向我们内在生命感悟而实现自我感受性的判断，是在对"对象之知中领悟我们自身的生命"的过程。内在感受性所承载的是圆融性、直接性；外在知识判断承载的则是客观性、确定性。所以在人的知识活动中，就会呈显出两种不同的思想理解：由内向外，追求的是知识的确定性；由外向内，则倾向于思想的圆融性、整体性与灵动性。因此，会出现两种不同的知识样态上的追求：其一，对外在确定之知的追求；其二，对内在人的生命价值的追求。

当我们以这样的方式来理解和考察中西方哲学文化时就会发现：西方哲学自古希腊时期始，其主流的发展是以知识"统摄"① 感受，以追求知识的确定性为宗旨的，是把内在感受性建立在以科学真理为基础的确定性知识之上的；而中国古人从中国文化产生期伊始，儒家、道家等文化传统都具有自觉的对语言、对知识局限性的质疑以及对外在知识的异化性的恐惧，他们大多所具有的是用感悟"统摄"知识的思想倾向。中西方两种哲学文化不同追求的形成原因虽是多方面的，但"轴心时代"所形成的哲学与其前文化之间的历史关联性不同，应是其根本原

① "统摄"（das Umgreifende）一词出于雅斯贝尔斯所讲"存在就是统摄"。李雪涛先生对其解释为："雅思贝尔斯认为，我们所思考和所谈及的事物是跟我们自身有所不同的，它们是作为主体自身的对象——客体而存在的。如果我们把自己作为思想的对象来看待的话，那我们就会变为其他了，但同时作为一个正在思考的我也一直存在，这个正在指使着这一思考的我，是不可以等同于一般的客体的，因为他是决定其他之所以成为客体之前提。雅思贝尔斯把我们思维着的此在的基本状态称作主客体分裂（Subject - Object - Spaltung）。雅思贝尔斯在这里之所以用'分裂'一词，是动过一番脑筋的。因为'分裂'乃是起初为一体的东西被撕裂开来了的情形，在这里他是想强调起初未分裂的状态。而这一起初未分裂的东西就被雅思贝尔斯称作为'统摄'。"其后，李雪涛先生又引雅思贝尔斯传记作者汉斯·萨那尔对"存在就是统摄"一句意思的解释："这句话至少说明了两种不同的含义：其一，'统摄'完全是对无形物形象生动的描述词汇，我们不可以把它误解为有限的存在物。譬如把它想象成某种圆形的、隐匿状的或有某种外壳状的东西，进而形成有限的、包容性的想象，这一切必须由无限统摄的抽象思想予以取代。其二，由于统摄不在分裂状态之中，故而它是不可认识的。它是未被确定之一体。那么我们应当对其保持沉默吗？如此绝望之结论雅思贝尔斯并未得出，而是说：如果人们同样不能认识统摄的话，却能澄明它。澄明乃是一种无需解释之清晰，是一种无需用规定性进而到达被思物之思忖，是一种无需去知道之证实。"（参见李雪涛《论雅斯贝尔斯"轴心时代"观念的中国思想来源》，《现代哲学》2008 年第 6 期。）笔者基本赞同此种解释，此处以"原始统一性"的讲法来简要概括其意。

因。以下，我们将从中国古代哲学文化形成期与其前文化的关联性角度来说明中国古代哲学文化中对本体概念范畴的认识，并对中国哲学文化中的本体观念的特征进行概括。

"轴心时代"一词源自雅斯贝尔斯，他在《历史的起源与目标》一书中写道：

这个轴心要位于对于人性的形成最卓有成效的历史之点。自它以后，历史产生了人类所能达到的一切。它的特征即使在经验上不必是无可辩驳和明显确凿的，也必须是能使人领悟和信服的，以便引出一个为所有民族——不计特殊的宗教信条，包括西方人、亚洲人和地球上一切人——进行历史自我理解的共同框架。看来要在公元前 500 年左右的时期内和在公元前 800 年至公元前 200 年的精神过程中，找到这个历史轴心。正是在那里，我们同最深刻的历史分界线相遇，我们今天所了解的人开始出现。我们可以把它简称为"轴心期"。

最不平常的事件集中在这一时期。在中国，孔子和老子非常活跃，中国所有的哲学流派，包括墨子、庄子、列子和诸子百家，都出现了；……希腊贤哲如云，其中有荷马，哲学家巴门尼德、赫拉克利特和柏拉图，许多悲剧作者，以及修昔底德和阿基米德。在这数世纪内，哲学名字所包含的一切，几乎同时在中国、印度和西方这三个互不知晓的地区发展起来……这个时代产生了直至今天仍是我们思考范围的基本范畴，创立了人类仍赖以存活的世界宗教之源端。[①]

按雅氏的定义，所谓"轴心时代"，是指在公元前 800—前 200 年之间的这一段时期，是中国先秦文化、印度文化以及古希腊文化等几大文明的"哲学"突破期。我们可以将这种"哲学"性突破概括为，以上几大民族文化发展到"轴心时代"时，出现了其民族文化所面临且必须要解决的关于"人在宇宙中的位置（即人之存在的'空间性'）"

---

① ［德］卡尔·雅斯贝尔斯：《历史的起源与目标》，魏楚雄、俞新天译，华夏出版社 1989 年版，第 7—9 页。

及"人在历史中的价值（即人之存在的'时间性'）"的"哲学"问题，从而使得各民族文化从"经验文化"而上升为"哲学文化"。

对上述几大文明"哲学"产生期与前文化的关联性的考察，是一门类似于文化考古性质的研究方式，它强调要向前追溯出一个民族的原生态文化发展的根源及脉络。这种研究方式也是当下哲学反思的一个思辨性的任务，这个任务曾在人类发展的历史中（特别是在历史的转折期中）被不断提出。①

中国哲学（先秦"子学"）文化是对夏商周三代"礼乐典章制度文化"的突破，礼乐典章制度文化的前身即是中国先民的原始宗教，其核心即是中国先民的"天道观念"。中国先民的"天道观念"在发展到春秋时期以前，大致经历了三个发展阶段，而在这一历史发展过程中所展示出来的文化内容即为先秦诸子学对民族文化的哲学突破准备了其基本

---

① 例如，在西方文明发展史中，"文艺复兴"时期所提出的"回到古希腊"而实现了两个发现：自然的发现和"人"的发现。自然的发现带来了"工业革命"以及自然科学的发展；而"人"的发现则带来了民主、自由、平等的观念。"回到古希腊"口号的提出所针对的问题即是"中世纪"经院哲学所脱离的古希腊精神，所以要回到文化的源头处。当代资本主义的发展，又带来了一个严重的问题，即人的理性的僭越，而导致了权威主义、科学主义等唯"理性"的困境，而只"回到古希腊"是无法解决这样的问题的，所以海德格尔所创立的人本主义哲学提出了"回到前古希腊"的口号，旨在人类文化的源头处去寻求合理的哲学文化根源。与西方文明发展相类似，在古代中国的"魏晋玄学"时期，虽没有明确提出"回归老庄"的口号，但整个"魏晋"时期思想家们的学术宗旨即是回归先秦，以《周易》《老子》《庄子》为文化资源对先秦子学文化进行整合。而其目的，即是针对秦汉时期儒家神学化而带来的谶纬神学的泛滥，所以要回归"先秦"，特别是原始的儒家与道家文化。中唐时期，韩愈提出"道统论"，旨在回归到先秦儒家，而整个"宋明理性"时期思想家的学术工作恰恰是回到"先秦儒家"。在此顺提一句，中国古代文化发展至明末"王学"，中国"哲学"在中国古代文化的形式下所能包容并开显出的内在精神与义理已经达到了极致，中国文化形式自身的发展即要求一个转型，而已经建立起成熟的逻辑系统形式的西方哲学文明形态恰能够成为这样一种启发中国古代文化开出新的文化形式的有益资源。但这种对中国文化来讲，本应是"自然"的转型过程却在近现代历史中的"西强东弱"的文化态势下，在"西学东进"的文化刺激下被转化于西方哲学的形式下"被"建立起来。这种"被"置于西方文化模式下的中国"哲学"样态，不可能是中国的"哲学"样态，而或可只谓之"西方哲学在中国"（此说法参见颜炳罡《从"依傍"走向主体自觉——中国哲学史研究何以回归其自身》，《文史哲》2005 年第 3 期）等语。关于"合理的中国哲学的样态""何谓中国哲学"的问题讨论，不在本书范围之内。此处只提出，在思考"哲学"之为"哲学"的根本问题（元哲学问题）的前提下，来追问"合理的哲学文化形式"，在此立场下的思考，或可从中国古代文化资源中发现其有益的文化资源。而对"合理的哲学文化形式"的思考，应首先对于中西方哲学文化产生的源头处之文化样态加以考察。

营养，对这些文化内容的哲学突破铸造出了中国古代传统哲学的基本精神。

第一阶段：原始的天道观念。原始的天道观念是与原始宗教相统一的，它起源于人类未分化的原始思维的整体性中。这种样态下的自然观是一种"物活论"的自然观，即人类总是以拟人化的想象对自然对象进行把握，并认为在自然万物背后亦有一类似于人类灵魂的主宰者。原始的天道观念即是在此基础之上而产生的，关于其确切的产生期今已难考证，勉为言之，如果真有一个"人猿相揖别"之时，即是原始天道观念产生之日，而其内容可以说一直延续到现在，但"让位"于神道天道观念之时，大体应不晚于唐尧时期。原始的天道观念在内容上有两方面指向。第一，关于"天道是什么"的观念，其大体呈显为两种模糊意义的统一：人与自然背后的必然性规律以及冥冥之中的有意志的人化主宰者；第二，关于"天道的作用"的观念，天道是自然运行，亦是人行的主宰。由此产生出中国先民"法天象地"的认识论与方法论原则。《易传》中对此概括为："古者包羲氏之王天下也，仰则观象于天，俯则观法于地，观鸟兽之文，与地之宜，近取诸身，远取诸物，于是始作八卦，以通神明之德，以类万物之情。"① 原始天道观念即是由这样一个观念的统一所构成的一个混合的观念。在"天道是什么"的观念中，"天道"被理解成为一个客观存在的"神"，但当具体追问它是客观存在还是"神"的问题中，我们无法作答。因为在这样一个"天道是什么"的观念中，这两种含义是内在的、笼统的混在一起的。在"天道的作用"的观念中，天道则是一个命定性与必须遵循的客观统一性的混合。概言之，原始天道观念是一个客观规律性与人格神的宗教性的一种混合性。② 既然原始天道观念是这样一种混合性，就预示着

---

① 参见《周易·系辞传下》。

② 由此可见，当我们用"原始的天道观念"这个术语来描述这一阶段，也并不是十分准确的。因为当我们用"天道"这个词来指称这一时期的关于天、关于形上性的"实存"时，都只能是一个只能为其称，而不能为其名的一个称谓。（此处"名""称"之别，参考王弼所讲，"名者，定彼者也。名生乎彼"，"称者，从谓者也。称出乎我"。）所以，此处所讲之"天道"，只能是"姑且称之"。

它有向不同方向发展之可能性：向人格神的方向发展，就会发展成为神道的天道观念；向客观规律性发展，就会发展成为理性的、哲学性的天道观念。而在现实的历史发展过程中，这一天道观念，首先发展出的是具有神学性的天道观念，继之而发展出的则是一个具有哲学性的天道观念阶段。

第二阶段：神道天道观念。由上所述，由于原始天道观念中所蕴含的是人格神意义与客观规律性意义的两种模糊意义的综合，它具有向两个方向发展的可能性，而历史的事实则表现为其人格神意义的不断强化。其原因应与社会分工及阶级产生有关。神道天道观念阶段，大体上可以认定是在唐尧时期，而其历史性标志，是两次"绝地天通"的"宗教改革"。当原始天道观念被神道天道观念取代后，原始天道观念中的"人""天"直接沟通变为"不合法"，而变为"人""神"（即"巫""觋"一类的神职人员）、"天"之间的间接沟通。"神"成为能够窥测天意的唯一代表，而其实质即是保证天子权力的至高性。关于这两次"绝地天通"之事，《国语·楚语下》中有如下记载：

楚昭王问于大夫观射父："《周书》所谓重、黎实使天地不通者，何也？若无然，民将能登天乎？"观射父答曰："非此之谓也。古者民神不杂……民神异业，敬而不渎……及少皞之衰也，九黎乱德，民神杂糅，不可方物……颛顼受之，乃命南正重司天以属神，命火正黎司地以属民，使复旧常，无相侵渎，是谓绝地天通。其后，三苗复九黎之德，尧复育重、黎之后，不忘旧者，使复典之。"①

关于观射父此种说法的合理性问题，此处不予过多讨论。② 从楚昭王与观射父之间的对话可以读出，二人所提及这一时期的天道观念，相对于原始天道观念，是原始天道观念中的人格神意义的张扬与凸显，原始天道观念中的客观规律性则是被遮蔽、被弱化。而保持不变的，是作

---

① （春秋）左丘明：《国语》，中州古籍出版社 2010 年版，第 325—328 页。
② 观射父之所以讲"古者民神不杂""民神异业"，应有其政治因素在内。

为天道观念之内在的整全性存在的意义。

第三阶段：具有哲学意义的天道观念。这一天道观念的实质即是向人道天道观念的回归。具有哲学意义的天道观念的核心，即是将天道视为一规律性的"理道"系统观念。天道不再是具有人类灵魂意义的主宰者身份，而是规定出自然规律与人伦规律二者相统一的一个整体性的观念。具有哲学意义的天道观念表明：天道是万事万物存在之客观规定性，这个规定性即是所谓的"道""理"规律系统，它亦是人们所必须遵守的"必然性"。天道是以一种客观必然性，中经人对这种客观必然性的依循为条件，而为人所"体验"。此即人德，人得之于天之德性。所以，天道以天命规定人道，是中经人道对天道的体认而表现为人道之德的条件性。天道对人道的作用，就由一种人格神性质的作用方式改变成为一种客观规律性的作用方式。人德的必然性成为天命的客观根据。哲学化的天道观念，大体产生于周初，在这一时期的天道观念中，人格神的意义被弱化，客观必然性的意义被加强。同时，"命"概念也成为一种客观必然性的概念。

中国先民的天道观念，经历了这样三个历史阶段的发展，形成了中国特有的对"天道"的理解。这个"天道"观念的内容，可以由三个子观念来体现。三个子观念的合一，构成了中国先民的天道观念的内容。抽象来讲，这三个子观念是：

1. 天道是万物同为物的统一性基础的观念。天道作为万物同为物的统一性基础，规定出了万有存在都是有条件的存在。物自身存在的意义和价值，只存在于与它自身存在相适应的条件性的具体性之中。

2. 天人相通的观念。即言天与人相互作用、相互影响，即承认天人之间可以互相沟通。天人之间的沟通方式，在历史上主要表现为两种方式：第一，人通过对天道的体认、理解和把握，使人自觉到以天道为根据而安排自己的行为；第二，天人感应的模式。这其中，天人感应的模式并不是主流，汉代以后，天人相通的模式主要表现为第一种。

3. 天道即人道，人道即天道的观念。天人之间的相互影响作用，是万有关系中的最基本关系。所以，把握人道与天道的关系，特别是把握天道与人道的实在内容，是自觉实现天人相通的必要条件。这一把握天人关系的方法，在中国文化中被称为"能近取譬"，即在人道中观天道；在天道中观人道。人道是理解天道的中介；天道是理解人道的中介。二者互为条件。分析来讲，在天道中观人道的方法是观察原则；在人道中观天道的方法是内省原则。通过观察与内省两种认识方式，所要实现的是对天道及人道的实在性内容的把握。所以，"天道即人道，人道即天道"所表达的是一种内省与观察二者之间有机统一的方法论原则。同时，在这样的一种"天道即人道，人道即天道"的统一性中，天道是人道的本体根据，人道是天道的存在形式。天道是抽象性的环节，人道是具体性的环节。所以，我们理解天人关系时，应该是从具体性中实现对于抽象性的理解，而不能以抽象性为出发点来理解具体性。而这样一种由具体性而至抽象性的认识路线，在中国古代哲学文化的表现形式，即以心性的内省统摄经验知识的认识路线。此外，天道原则作为自然，人道原则作为有为、自觉，其表现在人的类存在中，就是一个自觉的人伦原则，亦即社会性原则。因此，天道即人道，人道即天道的原则，从这个角度讲，亦是社会性与自然性的有机统一原则。综上所讲，在天道即人道，人道即天道的观念中，所包含的是一种内省与外观、抽象与具体以及自然与社会等不同方面、不同内容上的有机统一。

以上是对中国先民的天道观念发展的三个阶段以及天道观念的思想内涵的说明。由以上论述可知，作为中国哲学产生期的"先秦子学"文化，是对夏商周三代文化的"哲学突破"，但这种"突破"始终是保持在对前文化的"顺遂"性发展基础之上的。这就保证了作为中国哲学产生期的"先秦子学"思想是继承了中国先民"天道"观念的整体性，即保持了神圣性与世俗性的内在有机统一。

中国先民的天道观念，为先秦诸子准备了本体论思想的文化资源。先秦诸子的本体观念，是在上述"天道是万物同为物的统一性基础的观念"、"天人相通的观念"及"天道即人道，人道即天道"三个子观念之有机统一性中体现出的整体性观念。先秦诸子在面对"礼崩乐坏"这一历史事实时，不得不对礼乐制度的内容进行反思，以寻求其作为当时社会伦理制度的最高根据问题。这个问题的实质即是实践理性问题，且其直接性形态又是一个天道问题，这样就使得先秦诸子在建立其本体观念时，自然而然的倾向于规律系统的观念，倾向于"天人合一"的观念。这样的思想倾向即规定出了中国哲学本体观念的形态，同时也预示出了中国古代哲学建立本体观念的方法论原则。而其后的中国古代哲学发展的历史进程，大体上是延续这一传统，并不断补充与完善。

根据以上所述可知，中国哲学的"本体"观念作为"天人合一"观念基础之上的规律系统观念，其本体概念是一"虚位"概念。"虚位"一词是指，中国哲学的本体观念是由不同层次的内容有机统一构成的一个"理道"系统。因此，它是与在知性分析的思维方式下，在万事万物之外寻找"唯一者"的哲学传统所不同的，此即前面所讲"虚位"与"实辞"之区别。而以"虚位"为本体，恰恰是中国哲学的独特之处。这一由不同层次的内容有机统一构成的"理道"系统的"虚位"本体概念，在强调与西方哲学概念范畴相区别的角度下，张连良先生将其基本特征概括为"本体论、认识论、修养论的'三位一体'性"①。中国哲学本体观念的"三位一体"整体性特征，在《中庸》中有充分的体现。

《中庸》首章中讲："喜怒哀乐之未发，谓之中；发而皆中节，谓之和。中也者，天下之大本也；和也者，天下之达道也。致中和，天地位焉，万物育焉。"在这段话中，作者以喜怒哀乐之未发谓之中为大本，

---

① 张连良：《中国古代哲学对合理哲学文化形式的有益探索》，《吉林大学社会科学学报》2004 年第 4 期。另，在《中国古代哲学史》的《绪论》中，张连良先生亦对其中国哲学概念、范畴基本特征的"三位一体"的有机整体性特征的规定做出说明，他讲：中国哲学的概念、范畴是本体、认识、修养"三位一体"的一个意义整体性的概念、范畴，只有从这种"三位一体"的整体性中才能理解其意义，把握其精神实质。相对于分类清晰、意义确定的西方哲学的概念、范畴，中国古代哲学的概念、范畴更多地表现出有机性、整体性、圆融性，它们以其本体论、认识论、修养论的"三位一体"性的内在逻辑性实现着中国哲学思想的辩证圆融性。中国哲学的概念、范畴无论是其本体论的、认识论的，还是方法论的，其内涵都是本体论、认识论、修养论的统一，或者说都内在地包含着本体论、认识论、修养论的意义。进而言之，所谓的概念、范畴都包含着本体论、认识论、修养论的意义，不是说在其概念、范畴中分有这三重内容，而是说这三重意义的内在关联、内在相互规定性才成就了这一概念、范畴的内涵。因而，中国哲学的概念、范畴中的三重意义各自担负着成就这个概念、范畴的内涵的特定的功能和作用，三者构成一个思想的整体性的意义链。在三者中，本体论、认识论是修养论的两个抽象环节，修养论则是本体论、认识论的存在形式。由此可以说，人自身的自觉完成活动及过程，才是天道本体和知识的存在形式。（参见张连良等编《中国古代哲学史》，中国社会科学出版社 2015 年版，第 3 页。）

意味着"中"是"本体"；以发而皆中节谓之和为天下之达道，意味着"中节之情"为万事万物的最高根据。这里的问题是，无论是喜怒哀乐之未发谓之中之未发之情，还是发而皆中节之已发之情，总归结为是"情"。那么，将人的情感状态归结为本体状态，归结为万事万物的最高根据是否合理？对这一问题的回答，如果仅站在本体论或认识论立场下来思考，是难以理解的。那么，"中和"本体的合理性应该怎样被理解？我们认为，这里的问题应该是："中和"本体之成为可能，意即是否离开喜怒哀乐之情，离开已发未发之状态，可以确立起"中和"之本体？"中和"本体的合理性问题，应当存在于对这一问题追问的回答中。

关于"中和"本体的合理性，可以从以下几个方面来理解：

首先，《中庸》作者通过"喜怒哀乐之未发谓之中""发而皆中节谓之和"而确立起来的"中和"本体观念，其理论立场是"反思性"的立场。所谓"反思性"的立场，是指"中"作为本体，是一个自然天命的真实状态、一个非对象化的状态。因其是非对象化的存在，所以不能够成为我们认识直接把握的对象而只能够通过"反思"的方式对其有所知。反思，意即在"中介"中认识对象，即通过"中介"把非直观的对象诉诸直观。那么，这里就存在一个问题：什么样的"中介"，能够保证对非直观对象的直接性的最切近的把握？作为"中介"物，它应具备两个基本条件：第一个条件，这个"中介"物自身应具有直接性，不能再通过其他"中介"物，而这种直接性的要求，即需要这个"中介"物本身是自明的，这保证"中介"物与本体之间相互关系的直接性；第二个条件，这个"中介"物所表现出来的状态，应是本真的、纯粹的、自然而然的状态，这保证"中介"的状态与"本体"的状态的合一性。这样的两个要求，就使得这个"中介"物，必须是"内在"于人的自我意识当中。只有纯粹的自我意识，才具有本原意义上的内在性与自明性，并且是一个纯粹的、没有对象化内容的与本体完全一致的状态。这样的意识，在《中庸》中即是"喜怒哀乐之未发"。"喜怒哀乐之未发"是一个"有"与"无"的统一。"有"指有喜、怒、哀、乐之情之意识能力，它本身是一个自然天命；"无"指无喜怒哀乐的对象性意识内容,它是喜怒哀乐之机能与外物相接时所确实发生的喜怒哀乐之意识。那么,未发的喜怒哀乐之状态作为最本真的情感状态,其"有"仅仅是一种能力之有,它仍然是一个非对象化的意识。所以,喜怒哀乐之未发,仍然是一个未被把握。如何保证未发之情感与已发之情感达到直接性、本真性?《中庸》作者讲"发而皆中节"。只有已发中节的喜怒哀乐是与未发的喜怒哀乐之情感在性质上是一致的。"发而皆中节"之"节",恰恰就是未发的喜怒哀乐的本真规定性。那么,怎样保证已发的喜怒哀乐是直接和人的本真的情感合一的中节的喜怒哀乐?这涉及建立真理性知识的可能性问题。孟子讲:"今人乍见孺子将入井,皆有怵惕恻隐之心,非所以内交于孺子之父母也,非所以要誉于乡党朋友也,非恶其声而然也。""乍见"表达出已发之情即是中节之情的可能性。"见孺子将入井"而生"怵惕恻隐"之心,李材解言:"盖入井者,事之最可矜怜者也。孺子,于人最无冤亲者也。而又得于乍见,是又最不容于打点者也。以最无冤亲之人而有入井可怜之事,又忽然得于乍见,不知不觉发出怵惕恻隐。"① 所以,在这样一个经历时间过程而又似未经历时间过程的"乍见"中,所显现出的是一种行为判断的直接性的意识指向,这个情感就是中节之情感。此时的喜怒哀乐已发之"情"与喜怒哀乐未发之"性"是统一的,这样的状态自然而然是一个本体的状态。

由此可见,《中庸》首章,并不是确立一个喜怒哀乐就是"中和"本体,而是通过喜怒哀乐的"中介"②,确立起"中和"本体的可知性的自明性、确定性和实在性。因此,这样的情感就是客观性的"本体"的情感,这样在喜怒哀乐之未发与发而皆中节之已发的张力关系中所形成的意识内容,对对象说,是对象的真实性;对人的认识说,是人的真认识;对人的实践活动来说,是合理性的活动。这样一来,《中庸》通

---

① (明)李材:《道性善编》,《见罗先生书》卷之二,万历李复阳刻本。

② 话至此处,可知我们用"中介"一词,只为强调不要对"中和"本体作独断之理解而言,而此"乍见"中之实际乃是人之情感之直接性或言人之直觉。"性"("道")作为绝对客观本体,"情"作为"性"之动的绝对客观本体的主观自然显现,而将不可直观之"性"("道")带到人的(自觉)直观中。

过"未发"与"已发"的张力关系所确立的本体概念，就是一个本体论、认识论、修养论综合统一的"本体"概念。这样确立起来的"本体"概念是"本体"的本真状态，确立起来的知识是"本体"的真知识，以之为准则之"行"亦是自觉之行。所以，这个"本体"就不是一个僵死的本体，对本体之知识不是僵化的知识，人之行动亦不是盲目的行动。本体的意识、知识的意识以及修行的意识，三者是统一在一起的。从这样的角度来讲，《中庸》所确立的"中和"本体的确立方式，只表达了一个"哲学立场"——对"天下之大本""天下之达道"这样一个"本体"问题的认识和把握，只能落实在人的生存活动中，通过"人"来保证人的自身本性的同一性与纯真性；同时，通过人自觉意识到的人的本性的真实性并以之为自己行为的准则，才能确立起"天道本体"观念。而离开这样的立场所解释的"中""和"，都是具有僵死性和片面性的。

在以上对"中和本体""三位一体性"特征的阐释下，我们再来理解《中庸》首句中"天、性、道、教"之关系，理解"慎独"之意。中庸首句"天命之谓性，率性之谓道，修道之谓教"中，"天命之谓性"是预设的本体之"中"的环节；"率性之谓道"是以纯粹的自我意识为"中介"，使"天命之谓性"得以被确立的环节；"修道之谓教"则是自觉到天命之谓性的"天命"与"人性"后，而去依道而行之修行环节。性、道、教三句所讲即是在这样三者相互规定中的统一。同样，"君子慎其独"中之"慎独"观念亦是这样的"三位一体"性的"本体"观念，这一学理内涵在刘宗周所解的"慎独"概念中被充分显现。

第三节　刘宗周"慎独"思想的逻辑特征

在中国古代思想家中，刘宗周明确提出了本体概念是一"虚位"概念。其"慎独"本体思想内在包含以下几个环节。

一 "独"为本体，"慎独"为本体与工夫合一

刘宗周在《大学古记约义》"慎独"条中讲：

君子之学，先天下而本之国，先国而本之家与身，亦属之己矣。又自身而本之心、本之意、本之知，本至此，无可推求，无可揣控，而其为己也隐且微矣。隐微之地是名曰独。其为何物乎？本无一物之中而物物具焉，此至善之所统会也。"致知在格物"，格此而已。独者物之本，而慎独者格之始事也。①

首先，刘宗周将"隐微之地"规定为"独"，又言此处"无一物之中而物物具焉，此至善之所统会"而强调"独"为"本体"之客观性。"致知在格物，格此而已"，言格物的工夫就是"慎独"。格，刘宗周讲"从'至'为近"②，"'格物'即格其反身之物，不离修者是，而'致知'即致其所性之知，不离止者是。经曰'物有本末'，传申之曰'修身为本。此谓知本。此谓知至'。"③"至"是朱子之解，但刘宗周亦要强调所至之处不在外，而在"身"，所以"格物"即是"修身"，身之本在心，在意，在"独"。所以，刘宗周讲"独之外，别无本体；慎独之外，别无功夫。此所以为中庸之道也"④。由此，独为本体，慎独为工夫，"慎独"为本体与工夫之统一。进一步，刘宗周又以"慎独"之说一统人心道心、心体性体、气质义理、静存动察之关系。他说：

人心道心，只是一心，气质义理，只是一性。识得心一性一，则工夫亦可一。静存之外，更无动察；主敬之外，更无穷理。其究也，工夫

---

① （明）刘宗周：《大学古记约义》，《刘宗周全集》第一册，浙江古籍出版社 2007 年版，第 649 页。
② （明）刘宗周：《大学杂言》，《刘宗周全集》第一册，浙江古籍出版社 2007 年版，第 657 页。
③ （明）刘宗周：《大学古记约义》，《刘宗周全集》第一册，浙江古籍出版社 2007 年版，第 648 页。
④ （清）黄宗羲：《蕺山学案》，《明儒学案》（下），中华书局 2008 年版，第 1583 页。

虚位之体

与本体亦一，此慎独之说也。①

刘宗周认为，性只是一个气质之性，而义理者，是气质之本然，是气质之性之所以为性的根据，"义理"即气质之"条理"。同样，"道"是人之所当然，是人之所以为人心的本质规定，"道"是人心内容的概念规定。所以，所谓"人心""道心"，其实只是一心而已；而气质、义理也只是一性。这样，所谓"工夫""本体"，其实只是为一，他们都是最终统一在"慎独"之说中，这个即工夫即本体的"本体"就是整体存在的统一性。若强为之分，从本体论上看，刘宗周的"独"本体是对"至善"本体的发挥，相当于对"至善"另起一名称；从工夫上看，慎独方法强调止于"身、心、意"，这体现了作为行动主体的自主性，是一种具有认识论反思意义的修养方式，此即"静存之外，更无动察；主静之外，更无穷理"之意。这是与王阳明所讲格物之理相通之处，刘宗周亦讲"离独一步，便是人伪"。在对"人心道心，只是一心"的认识基础之上，刘宗周批评了将其分言之"支离"之病。刘宗周讲：

> 人心，言人之心也；道心，言心之道也，心之所以为心也。可存可亡，故曰危；几希神妙，故曰微。惟精，以言乎其明也；惟一，以言乎其诚也，皆所谓惟微也。明亦可暗，诚亦可二三，所谓危也。二者皆以本体言，非以工夫言也。至允执厥中，方以工夫言。中者，道之体也，即精一之宅也。允执者，敬而已矣。敬以敬此明，是谓尝惺惺；敬以敬此诚，是谓主一无适。微故精，精故一。故曰惟微、惟精、惟一，连数之而语脉贯合，至允执一句方更端也。惟允执二字专以工夫言，故尧授舜，单提之而不见其不足。后之儒者，止因误解《大学》既有格致之功，又有诚正之功，以合之《中庸》明善诚身之说，因以上援虞廷，分精分一，既分精分一，则不得不分人分道，种种支离，而圣学遂不传

---

① （清）黄宗羲：《蕺山学案》，《明儒学案》（下），中华书局 2008 年版，第 1583—1584 页。

于后世矣。①

"人心道心"之辨，原自"道心惟微，人心惟危，惟精惟一，允执厥中"一句，在刘宗周对这段话的解释中，他将"惟微、惟精、惟一"解为"诚明"之"本体"，解"中"为"敬"之"工夫"，以明"本体""工夫"合一之理。而按其所言，允执工夫为一贯工夫本无弊，至后儒解《大学》分格致、诚正之功，始有"支离"之病。其言外之意，"本体"之呈显须在"工夫"中，"格致""诚正"乃一贯之工夫，即"慎独"。

依照此学术思路，刘宗周讲"理""气"关系为：

理即是气之理，断然不在气先，不在气外。知此，则知道心即人心之本心，义理之性即气质之本性，千古支离之说可以尽扫。②

讲"心""性"关系为：

"心之官则思"，"思曰睿，睿作圣"。性之德曰诚，"诚者不勉而中，不思而得，从容中道，圣人也"。此心性之辨也，故学始于思，而达于不思而得。又曰："诚者，天之道也；思诚者，人之道也。"③

讲"动""静"关系为：

性无动静者也，而心有寂感。当其寂然不动之时，喜怒哀乐未始沦于无。及其感而遂通之际，喜怒哀乐未始滞于有。以其未始沦于无，故当其未发，谓之阳之动，动而无动故也。以其未始滞于有，故及其已发，谓之阴之静，静而无静故也。动而无动，静而无静，神也，性之所

---

① （明）刘宗周：《学言》，《刘宗周全集》第二册，浙江古籍出版社2007年版，第473页。

② 同上书，第410页。

③ 同上书，第381页。

以为性也。动而无静，静而无动（旧钞作"动中有动，静中有静"），物也，心之所以为心也。①

此等种种"与先儒抵牾"而皆"统合归一"之学术特点②，可皆追本于刘宗周所讲"慎独"本体的"本体工夫合一"之说③。

二 "慎独"即"维天之命，于穆不已"之天

刘宗周讲：

君子仰观于天，而得先天之《易》焉。"维天之命，于穆不已"，盖日天之所以为天也。是故君子戒惧于所不睹闻，此慎独之说也。至哉独乎？微乎微乎？穆穆乎不已者乎？盖日心之所以为心也，则心一天也。独体不息之中而一元常运，喜怒哀乐四气周流，存此之谓中，发此之谓和，阴阳之象也。④

在这里，刘宗周引用了《易》中的思想，来支持他的"慎独"学说。"维天之命，于穆不已"是天的生生不已的属性，是天的德目，是天之所以为天的本质规定。"君子戒惧于所不睹闻，此慎独之说也"，君子因感天之德目，而在日常行为中，应遵循天之规定性，这个规定性体现在人的身上，便是"慎独"，便是在日用平常，隐微之地，时时把握作为君子的德性标准，人心与天之德是统一的，人心与道心是一元之

---

① （明）刘宗周：《学言》，《刘宗周全集》第二册，浙江古籍出版社 2007 年版，第 393 页。

② 如何俊、尹晓宁先生讲，"如果从体系的角度看刘宗周哲学，那么其最大的特色就是统和归一。这一点已为大多数学者承认"。（参见何俊、尹晓宁《刘宗周与蕺山学派》，中国人民大学出版社 2009 年版，第 92 页。）

③ 以上"人心""道心"，"心""性"等关系的解释，可以看作是刘宗周在对《中庸》"慎独"之意阐发的基础之上，在湛学思维方式的影响之下的学术观点。并且，从以上说辞中亦可以看出，刘宗周对"人心""道心"等关系的"统合"中，是以一种"辩证性"的语言言说方式将其表述成为一个有机统一体。

④ （清）黄宗羲：《蕺山学案》，《明儒学案》（下），中华书局 2008 年版，第 1588 页。

天在不同方面的不同表现而已。人心的运动过程就是这个由天而化，喜怒哀乐四气流行的一个统一体，能够把握人行的标准，把握好喜怒哀乐之间的关系，就是把握了和的本质，同样也就是把握到了阴阳之象，达到了天人之间的统一关系。刘宗周此处借《中庸》而言"独体不息之中而一元常运，喜怒哀乐四气周流"，是把"喜怒哀乐"说成"独体"之存在样态，所以，刘宗周将"喜怒哀乐"规定为"德"而非"情"。他讲：

《中庸》言喜怒哀乐，专指四德言，非以七情言也。喜，仁之德也；怒，义之德也；乐，礼之德也；哀，智之德也。而其所谓中，即信之德也。一心耳，而气机流行之际，自其盎然而起也谓之喜，于所性为仁，于心为恻隐之心，于天道则元者善之长也，而于时为春。自其油然而畅也谓之乐，于所性为礼，于心为辞让之心，于天道则亨者嘉之会也，而于时为夏。自其肃然而敛也谓之怒，于所性为义，于心为羞恶之心，于天道则利者义之和也，而于时为秋。自其寂然而止也谓之哀，于所性为智，于心为是非之心，于天道则贞者事之幹也，而于时为冬。乃四时之气所以循环而不穷者，独赖有中气存乎其间，而发之即谓之太和元气，是以谓之中，谓之和，于所性为信，于心为真实无妄之心，于天道为乾元亨利贞，而于时为四季。自喜怒哀乐之存诸中而言，谓之中，不必其未发之前别有气象也。即天道之元亨利贞，运于于穆者是也。自喜怒哀乐之发于外而言，谓之和，不必其已发之时又有气象也。即天道之元亨利贞，呈于化育者是也。（盖以表里言，不以前后际言也。）惟存发总是一机，故中和浑是一性。如内有阳舒之心，为喜为乐，外即有阳舒之色，动作态度，无不阳舒者。内有阴惨之心，为怒为哀，外即有阴惨之色，动作态度，无不阴惨者。推之一动一静，一语一默，莫不皆然。此独体之妙，所以即隐即见，即微即显，而慎独之学，即中和即位育，此千圣学脉也。（后"中气"下云："是故于喜怒哀乐见人心之全体，于未发之中见天命之本性，而发而中节之和即于此见焉。盖曰自其所存者而言，谓之中，谓之天下之大本；自其所发者而言，谓之和，谓之天下之达道。中外一机，中和一理，故曰体用一原，显微无间，并不以前后际言也。四气流行，无物不有，无时不然，即日用间一呼一吸，一作一止，一衣一食，皆可取证。而喜怒哀乐，其象也。") 自喜怒哀乐之说不明于后世，而性学晦矣。(后"其象也"下云："若徒以七情言，如笑啼咽恚之类，毕竟有喜时有不喜时，有怒时有不怒时，以是分配性情，不得不以断灭者为性种，而以纷然杂出者为情缘，分明有动有静。或又为之调停其间，曰：'未发在已发之中，已发在未发之中。'又曰：'终古发，终古未发。'种种曲解，终难合一。于是执中之见者，一有一无，动成两胖；而作优侗之观者，忽有忽无，茫无下手。大道始为天下裂矣。") 千载以下，特为拈出。①

在这段说辞中，刘宗周将"喜怒哀乐"规定为"仁义礼智""四德"，此"四德"合于"心"之"四端"，合于"天道"之"元亨利贞"，合于"春夏秋冬"之"四时"，故喜怒哀乐之存诸中言谓之"中"，喜怒哀乐之发于外言谓之"和"，其"中和"之象如天道自然之运行，非另有"未发前""已发后"之气象。刘宗周讲"已发""未发"为以表里对待言，而非以前后言。所以，"存发总是一机，故中和浑是一性"。

由此，刘宗周将"慎独"与四时、五行、天道之元亨利贞相联系，"独"体之妙，即天之"生生不已"的属性。同时，将"独"体之妙与"天"的德目相合，亦应是受周敦颐《太极图说》之影响。刘宗周讲：

独者，心极也。心本无极，而气机之流行不能无屈伸、往来、消长之位，是为二仪。而中和从此名焉。中以言乎其阳之动也，和以言乎其阴之静也，然未发为中而实以藏已发之和，已发为和而即以显未发之中，此阴阳所以互藏其宅而相生不已也。(新本另一条云："合阴阳动静而妙合无间者，独之体也。"以重见注此。) 又指其中和所蕴之情，不过喜怒哀乐四者，依然四气之流行而五行各司其令也。由是以无极之

---

① （明）刘宗周：《学言》，《刘宗周全集》第二册，浙江古籍出版社 2007 年版，第 414—416 页。

真，二五之精，妙合而凝。以成乾男，则天位乎上；以成坤女，则地位
乎下；以化生万物，则万物育于中。此之谓天命之性，率性之道。而苟
非君子实有是慎独之功，从主静以立人极，则亦何以使二仪之不忒其
位，四气之各序其功，天地万物之各得其所？此之谓修道之教。大哉
《易》乎！斯其至矣。[①]

"独者，心极也"，即"无极而太极"之本体，"主静立人极"即
"慎独"之工夫。由"无极而太极"而有"二五之精，妙合而凝"，此
是"本体"自然流行，即天命之性，率性之道；君子实用慎独之功，
从主静以立人极，使天地万物各得其所，此是修道之教。如此，刘宗周
所讲"独"，即是周敦颐所说"无极而太极"之别名；周敦颐所讲宇宙
万事之生化，即是刘宗周所讲"独"体一气之流行。至此，刘宗周所
讲之"慎独"，既是"人德"又是"天德"，这符合中国哲学"天人合
一"的精神实质。在这里，"独"作为"维天之命，于穆不已"之天，
是体现作为天道存在的方面，它是万事万物统一的规定性；而人道的观
念则是作为天道的存在形式，是天道存在的最现实、最具体、最高的存
在形式，人行在日用平常中体会本体，把握本体，即是"慎独"。

三 "独"是万事万物的统一体

刘宗周所讲"独"作为本体，并不是一个实在的本体论观念，
"独"作为本体，只能是一个万事万物的统一性。"独"无动、静之分，
刘宗周讲：

独无动静者也，其有时而动静焉；动亦慎，静亦慎也，而静为
主……动而常知常止焉，则常静矣，周子曰"主静立人极"是也。君
子之学，尽性而已矣。尽性者，止至善也。性无动静，知无动静，学亦

① （明）刘宗周：《学言》，《刘宗周全集》第二册，浙江古籍出版社 2007 年版，第
392—393 页。

无动静。知静而不知动者，并其静而非也；知动而不知静者，并其动而非也；知动知静而不知无动静，并其动静而亦非也。知乎此者，庶几可以语慎独之学矣。①

"独"亦无显、微，睹闻与不睹不闻之分，刘宗周讲：

莫见乎隐，亦莫隐乎见；莫显乎微，亦莫微乎显，此之谓无隐见、无显微。无隐见、显微之谓独，故君子慎之。②

不睹不闻，天之命也；亦睹亦闻，性之率也；即睹即不睹，即闻即不闻，独之体也。③

"慎独"即本体即工夫，刘宗周讲：

本体只是这些子，工夫只是这些子，并这些子，仍不得分此为本体，彼为工夫。既无本体工夫可分，则亦并无这些子可指，故曰："上天之载，无声无臭。"至矣！④

刘宗周对"独"体以上内容的规定，其目的是欲说明"独"作为"本体"，只是作为代表万事万物之统一性存在的一个本体概念。因此，当刘宗周欲对"独"体给以正面的描摹时，只能是讲：

维玄维默，体乎太虚。因所不见，是名曰独。⑤

"独"为本体，"因所不见"，即是讲"独"之本体并不能被我们直

---

① （明）刘宗周：《大学古记约义》，《刘宗周全集》第一册，浙江古籍出版社 2007 年版，第 650—651 页。

② （明）刘宗周：《学言》，《刘宗周全集》第二册，浙江古籍出版社 2007 年版，第 392 页。

③ 同上。

④ 同上书，第 404 页。

⑤ （清）黄宗羲：《蕺山学案》，《明儒学案》（下），中华书局 2008 年版，第 1593 页。

接把握,而只能如《中庸》所讲"中和"之本体观念,是要在主体自身的反思环节中,才能够被展现的,所以其言名曰"独",只是强名其曰"独"之意,"独"即最高的抽象性。因此,刘宗周对"独"字作为"本体"作出规定:

> 独字是虚位,从性体看来,则曰莫见莫显,是思虑未起,鬼神莫知也;从心体看来,则曰十目十手,是思虑既起,吾心独知时也。①
>
> 隐微之地,是名曰独。其为何物乎?本无一物之中而物物具焉,此至善之所统命也。致知在格物,格此而已。独者物之本,而慎独者,格物之始事也。②

"独"字不是实辞,而只是一个"虚位"概念。强为之分析,从性体的角度看,只是一个"莫见莫显"的存在,是在思想的未发之时;从心体的角度来看,则是一个已发而己所独知之时。已发未发,又是一个"无"与"有"的统一,"本无一物与物物具焉"的中间环节,也即是善所统命处。统命,即统名。

通过上面的论述可以看出,刘宗周对"慎独"概念的理解,已经超出郑玄、朱熹等仅在修养论意义上的理解,而是一个"本体论、认识论、修养论"三者有机统一的"本体"观念。在刘宗周的"慎独"思想中,体现了对于人心与道心、诚意与致知、本体与工夫、静与动之间关系的统一性的思想;同时,他认为"独"字作为"本体",并不单独是一个独立的"本体"的存在,而是一个万世万物统一体的概念的存在,是作为"虚位"概念而存在的。"虚位"一词,是对中国哲学本体概念特征的准确概括。

---

① (清)黄宗羲:《蕺山学案》,《明儒学案》(下),中华书局 2008 年版,第 1518 页。
② 同上书,第 1591 页。

第四节 "致良知"思想的逻辑结构

据以上对刘宗周"慎独"思想逻辑特质的说明可知，刘宗周所讲"慎独"是一有机整体性的"本体"概念，刘宗周对"慎独"概念的理解是对《中庸》"慎独"概念的合理性阐释。从刘宗周的解读方式中，我们也能够看到其思想中所一贯具有的"圆融性"。在刘宗周所解的"慎独"思想中，我们看到了其将"慎独"思想与整个自先秦始之儒家正脉相联系，这也为其改"致良知"为"慎独"之学说作文化上的力证。

刘宗周所立以"慎独"为宗，其所面对的时代问题，是王学后学左派之空疏之病。所以，刘宗周改"致良知"为"慎独"，所强调出的是"良知"本体的客观性。但这里需要注意的是，在刘宗周的语录及文章中，多有对于学术走向空疏之问题之批判，从刘宗周的批评文字的所指向可以看出，刘宗周所针对的批判对象，不仅仅是王学后学左派，同时也针对着王阳明思想本身，而这样的一个思想指向，即是认为王学后学之"空疏"之病之根源，实质上是由于王阳明哲学本身的问题所造成的。上一章中，我们通过《圣学宗要》《阳明传信录》等文本，已经对刘宗周所理解的王阳明之学做出一说明。经过前章所述，我们可知，刘宗周所理解之王学"主旨"是在其提出"慎独"之说之后，即是讲，刘宗周所理解之王阳明思想，乃是在其自身学说意识框架下之理解。那么，这里我们就有理由对此设一疑问：刘宗周所理解之王阳明哲学是否即是王阳明思想本身？抑或是以己之已有之思维框架来整合王阳明之思想？这是我们在对比刘宗周与王阳明二人思想时应该加以重新反思的问题。

刘宗周"慎独"思想的逻辑特质，在上文中已经论述。而对于王阳明所讲"致良知"思想的逻辑结构及其精神实质，我们可借《大学问》一文予以分析。①

《大学问》为王阳明借弟子问《大学》首章之意而阐释其"致良知"思想之旨之作。在《大学问》正文前钱德洪讲：

> 吾师接初见之士，必借《学》《庸》首章以指示圣学之全功，使知从入之路。师征思、田将发，先授《大学问》，德洪受而录之。②

从钱德洪所讲，《大学问》录于王阳明起征思、田之将发，其为王阳明晚年之思想无疑。讲"吾师接初见之士，必借《学》《庸》首章以指示圣学之全功，使知从入之路"，这其中内涵了两层意思：首先，《学》《庸》为儒家学问精髓之所在；其次，《学》《庸》乃是学子初学入门之书。《大学》《中庸》二书一致，表达出的是儒家思想的精神义理。

上文中已借《中庸》首章，将其中所阐发的儒家把握形而上学之知的思维方式及其理论内涵给予论述。这一思维方式及其理论内涵在王阳明处，是借《大学》首章予以表述的。而对这一精神实质的语言表述，在王阳明处，即是"致良知"。

《大学问》中，钱德洪首问：

> 《大学》者，昔儒以为大人之学矣。敢问大人之学何以在于"明明德"乎？
> 阳明子曰："大人者，以天地万物为一体者也，其视天下犹一家，中国犹一人焉。若夫间形骸而分尔我者，小人矣。大人之能以天地万物

---

① 这里所讲考察王阳明"致良知"思想逻辑结构，实际上是对学术界存在争议的关于王阳明思想的主旨问题提前给出了我们的判断。对于以"致良知"为宗的判断，以及其与"知行合一""四句教"的关系问题，我将在阐释"致良知"思想的逻辑结构后给出相应说明。另，此处以《大学问》作为考察"致良知"思想内在逻辑结构的参考文本，因其相对于《传习录》中弟子所记王阳明为"教"之片语，《大学问》以整篇文字更为系统地表达出王阳明思想的内在精神。

② （明）王阳明：《大学问》，《王阳明全集》（下），上海古籍出版社1992年版，第967页。

为一体也，非意之也，其心之仁本若是，其与天地万物而为一也。岂惟大人，虽小人之心亦莫不然，彼顾自小之耳。是故见孺子之入井，而必有怵惕恻隐之心焉，是其仁之与孺子而为一体也；孺子犹同类者也，见鸟兽之哀鸣觳觫，而必有不忍之心焉，是其仁之与鸟兽而为一体也；鸟兽犹有知觉者也，见草木之摧折而必有悯恤之心焉，是其仁之与草木而为一体也；草木犹有生意者也，见瓦石之毁坏而必有顾惜之心焉，是其仁之与瓦石而为一体也；是其一体之仁也，虽小人之心亦必有之。是乃根于天命之性，而自然灵昭不昧者也，是故谓之'明德'。小人之心既已分隔隘陋矣，而其一体之仁犹能不昧若此者，是其未动于欲，而未蔽于私之时也。及其动于欲，蔽于私，而利害相攻，忿怒相激，则将戕物圮类，无所不为，其甚至有骨肉相残者，而一体之仁亡矣。是故苟无私欲之蔽，则虽小人之心，而其一体之仁犹大人也；一有私欲之蔽，则虽大人之心，而其分隔隘陋犹小人矣。故夫为大人之学者，亦惟去其私欲之蔽，以自明其明德，复其天地万物一体之本然而已耳；非能于本体之外而有所增益之也。"①

在这段话中，王阳明首先就钱德洪所讲"大学"乃昔儒所讲"大人之学"中何谓"大人"做出解释。王阳明首先就"大人""小人"给出分别，"以天地万物为一体者也，其视天下犹一家，中国犹一人焉"者为大人；"若夫间形骸而分尔我者"为小人。按王阳明的理解，所谓"大人"，即能够将天地万物之事理解成为一个"人"之事，以此而视天下、国、家，皆如一"人"之事，这即是讲，整个宇宙的内在统一性就是如同"一个人"一样的内在的有机统一性，整个宇宙内事亦是此"一个人"存在的有机整体性的表现，宇宙内千百万化之生生不已之"存在"与"发展"都本于这"一个人"的自身存在与发展之"事"。② 这一对"大人"之解，是王阳明哲学思想的"第一前提"。

---

① （明）王阳明：《大学问》，《王阳明全集》（下），上海古籍出版社 1992 年版，第 968 页。

② 此亦即陆九渊所讲，"宇宙内事即吾身内事，吾身内事即宇宙内事。吾心即宇宙，宇宙即吾心"之意。

并且，王阳明强调，"大人"之所以为"大人"，并非为其有意而为之，而是其"心体"之"仁""本若是"，人之为"大人"之根据是一客观根据，是根本于人之"存在"之客观性的，而非主观之意向。接下来，王阳明举"见孺子之入井""见鸟兽之哀鸣觳觫""见草木之摧折""见瓦石之毁坏"之例，皆是为讲"大人"之心体之本然若是之"仁"，此之"心体之仁"乃是"根于天命之性，而自然灵昭不昧者也，是故谓之'明德'"者。那么，既然"人"之心体本若是之"仁"乃是客观的，人人所共有之本然，为什么在现实中还会有"大人""小人"之分别？王阳明的回答是，"彼顾自小之耳"。"小人之心既已分隔隘陋矣，而其一体之仁犹能不昧若此者，是其未动于欲，而未蔽于私之时也。及其动于欲，蔽于私，而利害相攻，忿怒相激，则将戕物圮类，无所不为，其甚至有骨肉相残者，而一体之仁亡矣。"所以，"小人"之所以为"小人"，乃是其主观欲为之，或"动于欲"，或"蔽于私"，抑或意为"大人"却知之难而自甘为小人，皆属此类。所以，若无"私欲之弊"，则虽是"小人"之"心"，仍可作成"大人"；若有"私欲之蔽""分尔分我"之心，则虽是"大人"之"心"，亦只是能做的一个"小人"而已。王阳明此语要说明的正是，"大人""小人"之分别，并不是先天之"独断"，亦非有先天而出之"圣人"。所以，每一个"存在"的"人"都具有能够成为"道""理"的自觉的追求者，而不是"理"之规定下的"被"服从者。"大人"之学，其要"惟"在"去其私欲之蔽，以自明其明德"，而明"明德"之法，即在其接下来所讲之"亲民"环节。

（钱德洪）曰："然则何以在'亲民'乎？"

曰："明明德者，立其天地万物一体之体也。亲民者，达其天地万物一体之用也。故明明德必在于亲民，而亲民乃所以明其明德也。是故亲吾之父，以及人之父，以及天下人之父，而后吾之仁实与吾之父、人之父与天下人之父而为一体矣；实与之为一体，而后孝之明德始明矣！亲吾之兄，以及人之兄，以及天下人之兄，而后吾之仁实与吾之兄、人之兄与天下人之兄而为一体矣；实与之为一体，而后弟之明德始明矣！

虚位之体

君臣也，夫妇也，朋友也，以至于山川鬼神鸟兽草木也，莫不实有以亲之，以达吾一体之仁，然后吾之明德始无不明，而真能以天地万物为一体矣。夫是之谓明明德于天下，是之谓家齐国治而天下平，是之谓尽性。"①

按王阳明的解释，"明明德"是立天地万物一体之体，"亲民"则是达天地万物一体之用。"明德""亲民"之间是一种"体用"之关系。并且，"亲民"作为"明明德"之用，具有一种"唯一性"，即明明德"必在于"亲民。这就是讲，欲明明德，其具体之体现必须且只能够在于"亲民"之事中，"亲民"之事是能够使人明其"明德"的具体现实中的唯一途径。所以王阳明才讲"亲民乃所以明其明德"。"明明德者，立其天地万物一体之体也。亲民者，达其天地万物一体之用也"，本质上即是"明德"本体自身之"体用"。

在这里可以看出，王阳明借"亲民"这一环节，所要强调是"行"而非"知"，或言之，王阳明所讲"亲民"是"行"而非"知"。"行"即人之生命历程之存在中的自然之"行"，这样的"行"在人存在中之表现是一种以人之自然性为基础的自觉之行，但这种本根于自然之本性之自觉之"行"在文化发展过程中所形成的是只有"知"而无"行"的片面异化性，"知"成为指导"行"之前提与根据，所以王阳明在此强调"亲民"，是说"明明德"之"明"是"行"而不是"知"。在"知行"的关系中，只能是"行"包含"知"而不能是"知"包含"行"，只有"行"统摄"知"为合理。明明德"必在于"亲民，乃是要求以人行之实实在在的"亲民"之事作为能够明其明德的必然且唯一的手段与方法，它所凸显的是"必有事焉"之一环。所以，王阳明讲"孝""悌"，必要强调"实与之为一体"，而后"孝""悌"之"明德"方可明，乃至君臣、夫妇、朋友，以至山川鬼神鸟兽草木，皆须实以"亲"之。这是王阳明在"行"统摄"知"的"知行合一"的意义

---

① （明）王阳明：《大学问》，《王阳明全集》（下），上海古籍出版社 1992 年版，第 968—969 页。

上，对于"真知"的自觉性要求。当人"行"之达于与天地万物之存在相"亲"，即是"尽性"。

王阳明的这段解释说明，"亲民"之"行"乃是作为"明德"的具体存在形式而存在的，是"达于天地万物一体之仁的明德本体"之"用"，而"明德"本体则是"亲民"之"行"的客观性标准和依据。"明德"作为每个存在者自身所固有之"仁"，"亲民"就是这一明德本体自身自我展现的现实性环节，是"明德"本体自身与其对象性存在的统一而构成的一"事"。这样的说辞也即意味着，作为"存在"的我们每一个个体，都应该按照"明德"之自然的要求去在现实中行"亲民"之事，在"亲民"的活动过程中去自觉地达到对于"明德"本体的实现和完成。因此，欲确立对"明德"本体之"知"，亦必然落实于这样的明德之性与其对象存在活动相统一的"亲民"之"事"中。"明明德"与"亲民"即是"本体"自身活动所不可分割的两个环节，若强为之分析而言，"明明德"属"知"，"亲民"属"行"，二者统一在"明德"本体自身存在与发展的过程中。"明德"本体就是整个宇宙的内在统一性和客观性的自然存在，是"万物一体之仁"的自身生命本然的运动，所以它本质上是不可分的。

由上可见，王阳明解《大学》之道何以在"明明德"，是要讲万事万物在最高意义上的统一性意识，即"天地万物一体之仁"的最高统一性，其所针对的正是以先在之"习见"而分"尔我"之"支离"之病，而欲使每个个体存在在对"理"之追求中成为自觉的追求者；在解"亲民"时，则是针对文化上存在的有"知"无"行"而导致的求理之路之空洞，而欲使人落实于实实在在之人行当中，其所强调的是"行"乃是"知"的存在方式的知行合一之本质。那么，顺着王阳明"天地万物一体之仁"思想的最高统一性原则，"明德"本体必于"亲民"之事作为"中介"的把握"本体"之知的反思性原则，王阳明接下来所讲，就自然应当是落于个人存在的实在性环节的"个体性"原则。《大学问》文本即是延此思路来展开的。

日："然则又乌在其为'止至善'乎？"

虚位之体

曰："至善者，明德、亲民之极则也。天命之性，粹然至善，其灵昭不昧者，此其至善之发见，是乃明德之本体，而即所谓良知也。至善之发见，是而是焉，非而非焉，轻重厚薄，随感随应，变动不居，而亦莫不自有天然之中，是乃民彝物则之极，而不容少有议拟增损于其间也。少有拟议增损于其间，则是私意小智，而非至善之谓矣。自非慎独之至，惟精惟一者，其孰能与于此乎？后之人惟其不知至善之在吾心，而用其私智以揣摸测度于其外，以为事事物物各有定理也，是以昧其是非之则，支离决裂，人欲肆而天理亡，明德、亲民之学遂大乱于天下。盖昔之人固有欲明其明德者矣，然惟不知止于至善，而骛其私心于过高，是以失之虚罔空寂，而无有乎家国天下之施，则二氏之流是矣。固有欲亲其民者矣，然惟不知止于至善，而溺其私心于卑琐，是以失之权谋智术，而无有乎仁爱恻怛之诚，则五伯功利之徒是矣。是皆不知止于至善之过也。故止至善之于明德、亲民也，犹之规矩之于方圆也，尺度之于长短也，权衡之于轻重也。故方圆而不止于规矩，爽其则矣；长短而不止于尺度，乖其剂矣；轻重而不止于权衡，失其准矣；明明德、亲民而不止于至善，亡其本矣。故止于至善以亲民，而明其明德，是之谓大人之学。"①

在这段对于"止至善"之问的解答中，王阳明首先将至善规定为明德、亲民之极则。"极则"即是讲"至善"是作为"明德""亲民"两环节之最高根据、最高标准。实际上，这里欲说明的是，"明德""亲民"两个环节，只能是作为抽象的两个环节而没有真实性存在的意义，而能够落实于具体的人行之实在中，是"至善"，只有"至善"才是具有实在意义上的真实存在。"止至善之于明德、亲民也，犹之规矩之于方圆也，尺度之于长短也，权衡之于轻重也。故方圆而不止于规矩，爽其则矣；长短而不止于尺度，乖其剂矣；轻重而不止于权衡，失其准矣；明明德、亲民而不止于至善，亡其本矣。"那么，这里所讲的

---

① （明）王阳明：《大学问》，《王阳明全集》（下），上海古籍出版社 1992 年版，第969—970 页。

"至善"也就成为能够"行"之具体之"事",这一具体之"事"之最高标准即是"极则"。"极则"即"是而是焉,非而非焉,轻重厚薄,随感随应"的"天然之中"。

当此"极则"落于具体个人之"行"之具体"事"中,成为"明德"之本体彰显,"亲民"之事之落实处的唯一存在形式时,如何能够在具体表现为杂多的具体性之事中保证这种特殊性来实现与"极则"之间的直接统一性?在王阳明处,他所寻找的即是具体存在的多样性环节中的最根本的规定性,这种最根本的规定是能够与"明德"本体直接相连接的,是能够与保证个体之存在与最高本体之存在相直接同一的,这个最根本的规定,王阳明讲,即是"良知","天命之性,粹然至善,其灵昭不昧者,此其至善之发见,是乃明德之本体,而即所谓良知也。""良知"即是与"明德"本体最直接相联系的根本性规定,是"是而是焉,非而非焉,轻重厚薄,随感随应",而莫不在"天然之中"之"极则",是"不容少有议拟增损于其间"之"明德"本体之自我显现与完成,此即是"致良知"。"致良知"即是"明德"本体的自我实现,是过程性中的完成性,完成性中的过程性。由此,整个宇宙之事,即是此"天地万物一体之仁"之自我存在、自我认识、自我实现之自我之"致"。"致良知"是"明德"本体将自身送至"必""致"之处。

在上述理解的基础之上,王阳明批评了诸多"求理于外"的学问方法,"不知至善之在吾心,而用其私智以揣摸测度于其外,以为事事物物各有定理"所指乃是程朱理学格物之法;"固有欲明其明德者矣,然惟不知止于至善,而骛其私心于过高,是以失之虚罔空寂"是针对佛老之教;"溺其私心于卑琐,生意失之权谋智术,而无有乎仁爱恻怛之诚"是对霸道的批评。

综上所述,王阳明讲"明德"为"天地万物一体之仁",以"亲民"为"明明德"之唯一途径,以"随感随应之天然之中"说"止至善"。此三环节之统一构成了《大学》所谓"三纲领"的内在统一性联系,即"止于至善以亲民,而明其明德,是之谓大人之学",亦即王阳明所提"致良知"思想之旨。在"致良知"思想中,王阳明以"良知"讲"明明德",以"知行合一"讲"亲民",以"致良知"讲"止至善"。"止至善"是"明明德""亲民"之"极则","致良知"是"良知""知行合一"之合题。"致良知"作为本体,实际上亦是一个"本体论""认识论"和"修养论"的"三位一体"性。

第五节 "慎独"与"致良知"的学理关系

王阳明"致良知"思想中的"三位一体"性是与其人生历程及思想发展相统一的。按钱德洪所编王阳明《刻文录叙说》所记:

> 先生之学凡三变,其为教也亦三变。少之时,驰骋于辞章;已而出入二氏;继乃居夷处困,豁然有得于圣贤之旨。是三变而至道也。居贵阳时,首与学者为"知行合一"之说;自滁阳后,多教学者静坐;江右以来,始单提"致良知"三字,直指本体,令学者言下有悟。是教亦三变也。①

"三变而至道",可以看作是王阳明"龙场悟道"之前,在追求儒家思想精神本质过程中思想上的发展过程,这其中亦是对于朱子之学的"体证"过程。按《年谱》所记:

> (孝宗弘治五年,先生二十一岁)
> 是年为宋儒格物之学。先生始侍龙山公于京师,遍求考亭遗书读之。一日思先儒谓"众物必有表里精粗,一草一木,皆涵至理",官署中多竹,即取竹格之;沉思其理不得,遂遇疾。先生自委圣贤有分,乃随世就辞章之学。②
> (十一年,先生二十七岁)

---

① (明)王阳明:《刻文录叙说》,《王阳明全集》(下),上海古籍出版社 1992 年版,第 1574 页。
② (明)王阳明:《王阳明年谱一》,《王阳明全集》(下),上海古籍出版社 1992 年版,第 1223 页。

是年先生谈养生。先生自念辞章艺能不足以通至道，求师友于天下
又不数遇，心持惶惑。一日读晦翁上宋光宗疏，有曰："居敬持志，为
读书之本，循序致精，为读书之法。"乃悔前日探讨虽博，而未尝循序
以致精，宜无所得；又循其序，思得渐渍洽浃，然物理吾心终若判而为
二也。沉郁既久，旧疾复作，益委圣贤有分。偶闻道士谈养生，遂有遗
世入山之意。①

此二记所讲"就辞章之学"与"遗世入山"之事，是王阳明思想
在求儒家圣学之路上的两次"偏移"。而这种"偏移"实际上是与其切
身"体察"朱子格物之说所造成的困惑相关联的。若按朱子所讲，"一
草一木，皆涵至理"，则"竹"之"事"中所含之"理"如何能够成
为我所知之"理"。此即如陆九渊曾质问于程朱格物说之语："学者孰
不曰'我将求至理'，顾未知其所知果至与否耳。所当辨、所当察者，
此也。"② 所以，此时王阳明在自身的精神世界中所欲追问的问题，并
不是"竹"之"理"在"心"之内或"心"之外的"主""客"存在
问题，或宁讲，"竹"之"理"之"存在"在王阳明处本身就是被承认
的一个既成事实而无须追问，但此"理"通过何种"方式"能被"确
切的"把握为我所知之"理"，是此时王阳明所不解之谜。而于六年
后，王阳明始以"循序"为法，正是以切身之"行"来验朱子格物之
法，但朱子所讲格物之法之指向维度与王阳明欲追求之问题维度在本质
上是在不同层次上的两个问题，所以无论王阳明怎样在以朱子之教为原
则而行格物之法，其结果都必然是"物理吾心终若判而为二"。这是王
阳明在以朱子之学为导向而求"人生第一等事"上的两次困惑，这样
在"求圣"之路上的挫折也使得其暂时将兴趣引向辞章与佛老，但外
在浮虚之所得亦终究不可能解决其内心根本之"困境"。《年谱》中记：

---

① （明）王阳明：《王阳明年谱一》，《王阳明全集》（下），上海古籍出版社 1992 年版，
第 1224 页。

② （宋）陆九渊：《格矫斋说》，《陆九渊集》，中华书局 1980 年版，第 253 页。

虚位之体

（十五年，先生三十一岁）

……先是五月复命，京中旧游俱以才名相驰骋，学古诗文。先生叹曰："吾焉能以有限精神为无用之虚文也！"遂告病归越，筑室阳明洞中，行导引术。久之，遂先知。一日坐洞中，友人王思舆等四人来访，方出五云门，先生即命仆迎之，且历语其来迹。仆遇诸途，与语良合。众惊异，以为得道。久之悟曰："此簸弄精神，非道也。"又屏去。已而静久，思离世远去，惟祖母岑与龙山公在念，因循未决。久之，又忽悟曰："此念生于孩提。此念可去，是断灭种性矣。"①

这里提到，阳明因惟念"祖母岑与龙山公"而不能"离世远去"，进而悟"此念生于孩提，此念可去，是断灭种性"，正是阳明所体悟出的"儒"与"佛老"之根本区别。其后王阳明在与弟子之论学中，点出此区别：

不思善，不思恶，时认本来面目，此佛氏为未识本来面目者设此方便。本来面目，即吾圣门所谓良知……体段功夫大略相似，但佛氏有个自私自利之心，所以便有不同耳。②

王阳明所说的二者功夫相似性中的根本性不同即是：佛家以自私之心接物；而"良知"之功是依天理而行。具体来说：

佛氏不著相，其实著相；吾儒著相，其实不著相。佛怕父子累，却逃了父子；怕君臣累，却逃了君臣；怕夫妇累，却逃了夫妇，都是著相，便须逃避。吾儒有个父子，还他以仁；有个君臣，还他以义；有个夫妇，还他以别，何曾著父子君臣夫妇的相？③

---

① （明）王阳明：《王阳明年谱一》，《王阳明全集》（下），上海古籍出版社1992年版，第1225—1226页。

② （明）王阳明：《传习录》，《王阳明全集》（上），上海古籍出版社1992年版，第67页。

③ （清）黄宗羲：《姚江学案一》，《明儒学案》（上），中华书局2008年版，第210页。

从王阳明三十一岁时之经历可以看出，正是因为其体悟出对祖母及龙山公之思念之"知"乃是自生之而来之真实存在之"心"之本然状态，才使得其又一次并且坚定地回到儒学，亦深知唯有在儒门内方能找寻到其所思问题之解。乃至于其处龙场之患难，仍坚思"圣人处此，更有何道？"

王阳明经辞章之学、出入佛老直至龙场"忽中夜大悟格物致知之旨"，"始知圣人之道，吾性自足，向之求理于事物者误也。"这是其求入圣学的"生命"之经历，"知圣人之道，吾性自足"为王阳明之"求圣"树立了"第一前提"，亦确立了一个与孟子所讲"尽其心者，知其性也。知其性，则知天矣"一脉相承的"有我"的哲学立场。① 只有"有我"之"存在"才能够作为"理"之为"理"的合理性的前提，而"我"之本在"心"，在"良知"，此其所讲"天地万物一体之仁"，此其所讲"心外无理"。在《传习录》中所记黄以方问"人与物同体"一事即表达出此意。

问："人心与物同体，如吾身原是血气流通的，所以谓之同体。若于人便异体了。禽兽草木益远矣，而何谓之同体？"先生曰："你只在感应之几上看，岂但禽兽草木，虽天地也与我同体的，鬼神也与我同体的。"请问。先生曰："你看这个天地中间，什么是天地的心？"对曰："尝闻人是天地的心。"曰："人又什么教做心？"对曰："只是一个灵明。""可知充天塞地中间，只有这个灵明，人只为形体自间隔了。我的灵明，便是天地鬼神的主宰。天没有我的灵明，谁去仰他高？地没有我的灵明，谁去俯他深？鬼神没有我的灵明，谁去辨他吉凶灾祥？天地鬼神万物离却我的灵明，便没有天地鬼神万物了。我的灵明离却天地鬼神万物，亦没有我的灵明。如此，便是一气流通的，如何与他间隔得！"又问："天地鬼神万物，千古见在，何没了我的灵明，便俱无了？"曰：

---

① "有我"非主、客关系中之"我"，而是"天地万物一体之仁"之"我"，之"大人"，详见"余论"部分。

虚位之体

"今看死的人，他这些精灵游散了，他的天地万物尚在何处？"①

正是在这样的"哲学立场"下，当一友问"深山之花"时，阳明有答"花不在你的心外"。《传习录·下》记：

> 先生游南镇，一友指岩中花树问曰："天下无心外之物，如此花树，在深山中自开自落，于我心亦何相关？"先生曰："你未看此花时，此花与汝心同归于寂。你来看此花时，则此花颜色一时明白起来。便知此花不在你的心外。"②

"同归于寂"即"未发"之时，"明白起来"即"已发"之时，"已发""未发"之辩证关系之中，正见"心"为认识此"理"之"中介"。

在"龙场悟道"后，王阳明思想的发展是继续沿着这样一种"心外无理"的思路来展开的。"居贵阳时，首与学者为'知行合一'之说"，提此"教法"，所针对的是将"知""行"分为两事之"习见"，而欲实现"知""行"自觉的统一。所谓"习见"，即如徐爱所问："如今人仅有知得父当孝、兄当弟者，却不能孝、不能弟，便是知与行分明是两件。"③阳明答言："此已被私欲隔断，不是知行的本体了。"④王阳明对知行关系有这样的说辞：

> ……某尝说知是行的主意，行是知的功夫；知是行之始，行是知之成。若会得时，只说一个知已自有行在，只说一个行已自有知在。古人所以既说一个知又说一个行者，只为世间有一种人，懵懵懂懂的任意去

---

① （明）王阳明：《传习录》，《王阳明全集》（上），上海古籍出版社1992年版，第124页。另：此条被刘宗周收录于《阳明传信录》中，刘宗周注言："此一则颇近宗门，但死时带不去耳。故佛氏亦不肯收。"这一解释并不符合王阳明之本意。（参见（明）刘宗周《阳明传信录》，《刘宗周全集》第5册，浙江古籍出版社2007年版，第89页。）
② 同上书，第107—108页。
③ 同上书，第3页。
④ 同上书，第4页。

做，全不解思惟省察，也只是个冥行妄作，所以必说个知，方才行得是；又有一种人，茫茫荡荡悬空去思索，全不肯着实躬行，也只是个揣摸影响，所以必说一个行，方才知得真。此是古人不得已補偏救弊的说话，若见得这个意时，即一言而足，今人却就将知行分作两件去做，以为必先知了然后能行，我如今且去讲习讨论做知的工夫，待知得真了方去做行的工夫，故遂终身不行，亦遂终身不知。此不是小病痛，其来已非一日矣。某今说个知行合一，正是对病的药。又不是某凿空杜撰，知行本体原是如此。今若知得宗旨时，即说两个亦不妨，亦只是一个；若不会宗旨，便说一个，亦济得甚事？只是闲说话。①

所以，知行之本质原是合一，说知而行在其中，说行而知在其中。强为之分言，说知说行，只是"因病发药"之法。理会得"宗旨"，分说亦无妨。但当言"知行合一"时，毕竟是以"知""行"单列，其本质是在知性分析的维度下来讲"知行合一"，而没有达到真正存在意义和精神实质上的"知行合一"。之后才有"江右以来，始单提'致良知'三字"，"致良知"的提出将"心即理""知行合一"和"致良知"三个环节统一在一个有机整体当中，只有达到"致良知"环节，才是真正存在意义上的"知行合一"。"致良知"亦是王阳明思想的最终环节，这一环节所凸显的是作为"存在"意义上的"以行统摄知"的"知行合一"本质，"致良知"是"生命"问题，而不是"知识性"问题。

而将"致良知"看作"知识性"问题，恰是甘泉一系"心学"所见。为说明此问题，此处再举一例为证。

在解释《孟子》所讲"必有事焉"一节时，湛甘泉讲：

惟求必有事焉，而以勿助、勿忘为虚。阳明近有此说，见于与聂文蔚侍御之书。而不知勿正、勿忘、勿助，乃所有事之工夫也。求方圆者

---

① （明）王阳明：《传习录》，《王阳明全集》（上），上海古籍出版社1992年版，第4—5页。

必于规矩，舍规矩则无方圆。舍勿忘、勿助，则无所有事，而天理灭矣。[①]

此为湛甘泉与王阳明之一处分歧。按甘泉所讲，孟子所讲"必有事焉，勿忘勿助"一句，王阳明所强调之处在"必有事焉"一处，而湛甘泉认为此种理解只注意到了本体而忽略了工夫，而本体恰恰应该在工夫中来体现，所以，舍方圆无规矩。关于湛甘泉对王阳明的批评是否得当，在上述对于"致良知"思想的"三位一体"性内涵的理解之下，我认为王阳明在解读《孟子》中此句而强调"必有事焉"一句，并不是湛甘泉所解之衡量"必有事焉"与"无妄勿助"二者谁更重要之层面之理解。那么，阳明立论之意在何处？此须先参考《答聂文蔚书》之原文。按传习录所载《答聂文蔚书》其二中讲：

来书所询，草草奉复一二：近岁来山中讲学者，往往多说"勿忘、勿助"工夫甚难。问之，则云"才著意便是助，才不著意便是忘"，所以甚难。区区因问之云"忘是忘个甚么？助是助个甚么？"其人默然无对，始请问。区区因与说，我此间讲学，却只说个"必有事焉"，不说"勿忘、勿助"。"必有事焉"者只是时时去"集义"。若时时去用"必有事"的工夫，而或有时间断，此便是忘了，即须勿忘"；时时去用"必有事"的工夫，而或有时欲速求效，此便是助了，即须"勿助"。其工夫全在"必有事焉"上用；"勿忘、勿助"，只就其间提撕警觉而已。若是工夫原不间断，即不须更说"勿忘"；原不欲速求效，即不须更说"勿助"。此其工夫何等明白简易！何等洒脱自在！今却不去"必有事"上用工，而乃悬空守着一个"勿忘、勿助"，此正如烧锅煮饭，锅内不曾渍水下米，而乃专去添柴放火，不知毕竟煮出个甚么物来！吾恐火候未及调停，而锅已先破裂矣。近日一种专在"勿忘、勿助"上用工者，其病正是如此；终日悬空去做个"勿忘"，又悬空去做个"勿

---

① （清）黄宗羲：《甘泉学案一》，《明儒学案》（下），中华书局 2008 年版，第 902—903 页。

助"，济济荡荡，全无实落下手处，究竟工夫，只做得个沉空守寂，学成一个痴騃汉，才遇些子事来，即便牵滞纷扰，不复能经纶宰制。此皆有志之士，而乃使之劳苦缠缚，担阁一生，皆由学术误人之故，甚可悯矣![1]

按王阳明所讲，他所强调的是，"勿忘、勿助"之体现要在"事"中，而不是整日在思考做事要"勿忘勿助"。勿忘勿助非行事之前在，而恰恰正在"事"中体现，所以他强调"必有事焉"，"必有事焉"即是工夫。而"终日悬空去做个'勿忘'，又悬空去做个'勿助'，济济荡荡，全无实落下手处，究竟工夫，只做得个沉空守寂，学成一个痴騃汉"。其思想所指正是朱子之学所遗留下来的"知"与"行"二分之意，而强调"知行合一"。这里王阳明所讲的"知行合一"即是如前所讲落实于实实在在的生命存在中的"行"。所以，"知"与"行"并不是可以单独拿出来作以分析之"知行"，说知说行，终究"支离"，莫如"致良知"一词统之。因此，阳明接着讲：

夫"必有事焉"只是"集义"，"集义"只是"致良知"。说"集义"则一时未见头脑，说"致良知"即当下便有实地步可用工；故区区专说"致良知"。随时就事上致其良知，便是"格物"：著实去致良知，便是"诚意"，著实致其良知，而无一毫意必固我，便是"正心"。著实致良知，则自无忘之病：无一毫意必固我，则自无助之病。故说"格、致、诚、正"，则不必更说个"忘、助"。孟子说"忘、助"，亦就告子得病处立方。告子强制其心，是助的病痛，故孟子专说助长之害。告子助长，亦是他以义为外，不知就自心上"集义"，在"必有事焉"上用功，是以如此。若时时刻刻就自心上"集义"，则良知之体洞然明白，自然是是非非纤毫莫遁，又焉有"不得于言，勿求于心；不得于心，勿求于气"之弊乎？孟子"集义""养气"之说，固大有功于后

---

① （明）王阳明：《传习录》，《王阳明全集》（上），上海古籍出版社1992年版，第82—83页。

学，然亦是因病立方，说得大段，不若《大学》"格、致、诚、正"之功，尤极精一简易，为彻上彻下，万世无弊者也。①

如上所讲，"必有事焉"即是"致良知"。随事随应，莫不有自然之中之实功，即是《大学》格致诚正之功。而反观湛甘泉之意，却是把理与"勿助勿忘"分为本体与工夫，实际上，即是在一种知识性的外在性上来把握二者之间的关系，所以，在这样的理论视角中，湛甘泉必强调"勿忘勿助"为工夫之要点而说知说行，以在一种外在的"教化"语言下达到本体与工夫之合一。此即湛甘泉必要强调"天理"而提出"随处体认天理"这一入圣门之工夫之原因。而如前所讲，刘宗周在理解王阳明的"致良知"思想时，将"良知"理解为"至善而无恶"之"知"，其背后的思维模式是与湛甘泉一致的，是对湛甘泉一系以外在知识性结构来建立"理"之系统的"心学"模式的继承。

因此，在面对王学后学出现的"主观化"之"流弊"时，刘宗周的解决思路便是将"主观"王学改为"客观"王学，将王学所讲的作为主观之"知"的"良知"本体改为"必慎其独也"之"独"的客观性本体。将"独"作为本体，是一种在"空间性思维方式"下的抽象性思维，即作为本体的"独"的属性，一定是一个"无"属性的属性，一定是一个绝对的、最高统一性的抽象性。以这种抽象性所把握到的"本体"即是"一"，这样的"一"亦可被称为"道""天""性""命"，这些皆是"本体"之"虚名"。刘宗周将中国哲学本体观念的这种特征性讲出，他用"虚位""统命"，即是说明中国哲学的本体观念是一个属性概念，而不是对象性概念。这样一种抽象化的思维方式，即是刘宗周将王学"改造"为客观化之思路。而对他作这样抽象化理解给予启发并支持之直接文化资源，恰恰是在《中庸》中。《中庸》中讲"莫见乎隐，莫显乎微，故君子慎其独也"，"独"者，"一"也。从这个角度来讲，刘宗周将"独"作为本体概念是合理的。但"独"作为

---

① （明）王阳明：《传习录》，《王阳明全集》（上），上海古籍出版社1992年版，第83—84页。

本体，本身并不具有动态性，所以刘宗周必依靠外在的语言来区分本体与工夫的知性分解，以理清本体与工夫之间的联系。如其所讲，"独之外，别无本体；慎独之外，别无工夫，此所以为中庸之道也"，这是将"独"规定为本体；"人心道心，只是一心，气质义理，只是一性，识得心一性一，则工夫亦可一。静存之外，别无洞察；主静之外，别无穷理。其究也，工夫与本体亦一，此慎独之说也"，这是其将"慎独"归结为本体与工夫的合一而一统人心道心、气质义理、动静之说。而作为"虚位"之"独"，则是以万事万物为其自身存在的方式，"从性体看来，则曰莫见莫显，是思虑未起，鬼神莫知也；从心体看来，则曰十目十手，是思虑既起，吾心独知时也。"由上所述可知，从现实文化意义上讲，刘宗周以"慎独"改"致良知"，而强调"良知"本体的客观性，对于救治王学后学"左派"空疏之偏，确有补治之功。但在王阳明处，"良知"是类似于胡塞尔现象学意义上的具有"自明性"的无前提的自然存在，或言纯粹的自我意识。而刘宗周所讲"独"，只能是用语言的"辩证性"来规定这一"本体"，而避免它的僵死性。刘宗周的"慎独"并没有达到王阳明所讲"致良知"的自然性。所以，从这一学理角度上看，刘宗周改"致良知"为"慎独"，实际上并没有达到对于"致良知"之超越。

由此来看，此节首段所讲刘宗周所针对的批判对象不仅仅是王学后学左派，也是王阳明思想本身；刘宗周所认为的王学后学之"空疏"之病之根源是由于王阳明哲学本身的问题所造成的这样的一种认识，只可看作是刘宗周个人之"误读"。王学后学之主观化问题之实质不在王阳明思想本身，而是王门后学诸弟子没有理解王阳明"致良知"思想的"三位一体"性的精神实质，是对王阳明思想的片面化理解而致。总体来讲，王门后学左派思想的根本性弊端是将原本是一个"三位一体"性的相互规定下实现和完成的"致良知"本体理解成为"良知"为本体，进而将"良知"本体理解为是"心"作为"本体"的主观性。造成这种问题的原因，或可归为"固守师说"之门户观，或言为文化传播上之必然变异。但从整个中国古代哲学的特征上看，缺乏一种对于概念明晰辩证的语言逻辑的逻辑平台，应是造成这一问题的一个重要的学理原因。为说清这个问题，我们可以勉强暂把王阳明的所有著作区分为"阳明心法"与"阳明教法"，所谓"心法"即王阳明自己所得之作为其思想本质之部分，而所谓"教法"则是王阳明要把自己之所得表述出之部分。[①] 但当本身作为自然之"存在"一经表述为语言之"存在"时，将会不可避免地出现理解上之"矛盾"，这也正是王阳明反复强调"若恃笔札，徒其争端"之意。[②] 其最为争议问题之表现，即是"天泉证道"一事。按《传习录·下》所记：

> 丁亥年九月，先生起复征思、田。将命行时，德洪与汝中论学。汝中举先生教言，曰："无善无恶是心之体，有善有恶是意之动，知善知恶是良知，为善去恶是格物。"德洪曰："此意如何？"汝中曰："此恐未是究竟话头。若说心体是无善无恶，意亦是无善无恶的意，知亦是无善无恶的知，物是无善无恶的物矣。若说意有善恶，毕竟心体还有善恶在。"德洪曰："心体是天命之性，原是无善无恶的。但人有习心，意念上见有善恶在，格致诚正，修此正是复那性体功夫。若原无善恶，功夫亦不消说矣。"是夕侍坐天泉桥，各举请正。先生曰："我今将行，正要你们来讲破此意。二君之见正好相资为用，不可各执一边。我这里接人原有此二种。利根之人直从本源上悟入。人心本体原是明莹无滞的，原是个未发之中。利根之人一悟本体，即是功夫，人己内外，一齐俱透了。其次不免有习心在，本体受蔽，故且教在意念上实落为善去恶。功夫熟后，渣滓去得尽时，本体亦明尽了。汝中之见，是我这里接利根人的；德洪之见，是我这里为其次立法的。二君相取为用，则中人上下皆可引入于道。若各执一边，眼前便有失人，便于道体各有未尽。"既而曰："已后与朋友讲学，切不可失了我的宗旨：无善无恶是心之体，有善有恶是意之动，知善知恶的是良知，为善去恶是格物，只依我这话

---

① 从这一角度来讲，王阳明自"龙场悟道"后，所提"知行合一""致良知"，所教人"静坐"等，亦可看作是其在面对不同的实际问题时在教法上的尝试，当然，这样的过程亦是在其思想不断走向成熟的背景下才产生的。

② 本书强调要以《大学问》作为理解王阳明思想主旨之著作，而非以其弟子所集《传习录》即是此意。

头随人指点，自没病痛。此原是彻上彻下功夫。利根之人，世亦难遇，本体功夫，一悟尽透。此颜子、明道所不敢承当，岂可轻易望人！人有习心，不教他在良知上实用为善去恶功夫，只去悬空想个本体，一切事为俱不着实，不过养成一个虚寂。此个病痛不是小小，不可不早说破。"是日德洪、汝中俱有省。①

如上所述，当王阳明将其所"悟"以"教法"形式表达出时，势必会出现如王畿与钱德洪所讲"无善无恶"与"有善有恶"之争辩。此"教法"之所以会出现这样的问题，即是由于中国哲学文化传统之中缺少如西方哲学传统下的系统的语言逻辑平台，所以王阳明所讲其"心法"的感悟性结论与其所教"其次"之人之"教法"是混杂在一起的。这一点也启发我们，已经建立起成熟的语言逻辑系统之西方哲学概念体系平台或为我们当前的中国哲学研究提供有利的"工具"支撑。②

---

① （明）王阳明：《传习录》，《王阳明全集》（上），上海古籍出版社 1992 年版，第117—118 页。

② 这里所讲的西方哲学的概念体系或为中国哲学的研究提供"工具"支撑，并不是指以西方哲学概念体系框架来整合中国古代文化资源的方式，而是讲，以西方哲学所建立的概念体系，特别是德国古典哲学所建立起来的关于人之思维存在方式的思辨哲学体系为思维背景来考察中国古代文化资源时，会发现曾以同一"平面"来被讨论之哲学问题实际上是以不同的维度来展现的。而这样的问题之发掘，由于中国文化自身发展之特征而没有由自身开出，目前只能借助这样一种"外力"才能够被实现。

第 五 章

改"慎独"为"诚意"之原因辨析

按前章所述,刘宗周的"慎独"思想是在对《大学》《中庸》、周敦颐《太极图说》等思想的继承与发展的基础之上建立起来的。他虽被称为"王学殿军",但其并未领会王阳明"致良知"思想的精神实质。在本于甘泉心学一脉的思维模式的影响下,刘宗周力图分析并说清王阳明之思想,而亦有对王阳明思想的怀疑批评及欲超越之之企图。而在精神实质上,不得不说其是阳明心学之倒退。概言之,"慎独"思想是"致良知"思想"硬核化"的表现。在这一问题论证的基础之上,我们接下来转向对于刘宗周思想研究中的一个重要问题的辨析,即诚意与慎独之关系问题。

按胡元玲的说法,对"诚意""慎独"之说之争辩,其起源是刘汋及黄宗羲对刘宗周学术宗旨的不同记载。刘汋《年谱》所记:

> 先君子学圣人之诚者也。始致力于主敬,中操功于慎独,而晚归本于诚意。[①]

而黄宗羲在《子刘子行状》中讲:"先生宗旨为慎独。"在《明儒学案》的《蕺山学案》中也讲:"先生之学,以慎独为宗。"

"这是'慎独'或'诚意'问题的最初来源",而现代学者对二者之间关系的不同看法,大体可以分为三类:一,将"慎独"与"诚意"并列为刘宗周思想的特色;二,是以"慎独"为刘宗周宗旨,而将

---

① (清)刘汋:《蕺山刘子年谱》,《刘宗周全集》第六册,浙江古籍出版社 2007 年版,第 173 页。

"诚意"归于"慎独"这一概念之下，即以"慎独"为刘宗周思想的第一义；三，是以"诚意"为刘宗周最后定论，而将"慎独"视为刘宗周的中年主张。①

本文支持第二种观点，并赞同黄敏浩所认为的刘宗周的"诚意"说"只是把原有的系统落实到诚意乃至《大学》而已。"② 这一观点，在前面关于《中庸》对于刘宗周思想形成之影响以及刘宗周对于《古本大学》之质疑部分中已有提及，但前章并未就刘宗周改提"诚意"为宗的具体内容及与其相关对于《大学》文本的修改做展开说明。此处虽支持第二种观点，但正如本书上一章所阐述之观点，刘宗周的"慎独"并未达到对于"致良知"思想之超越。所以，此章是借刘宗周改"诚意"之问题来说明刘宗周如何"误解"阳明并改"诚意"以合其所理解《大学》之旨之意。

第一节　王阳明倡《古本大学》之原因

如前所述，王阳明对朱子《大学》"补传"及"调整"文本顺序的不满，③ 而主张恢复古本。而经前章论述"致良知"思想的逻辑结构，我们已经知道，大学之"明德"之明必在于"亲民"，"明明德"与"亲民"统一于"随感随应而莫不在自然之中"之实实在在的人行实在中，此即是"止于至善"。所以，在王阳明对《大学》的解读中，大学之道为一莫分先后，而是一以贯之之理。以《大学问》中所阐释的"致良知"思想的内在逻辑结构为指导，我们来理解王阳明所作之《大

---

① 以上内容详见胡元玲《刘宗周慎独之学阐微》，台湾学生书局 2009 年版，第 6—8 页。

② 孙中曾先生也有类似观点，他讲："阳明理论的主轴最后定位于《大学》……因此刘宗周思想的最后阶段，必须进入《大学》……若说慎独是源自于《中庸》的理论系统，那么横跨于《大学》的慎独工夫是为何者？刘宗周认为'诚意'才是更为基础的入手处。"（参见孙中曾《证人会、白马别会及刘宗周思想之发展》，载钟彩均主编《刘蕺山学术思想论集》，"中研院"中国文哲研究所筹备处 1998 年版，第 520 页。）

③ 实际上是对朱子学由《大学》文本解读而带来的"支离"之病的不满。朱子学提供了一种入"大学"之教之规矩，但其"理"之成立的前提是独断的。

虚位之体

学古本原序》之意：

　　《大学》之要，诚意而已矣。诚意之功，格物而已矣。诚意之极，
止至善而已矣。正心，复其体也；修身，著其用也。以言乎己，谓之明
德；以言乎人，谓之亲民；以言乎天地之间，则备矣！是故至善也者，
心之本体也；动而后有不善。意者，其动也；物者，其事也。格物以诚
意，复其不之动而已矣！不善复而体正，体正而无不善之动矣！是之谓
止至善。圣人惧人之求之于外也，而反复其辞。旧本析而圣人之意亡
矣！是故不本于诚意，而徒以格物者，谓之支；不事于格物，而徒以诚
意者，谓之虚；支与虚，其于至善也远矣！合之以敬而益缀，补之以传
而益离。吾惧学之日远于至善也，去分章而复旧本，傍为之什，以引其
义，庶几复见圣人之心，而求之者有其要。①

　　首先，王阳明在这段话中所讲"圣人惧人之求之于外也，而反复其
辞"，其目的正是针对"求理于外"之"时病"；进而，王阳明强调
"诚意""格致"合一之旨，则直指朱子改本《大学》之说。② 这里需
要注意的是，王阳明所讲"诚意"，并非朱子"八条目"所设之"诚
意"，即其所讲"诚意"并非处于在逻辑层面与"格致"同级的条目规
定下的一环节，这应是理解王阳明所讲《大学》之前提。王阳明所讲
"修身""诚意"，其实质即"致良知"。如《年谱》所记：

　　（十有三年戊寅，先生四十七岁，在赣）
　　七月，刻古本《大学》。
　　先生出入贼垒，未暇宁居，门人薛侃、欧阳德……讲聚不散。至是
回军休士，始得专意于朋友，日与发明《大学》本旨，指示入道之方。

　　① （明）王阳明：《大学古本原序》，《王阳明全集》（下），上海古籍出版社 1992 年版，
第 1197 页。
　　② 朱子《大学》言"八条目"，又单提"格致""诚意"两条目为入手处。"其第五章
乃明善之要，第六章乃诚身之本，在初学尤为当务之急，读者不可以其近而忽之也"。参见
（宋）朱熹《大学章句》，《四书章节集注》，中华书局 1983 年版，第 13 页。

先生在龙场时，疑朱子《大学章句》非圣门本旨，手录古本，伏读精思，始信圣人之学本简易明白。其书止为一篇，原无经传之分。格致本于诚意，原无缺传可补。以诚意为主，而为致知格物之功，故不必增一敬字。以良知指示至善之本体，故不必假于见闻。至是录刻成书，傍为之释，而引以叙。①

而在《大学古本傍释》中，王阳明是借注释"古之欲明明德"至"一是皆以修身为本"一段表达此意。

古之欲明明德于天下者……先正其心；欲正其心者，先诚其意；欲诚其意者，先致其知；致知在格物。

（阳明注）明明德天下，犹《尧典》"克明峻德，以亲九族"，至"协和万邦"。心者身之主，意者心之发，知者意之体，物者意之用。如意用于事亲，即事亲之事格之，必尽夫天理，则吾事亲之良知无私欲之间而得以致其极。知致，则意无所欺而可诚矣；意诚，则心无所放而可正矣。格物如格君之格，是正其不正以归于正。

自天子以至于庶人，一是皆以修身为本。

（阳明注）其本则在修身。知修身为本，斯谓知本，斯谓知之至。然非实能修其身者，未可谓之修身也。修身惟在诚意，故特揭诚意，示人以修身之要。②

我们看到，在注"古之欲明明德于天下"节时，王阳明仅以"明明德天下，犹《尧典》'克明峻德，以亲九族'，至'协和万邦'"一句概述，进而转言"心者身之主，意者心之发，知者意之体，物者意之用"，又举"如意用于事亲，即事亲之事格之，必尽夫天理，则吾事亲之良知无私欲之间而得以致其极"为例。此三句一起，只是用来解释

---

① （明）王阳明：《王阳明年谱一》，《王阳明全集》（下），上海古籍出版社1992年版，第1253—1254页。

② （明）王阳明：《大学古本傍释》，《王阳明全集》（下），上海古籍出版社1992年版，第1193页。

"明明德在于亲民"之"知行合一"之理。接下一节"自天子以至于庶人，一是皆以修身为本"，王阳明直言"修身惟在诚意，故特揭诚意，示人以修身之要"。

对照《大学》原文本的内容，我们可以看到，王阳明在注"古之欲明明德"一节时，并没有对朱子所规定之"八条目"顺序进行解释，而在解释"一是皆以修身为本"一节时，注修身之要在"诚意"，而与下文"所谓诚其意者"一节相接。如果从传统的解释经典的方式来看，我们可以说，王阳明的这种解释模式存在着对文本所呈现的原意"避而不谈"，而又有"强为之解"之嫌。但在理解王阳明刻《古本大学》所针对之"求理于外"之时代问题这一学术背景的前提下，我认为王阳明的这种注释并不是对"先""后"条目之避谈或因文本而作的强附之注，而可以说正是王阳明学问的"高明"以及"无奈"之处——王阳明所讲本于"良知"之学本非立"言"之教，其以"致良知"为教法亦只是针对"时病"之"药方"，这是其学问继承儒家"思孟学派"及陆九渊一系的"高明"之处；而从王阳明对《大学古本》的注释中不难看出，他对于文字的选择是十分谨慎的。这种谨慎性实际上亦是其"无奈"之处。如不予以语言说明则难与人表达其意，但其表意所用概念亦有使读者不自觉陷入被先在知识占有的朱子学的思维框架中的危险。阳明弟子钱德洪曾以"条目"次第发问："古之欲明明德于天下者，以至于先修其身，以吾子明德亲民之说通之，亦既可得而知矣。敢问欲修其身，以至于致知在格物，其工夫次第又何如其用力与？"阳明答言：

此正详言明德、亲民、止至善之功也。盖身、心、意、知、物者，是其工夫所用之条理，虽亦各有其所，而其实只是一物。格、致、诚、正、修者，是其条理所用之工夫，虽亦皆有其名，而其实只是一事……故曰："格物而后知至，知至而后意诚，意诚而后心正，心正而后身修。"盖其功夫条理虽有先后次序之可言，而其体之惟一，实无先后次序之可分。其条理功夫虽无先后次序之可分，而其用之惟精，固有丝毫不可得而缺焉者。①

　　按《年谱》所记，王阳明刻《古本大学》与刻《朱子晚年定论》都是在十有三年戊寅七月。《年谱》记（王阳明）先生《序》略曰：

　　昔谪官龙场，居夷处困，动心忍性之余，恍若有悟。证诸《六经》《四子》，洞然无复可疑。独于朱子之说，有相抵牾，恒疚于心。切疑朱子之贤，而岂其于此尚有未察？及官留都，复取朱子之书而检求之。然后知其晚岁固已大悟旧说之非，痛悔极艾，至以为自诳诳人之罪，不可胜赎。世之所传《集注》《或问》之类，乃其中年未定之说，自咎以为旧本之误，思改正而未及。而其诸《语类》之属，又其门人挟胜心以附己见，固于朱子平日之说犹有大相缪戾者。而世之学者，局于见闻，不过持循讲习于此，其于悟后之论，概乎其未有闻。则亦何怪乎予言之不信，而朱子之心无以自暴于后世也乎？予既自幸说之不缪于朱子，又喜朱子之先得我心之同然，且慨夫世之学者，徒守朱子中年未定之说，而不复知求其晚岁既悟之论，竟相吸吸，以乱正学，不自知其已入于异端，辄采录而裒集之，私以示夫同志。庶几无疑于吾说，而圣学之明可冀矣。②

　　依照王阳明《序》中所言，他对朱子学问之发展是有这样的判词的：朱子之《集注》《或问》《语类》等著作，应为朱子中年时代之未定之说，并不能代表其成熟思想。而至朱子晚年，乃"大悟旧说之非，痛悔极艾，至以为自诳诳人之罪，不可胜赎"。于是王阳明选取朱子著

---

　　① （明）王阳明：《大学问》，《王阳明全集》（下），上海古籍出版社 1992 年版，第971—972 页。另，阳明后学诸儒中，李材亦持此思路。在"子绝四"章注中，他讲："……心意知物，是细析心之条理，致格诚正，是细析功之条理，意必固我，是细析病之条理……无意必固我，固浑然一仁矣，常止矣。心正、意诚、知至、物格亦浑然一善矣，常止矣。此盖圣学之宗传，止修之定法，可意会而不可牵文，有异辞而无有异旨者也。"参见（明）李材《论语大意》，《见罗先生书》卷五，万历李复阳刻本。
　　② （明）王阳明：《王阳明年谱一》，《王阳明全集》（下），上海古籍出版社 1992 年版，第 1254 页。

述中能够代表其思想成熟时期的观点，汇为一编，名曰《朱子晚年定论》，其思想指向即是朱子晚年同于陆子一路。

其实，王阳明的这种认为朱熹晚年思想有所转变之观点，并非其创见。按陈建《学蔀通辨》所记：

> 近世东山赵汸氏《对江右六君子策》乃云：《朱子答项平父书》有"去短集长"之言，岂鹅湖之论至是而有合耶？使其合并于晚岁，则其微言精义必有契焉，而子静则既往矣。此朱陆早异晚同之说所由萌也。程篁墩因之，乃著《道一编》，分朱陆异同为三节：始焉若冰炭之相反，中焉则疑信之相半，终焉若辅车之相倚。朱陆早异晚同之说于是乎成矣。王阳明因之遂有《朱子晚年定论》之录，专取朱子议论与象山合者，与《道一编》辅车之卷正相唱和矣。①

依陈建所梳理的学术脉络，合汇朱陆的思想倾向是始于赵汸，而后又有程敏政《道一编》分述朱陆从早年相异到中年疑信相半再到晚年相合之过程。这些前在之文化资源乃是王阳明成《朱子晚年定论》之文化基础。而王阳明在程敏政的基础之上，对学理与文化有更进一步之发挥。

《道一编》序讲：

> 朱陆二氏之学，始异而终同……其初则诚若水炭之相反，其中则觉夫疑信之相半，至于终则有若辅车之相倚，且深取子孟子道性善，收放心之两言。读至此而后，知朱子晚年所以兼收陆子之学，诚不在南轩东莱之下，顾不考者，斥之为异，是固不知陆子，而亦岂知朱子者哉？②

该书目录讲：

> ……然两先生之说，不能不异于早年而卒同于晚岁，学者独未之有

---

① （明）陈建：《学蔀通辨·提纲》。
② （明）程敏政：《道一编·序》，北京大学图书馆藏明嘉靖三十一年刻本。

考焉。至谓朱子偏于道问学，陆子偏于尊德性，盖终身不能相一也。呜呼！是岂善言德行者哉？夫朱子之道问学，固以尊德性为本，岂若后之分章析义者，毕力于陈言。陆子之尊德性固以道问学为辅，岂若后之守玄悟空者，悉心于块坐连诚，惧夫心性之学将复晦且尼于世，而学者狂于道之不一也，考见其故，详著于篇。①

程敏政论朱陆之学说，其归旨为"始异而终同"。元明时代之文化是一种朱子学为尊之文化，世之学者亦多有认朱学为正统而陆学为异端之文化指向。程敏政批评这种见解为："不知者往往尊朱而斥陆，岂非以其早年未定之论，而致夫终身不同之决，惑于门人记录之手而不取正于朱子亲笔之书邪？"而经其考证，朱陆二人之学实为"志同道合"。而这种"合"之表现在于朱子之"道问学"以"尊德性"为本；陆子之"尊德性"以"道问学"为辅。

程敏政在《道一编·卷四》中举朱陆之书信对此进行说明。

（程敏政）（按：草卢吴氏为国子司业。）谓学者曰："朱子于道问学至功居多，而陆子静以尊德性为主，问学不本于德性，其散必偏于言语训释之末，故学必以尊德性为本，庶几得之，当时议者以草卢为陆学，而见摈焉。然以朱子此书观之，则草卢之言正朱子本意，学者宜考于斯。"②

程敏政所指朱子之书为《朱子答陈肤仲书》，全文如下：

陆学固有似禅处，然鄙意近觉婺州朋友专事闻见，而于自己身心全无工夫。所以每劝学者，兼取其善，要得身心稍稍端静，方于义理知所抉择。非欲其兀然无作，以冀于一旦豁然大悟也。吾道之衰，正坐学者各守己偏，不能兼取众善，所以终有不明不行之弊，非是细事。

---

① （明）程敏政：《道一编·目录》，北京大学图书馆藏明嘉靖三十一年刻本。
② （明）程敏政：《道一编·卷四》，北京大学图书馆藏明嘉靖三十一年刻本。

（程敏政）按：朱子书在前两卷者曰：子静全是禅学，至此始谓陆学固有似禅处，且劝学者要得身心稍稍端静，方于义理知所抉择，即是观之，则道问学固必以尊德性为本，而陆学之非禅也，明矣！①

由此可见，程敏政所持"朱陆合汇"之出发点，是批判社会文化主流斥陆为禅之说，而以"道问学""尊德性"之关系，来阐明陆子兼取朱子之学，并且朱子之思想发展历程亦是逐渐归于陆子之学之过程，而总体上，"《道一编》主要表现的是一种'会朱归陆'的思想倾向"②。但王阳明在作《朱子晚年定论》时，在文本形式以及思想义理上，是与程敏政不同的。

首先，从文本形式上，程敏政是分取朱陆二家之言，并附以己之按语。并于《道一编》第五卷加上朱陆之后"观理平正而无偏党适莫之弊"之学者对朱陆学术之评价之语。程敏政的做法在当时以朱子为正统之学术背景下多有赞扬陆九渊之词，因此不免遭受到墨守朱子之学之学者之非议。而王阳明在文本处理上，则只取朱子之语，汇为一编。从行文上避免以上所讲之非议。在王阳明写给安之的书信中，他表达出了这种意思。他讲：

近年篁墩诸公尝有《道一》等编，见者先怀党同伐异之念，故卒不能有入，反激而怒。今但取朱子所自言者表章之，不加一辞，虽有偏心，将无所施其怒矣。③

这是行文方式上的选择。而在思想观点上，王阳明的《朱子晚年定论》所表达的京与程明政《道一编》的倾向有所不同。

在《朱子晚年定论》的序言中，王阳明讲：

---

① （明）程敏政：《道一编·卷四》，北京大学图书馆藏明嘉靖三十一年刻本。
② 刘东阳：《程敏政哲学思想研究》，硕士学位论文，吉林大学，2015年，第18页。
③ （明）王阳明：《文录一》，《王阳明全集》（上），上海古籍出版社1992年版，第173页。

洙、泗之传，至孟氏而息；千五百余年，濂溪、明道始复追寻其绪；自后辨析日详，然亦日就支离决裂，旋复湮晦。吾尝深求其故，大抵皆世儒之多言有以乱之。①

关于这段话内容所指，我认为冈田武彦先生的分析是值得参考的。他讲："王阳明虽然提到周敦颐、程颢，却几乎没有提及世人所认为的继承了程颢的伊川之学（其弟程颐所开创），而且如前所述，王阳明认为继周敦颐、程颢之后，应当注意的人是陆九渊。王阳明之所以会有这样的想法，是因为周敦颐、程颢之学是体认自得之学，而以心即理为宗旨的象山之学（陆九渊所开创），与之并不违背。"② 这体现出了王阳明所作《定论》的思想倾向，即自孔孟至周敦颐、程颢、陆九渊一系为儒家圣学正宗，并且都为自得之学，而后儒家正旨"支离"之病，乃是源于世儒"多言"之弊。这样的思想倾向说明了两个问题：第一，儒家正脉之学为"朴实"③ 之学；第二，王阳明作《朱子晚年定论》，欲论证之事为朱子晚年亦归本于"朴实"之学。这与程明政之思路有所区别：程明政之意，朱陆为两学而可互补，王阳明则只认"朴实"为正学。④

《朱子晚年定论》所录第一篇即要说明朱子晚年"自悟"学本于心之意。《答黄直卿书》（按：此篇未被程敏政《道一编》收录）：

为学直是先要立本。文义却可且与说出正意，令其宽心玩味；未可

---

① （明）王阳明：《朱子晚年定论》，《王阳明全集》（上），上海古籍出版社 1992 年版，第 127 页。

② ［日］冈田武彦：《王阳明大传——知行合一的心学智慧》，杨田等译，重庆出版社 2015 年版，第 296—297 页。

③ "朴实"一词，见陆象山所言："今天下学者惟有两途，一途朴实，一途议论。"

④ 按陆九渊《语录》所记：朱元晦曾作书与学者云："陆子静专以尊德性诲人，故游其门者多践履之士，然于道问学处欠了。某教人岂不是道问学处多了些子？故游某之门者践履多不及之。"观此，则是元晦欲去两短，合两长。然吾以为不可，既不知尊德性，焉有所谓道问学？参见（宋）陆九渊《陆九渊集》，中华书局 1980 年版，第 400 页。由此可见，王阳明的思路是与陆九渊一致的。并且，以"尊德性""道问学"来区分朱、陆学术之不同，在九渊自己处即已经是不同意的。

便令考校同异，研究纤密，恐其意思促迫，难得长进。将来见得大意，略举一二节目渐次理会，盖未晚也。此是向来定本之误。今幸见得，却烦勇革。不可苟避讥笑，却误人也。①

　　此处朱子所讲"定本之误"，当包括《大学章句》。而最为阳明诟病处，当为朱子释"格物"之意以及由此带来的一系列学理问题。这也是阳明倡导恢复古本之原因。在与徐爱的一段对话中，王阳明详解了朱子"格物"之说之问题并阐发了自己对"大学之道"的理解。

　　爱问："昨闻先生'止至善'之教，已觉功夫有用力处。但与朱子'格物'之训，思之终不能合。"

　　先生曰："格物是止至善之功，既知至善，即知格物矣。"

　　爱曰："昨以先生之教推之格物之说，似亦见得大略。但朱子之训，其于《书》之'精一'，《论语》之'博约'，孟子之'尽心知性'，皆有所证据，以是未能释然。"

　　先生曰："子夏笃信圣人，曾子反求诸己。笃信固亦是，然不如反求之切。今既不得于心，安可狃于旧闻，不求是当？就如朱子，亦尊信程子，至其不得于心处，亦何尝苟从？'精一''博约''尽心'本自与吾说吻合，但未之思耳。朱子格物之训，未免牵合附会，非其本旨。精是一之功，博是约之功。日仁既明知行合一之说，此可一言而喻。尽心、知性、知天，是生知安行事；存心、养性、事天，是学知利行事；夭寿不二，修身以俟，是困知勉行事。朱子错训'格物'，只为倒看了此意，以'尽心知性'为'物格知至'，要初学便去做生知安行事，如何做得？"

　　爱问："'尽心知性'何以为'生知安行'？"

　　先生曰："性是心之体，天是性之原，尽心即是尽性。'惟天下至诚为能尽其性，知天地之化育。'存心者，心有未尽也。知天，如知州、

<hr />

① （明）王阳明：《朱子晚年定论》，《王阳明全集》（上），上海古籍出版社1992年版，第128页。

知县之知，是自己分上事，己与天为一；事天，如子之事父，臣之事君，须是恭敬奉承，然后能无失，尚与天为二，此便是圣贤之别。至于'夭寿不二其心'，乃是教学者一心为善，不可以穷通夭寿之故，便把为善的心变动了，只去修身以俟命；见得穷通寿夭有个命在，我亦不必以此动心。事天虽与天为二，已自见得个天在面前；俟命便是未曾见面，在此等候相似。此便是初学立心之始，有个困勉的意在。今却倒做了，所以使学者无下手处。"

爱曰："昨闻先生之教，亦影影见得功夫须是如此。今闻此说，益无可疑。爱昨晓思格物的物字即是事字，皆从心上说。"

先生曰："然。身之主宰便是心；心之所发便是意；意之本体便是知；意之所在便是物。如意在于事亲，即事亲便是一物；意在于事君，即事君便是一物；意在于仁民爱物，即仁民爱物便是一物；意在于视听言动，即视听言动便是一物。所以某说无心外之理，无心外之物。《中庸》言'不诚无物'，《大学》'明明德'之功，只是个诚意。诚意之功只是个格物。"①

在这段对话中，王阳明借徐爱之四个问题，层层递进，说出己所解《大学》"格物"之意。第一问，徐爱惑于阳明"止至善"之教。如前章所述，"明明德"必在于"亲民"，而"亲民"之实功落于"止至善"，"止至善"即"良知"之"随感随应"而"莫不在自然之中"之发见，所以，阳明答曰："格物是止至善之功。"知学问之功落于人行当中，即是知格物。第二问，徐爱言推之阳明之教格物，似与人之所行相符，但无经典所载之根据。阳明借此言圣学之功贵在"反求诸己"，借而直批朱子"格物"之说之失。按阳明之理解，经典之文义与己说本相合，但徐爱未加以反思，实际上亦欲说徐爱受朱子学之影响已深，难于脱离朱子学之思维框架来思考此问题。所以，阳明接下来为其点出朱子之失。其失即在于："以'尽心知性'为'物格知至'，让初学者

---

① （明）王阳明：《传习录》，《王阳明全集》（上），上海古籍出版社1992年版，第5—6页。

便去做生之安行之事。"徐爱第三问,何以"尽心知性"为生之安行为追问。阳明答以心性之关系,"性是心之体,天是性之原,尽心即是尽性",此为尽心知性之学,而"惟天下至诚为能尽其性,知天地之化育",唯"上根之人"能做到;而非上根之人,则须"立心","有个困勉的意在",盖"心即理","此心无私欲之弊,即是天理,不须外面添一分"①。朱子"格物"之失即在无此"立心"之本,遂"格物"便为空格,实与"本体"不相干。第四问,徐爱遂懂阳明之意,所以有言"物即是事字,皆从心上说",阳明首肯,而告之"心意知物"为一事之理,《大学》之功归于"诚意"之意。

这是王阳明所强调恢复《古本大学》之意,而刘宗周之解《大学》,实并未理解阳明之意,而是停留在朱子之学的框架下对《大学》进行解读,并以此为根据来改造阳明所解之《大学》。

第二节 刘宗周对《大学》的诠释方式

按刘汋《年谱》所记,刘宗周六十二岁定《经籍考》,所选《大学》版本为高攀龙所示,崔铣、高拱所改《大学》:

初高先生以《大学》古本见示,谓《大学》不分经传,只是六段文字,即《戴记》古本,挈"淇澳"以下至"知至"之后,通前为一段,释"格物"之意;而"诚意"以下自分五段。本之崔后渠铣、高中玄拱所定。先生读而亟称之。②

其后又对"崔高本"加以修改:

己巳夏，著《约义》一编，谓既可剖一而为六，断不可不剖首段之一而为二以厘正八目。① 乃断自首节至"天下平"节为正经，"修身"节至"听讼"节为一章，释"格致"之意，以下如旧置，为之发明其略……是编所定分章如《约义》，而疏解则从高先生居多。②

但刘宗周对此改版仍不满意，"晚年以所疏语多未定之见，存之笥中。"而正是由于对此版的不满，才有后来六十八岁时考订《大学参疑》一事。按《年谱》所记：

先生于《大学》既从高忠宪③公所定，去年，海盐吴公麟瑞致《大学辨》一书，备载《戴记》古文、明道、伊川本、朱本及曹魏《石经》。先生读而折衷之，定古文一通，名《参疑》。盖积众疑而参之，略为诠解……大抵从石本居多。前辈杨止斋力辨《石经》为伪书，先生酷爱之，曰："苟言而是，虽出于后人何病？况其足为古人羽翼乎？"④

至临终，刘宗周对这一改本也不满意，并命其子"削之"。⑤

---

① 刘宗周分崔铣本首段文字为二，于"大学之道"节至"物格而后知至"节后注"右第一章，统释《大学》之教，而其下文乃详言之"，其余部分归为第二章，注为"申致知在格物之义"。李纪祥先生对此评价："刘氏之改本，果使崔本脉络较为清楚，且并未更动只字。"参见李纪祥《两宋以来〈大学〉改本之研究》，台湾学生书局1988年版，第195页。

② （清）刘汋：《蕺山刘子年谱》，《刘宗周全集》第六册，浙江古籍出版社2007年版，第128—129页。

③ 此高忠宪（高攀龙）本即是上文中刘宗周所亟称之"崔后渠铣、高中玄拱所定"版本。按毛奇龄《大学证文》所讲："高氏景逸攀龙讲学东林，即以《古本大学》授人。山阴刘氏蕺山曾受《古本大学》于东林书院是也。是时所授者，即阳明先生刻本，故称古本。后见崔后渠名铣者，更有改本，而高氏信之。遂重阐其说于书院，以为准则。然人不知有崔氏本，第称曰高氏改本。"（清）毛奇龄《大学证文》，《西河合集》卷33，清康熙书留草堂刻本，第76页。

④ （清）刘汋：《蕺山刘子年谱》，《刘宗周全集》第六册，浙江古籍出版社2007年版，第163—164页。

⑤ 刘汋记：临终，先生谓过于割裂（按：指《大学参疑》），并《古小学通记》命削之。参见（清）刘汋：《蕺山刘子年谱》，《刘宗周全集》第六册，浙江古籍出版社2007年版，第164页。

由此可见，刘宗周对《大学》文本的思考是伴随着其一生学术发展的，虽《大学古记》《大学古文参疑》文本顺序有所不同，又因其临终对各改本仍不满意，所以上述二书或不可看作刘宗周对《大学》一书的最终解释。但考察其对两改本的考订形式背后所体现出的思维方式，亦可知其解读《大学》的方式及改"诚意"为宗的意图所指。

一 《大学》释义初探：以《大学古记》文本为中心的解释方式

在具体展开刘宗周所解《大学》之思路之前，首先要对刘宗周看待《大学》文本时（或可言因其欲合汇朱、王之学之企图的思维前提下）所隐含的一个思想前提作出说明。

按《学言·上》中所记：

> 心一也，合性而言，则曰仁；离性而言，则曰觉。觉即仁之亲切痛痒处，然不可以觉为仁，正谓不可以心为性也。又总而言之，则曰心；析而言之，则曰天下国家身心意知物。惟心精之合意知物，粗之合天下国家与身，而后成其为觉。为觉，其为仁也。若单言心，则心亦一物而已。凡圣贤言心，皆合八条目而言者也，或止合意知物言。维《大学》列在八目之中，而血脉仍是一贯，正是此心之全谱，又特表之曰"明德"。①

刘宗周在这段话中讲述了他所理解的心性关系，并将这种理解加于对《大学》的解读中。刘宗周讲"慎独"时谈到，"独是虚位，从性体看来，则曰莫见莫显，是思虑未起，鬼神莫知时也。从心体看来，则曰十目十手，是思虑既起，吾心独知时也。然性体即在心体中看出"，与此思维方式相同，所以此处讲合性言心，为仁；离性言心，为觉，而觉

---

① （明）刘宗周：《学言》，《刘宗周全集》第二册，浙江古籍出版社 2007 年版，第 388—389 页。按《学言上》396 页中记"以上丙子（崇祯九年）"，时年刘宗周 59 岁。可知此言在丙子之前，即写成《大学古记》之前。

即仁之发见处，即是讲心为体仁之官，故"此心性之辨也，故学始于思，而达于不思而得"。"心"之发见，或直接讲为体认"仁"之处，即在于意、知、物、身、家、国、天下。所以，"凡圣贤言心，皆合八条目而言者也，或止合意知物言"，刘宗周实质是欲言一贯之工夫。而从其话语中可以读出，其思想前提是认定朱子所讲"八目"之说并认为此"八目"为同一逻辑环节中的工夫，所以必为《大学》将"正心"列入其中作一"条目"而辩解。他接下来讲：

身者，天下国家之统体，而心又其体也。意则心之所以为心也，知则意之所以为意也，物则知之所以为知也，体而体者也。物无体，又即天下国家身心意知以为体，是之谓体用一原、显微无间。又云：《大学》八条目，如常山之蛇，击其首则尾应，击其尾则首应，击其中则首尾皆应。①

"击其中则首尾皆应"，即如前所讲，暗指以"一"统诸条目之工夫。

在对照以上两段刘宗周所讲的话中可以看出：一方面，刘宗周讲"心"内统意知物，外统身家国天下，这个思维方式乃是湛甘泉解《大学》之模式，甘泉在《圣学格物通表》中讲：

故《大学》之书，全功在乎格物，而格物之要，其道本乎知行，知止定静安虑相承，即其功夫。意心身家国天下贯穿，乃其实地。②

甘泉此意即是要以格物之"一"而统其他各目。按甘泉对《大学》的理解，所谓"八目"便不应是同一逻辑环节上的不同工夫之关系。但是，刘宗周又言"《大学》八条目，如常山之蛇，击其首则尾应，击

---

① （明）刘宗周：《学言》，《刘宗周全集》第2册，浙江古籍出版社2007年版，第389页。

② （明）湛若水：《圣学格物通》，广西师范大学出版社2015年版，第71—72页。

其尾则首应，击其中则首尾皆应"，实际上是要继续走朱子分八目之前提。由此可以说明，刘宗周在解《大学》时候，其思想内部已预有朱湛两家之说，并且刘宗周在诠释《大学》之意时，是持一种欲整合两家之说的态度的。所以，刘宗周所作之"一贯"，是在承认"八条目"为同一逻辑层面的前提下，来思考如何以"其中"之一目而统摄其他各条目而成一贯之工夫之方法。而此一贯之工夫，在其"以已发未发示学者"之前，一归结为"慎独"，他讲："慎独是学问第一义。言慎独，而身、心、意、知、家、国、天下一齐俱到，故在《大学》为格物下手处，在《中庸》为上达天德统宗，彻上彻下之道也。"①

以此为前提，在工夫层面，刘宗周必是认阳明心学及其后学是割裂了"八目"之关系的，他讲：

> 合心意知物，乃见此心之全体。更合身与家国天下，乃见此心之全量。今之言心者，举一而废八也。举一而废八，而心学歧，即淮南格物，新建致知，慈湖无意，犹偏旨也。②

另一方面，依刘宗周承认朱子"八条目"为合理之结构之前提来看王阳明《大学古本序》，就自然会有逻辑上的不合理。对此，刘宗周也批评到："阳明子曰：'《大学》之道，诚意而已矣。'而解诚意仍作第二义，以迁就其"致良知"之旨，无乃自相矛盾。"③

这里可以看出，刘宗周所说以"诚意"为第二义，仍是刘宗周在以"条目"的框架下对王阳明思想的理解。盖阳明学术主旨为"致良知"，而于《大学》又言"诚意"为本，由此"诚意"成了"致（良）知"之后之环节，这是刘宗周所引起疑义之处。同时，这里也说明了刘宗周所持之观点，即《大学》之旨在诚意一关。

---

① （明）刘宗周：《学言》，《刘宗周全集》第二册，浙江古籍出版社 2007 年版，第396—397 页。

② 同上书，第 409 页。

③ （明）刘宗周：《大学古文参疑》，《刘宗周全集》第一册，浙江古籍出版社 2007 年版，第 614 页。

在批判周海门之学一段的话中，他也表达出了此意：

海门深病宋儒之学不提主脑，盖袓阳明也。予谓阳明虽说致良知，而吃紧在"《大学》之道，诚意而已矣"一语，故曰："明善是诚身工夫，惟精是惟一工夫，道问学是尊德性工夫，博文是约礼工夫，格物是诚意工夫。"此可窥其主脑所在处，后人便以良知为主脑，终是顾奴失主。①

但刘宗周亦认阳明之学为圣学。这样，作为阳明思想主旨之"致良知"与《大学》主旨之"诚意"如何处理？刘宗周有言：

以良知为性体，则必有知此良知者，独不曰"知得良知却是谁"，又曰"此知之外更无知"，辗转翻驳，总要开人悟门。故又曰："致知存乎心悟。"自是阳明教法，非《大学》之本旨，《大学》是学而知之者。②

此意即是：认阳明"致良知"之教为"圣学"，但其以"致良知"解《大学》是与《大学》之"本意"不符的。其以"致良知"解《大学》之意的关键问题是，将儒家《大学》所讲之工夫引向佛家"顿悟"之学，由此导致王学后学左派"空疏"之病。

所以，以上所述"刘宗周所认为的"王阳明之解《大学》及由此导致的儒家修养工夫之问题，使得刘宗周在面对《大学》这样一个明代理学思想纷争之"重地"时，必要重新思考对其"合理"的诠释。

《大学古记》为刘宗周重新诠释《大学》文本及其义理的第一次尝试。如前所讲，刘宗周此本为定《古学经》而作，而选以崔铣、高拱改本。从内容上看，此版本与古本相比，改动之处不大。刘宗周选择此

---

① （明）刘宗周：《学言》，《刘宗周全集》第二册，浙江古籍出版社2007年版，第428页。

② 同上书，第441页。

版本，有其自己的考虑，其意可见其《大学古记约义》《章句》条中：

　　《大学》本出于《小戴礼》……自是一篇文字，其分经、分传始于宋儒，且特表章之，以配《四书》，嘉惠后学，其功良伟！而后之人犹以不睹古全经为恨，至朱子"格致之传"，理本经旨，事同射覆，不善读者，又以为支离，而王文成之《古本》出矣，自"诚意"以下，合"瞻彼"数节，至"此谓知本"，通为一章，云"释诚意而格致在其中"，故《古本序》首言"《大学》之要，诚意而已矣"，然独不曰"欲诚其意者，先致其知，致知在格物"乎？又曰"修身为本"而不及"诚意"，则"诚意"章不可以提宗明矣。且以后杂引《诗》、《书》，凡以曲畅明亲止至善之义，而于诚意了无当也。其云"格致在其中"，凡以迁就其"知行合一"之说而已。

　　又百年而高氏《古本》出，实本后渠崔氏、中玄高氏所定，谓《大学》不分经、传，只是六段文字，挈"淇澳"以下，置"知至"之后，文理焕然，通前为一段，即以释"格致"之义，而"诚意"以下，自分五段，可谓独窥要领，超出朱、王之见，千古残经，一朝完复，后之人宜复无所置喙矣。

　　顾愚犹有见焉：《大学》虽一篇文字，而自始至终，命意之法，有纲领，有支节，不可得而混也……首言三纲，次言知止，次言知所先后，次言所先，次言所后，一开一阖，文理完整，更无欠剩。至"修身"一条，明解"物有本末"之义，其为更端而释格致也何疑？自"修身"以上，其辞简以严；自"修身"以下，其辞曲以畅，又有经、传之体焉……今姑据朱子之意，首篇为正经，以还孔、曾，后六篇为正传，以还子思，而合之总为训《大学》而设，则亦还其为《大学》之记而已。《大学》虽是一篇文字，既可剖一而为六，则断不可不剖首段之一而为二，以厘正八目，八目只是一事，既可分"诚意"以下，逐段详明，则断不可不分"修身为本"以下为"格致之传"。必分"修身"以下为"格致传"者，心斋王氏启其端，而未竟其说，愚尝窃取其义者也。①

　　刘宗周这段题为《章句》的文字，对其所理解《大学》之文本框架有这样几点解释：一，《大学》文字本不分经传，至朱熹以经传分释《大学》及补"格物致知"传文，实乃本于《大学》一书主旨。后之学者批评朱子《大学》为支离者，乃是不理解《大学》之意。至王阳明提倡恢复古本《大学》，其意不在解释《大学》之"原意"，而在借《大学》发挥其"知行合一"之说。二，崔铣、高拱改本与朱、王本相比较，更能体现出《大学》之"原意"，崔高改本特点是不分经传，而将《大学》分为六段文字，第一段释"格物"，而"诚意"以下，顺次分为五段。按李纪祥《两宋以来大学改本之研究》所讲："从崔铣开始，改本为之一变，改本在崔铣之前，均未能免于程朱董车之影响。从崔铣开始，始有不分经传之主张。"② 三，刘宗周虽基本赞同崔高本的文本次序修订，但应有经传之分别。所以，"既可剖一而为六，则断不可不剖首段之一而为二，以厘正八目"。而这样的分章方式，主要是将"格致"传单独列出。

　　现将《大学古记》部分文本及刘宗周按语列出如下：

　　第一章同于古本顺序，由"大学之道，在明明德"至"国治而后天下平"。

　　注"大学之道，在明明德"节，刘宗周讲：

　　《大学》之道，尽性而已。③

---

　　① （明）刘宗周：《大学古记约义》，《刘宗周全集》第一册，浙江古籍出版社2007年版，第641—643页。

　　② 李纪祥：《两宋以来＜大学＞改本之研究》，学生书局1988年版，第190页。按：崔铣之改本始有不分经传，而崔铣之生活时代亦与阳明约为同时（1478—1541年），所以崔铣之解释《大学》思路是否受阳明之影响，此应是值得关注之问题。从崔铣改本来看，若按刘宗周所讲，崔本首段包含格致释文。此论只可看作是刘宗周的理解方式，当可存疑，而崔铣改本之真正内涵，是值得再研究的。此处因与本书主体相关程度不高，故暂作割舍，容留来日。

　　③ （明）刘宗周：《大学古记》，《刘宗周全集》第一册，浙江古籍出版社2007年版，第625页。

注"物有本末，事有终始，知所先后，则近道矣"节，刘宗周讲：

> 至善，性体也，物之本也。其所从出者皆末也。止至善，事之始
> 也，明明德以亲民，其终也。知止之要，知所先后而已。①

注"古之欲明明德"节，刘宗周讲"知此之谓知先"；注"物格而
后知至"至"国治而后天下平"，刘宗周讲"知此之谓知后。知所先
后，则知止能得，明德亲民，一以贯之。此尽性之全学也"②。

全章后按语，"统释《大学》大学之教，而其下文乃详言之"③。

按刘宗周的解释，《大学》之道，尽性而已。而性体至善，为本；
而所从出者，为末。止至善为工夫之始，明明德以亲民为终。这样，
《大学》一文之结构便十分明了：大学所讲，是达于"至善"之学。
"大学"之教有顺序之前后，其先为"格物"。学者明此即是知得大学
一以贯之之理。此为《大学》之经，而其余各段则分别详细阐明此
道理。

第二章，首自"自天子以至于庶人，壹是皆以修身为本"，刘宗周
注："承上章'物有本末'而言。格物莫要于知本，知本者知修身为本
而本之也。"④其后接"其本乱而末治者否矣"节，"此谓知本，此谓知
之至也"节，"瞻彼淇澳"节，"前王不忘"节，"克明德"节，"苟日
新"节，"邦畿千里"节，"听讼"节，最后以"此谓知本"四字为结
语。章后按语为"申致知在格物之义"。

在文本顺序上，"自天子以至于庶人""本乱而末治""此谓知本，
此谓知之至也"三句与古本顺序相同。"自天子以至于庶人""本乱而
末治"二句在朱子《大学章句》中归为第一章"圣经"章，而刘宗周
移出此二句释"格物"。而由"壹是皆以修身为本"为此章之主题句，

---

① （明）刘宗周：《大学古记》，《刘宗周全集》第一册，浙江古籍出版社 2007 年版，第
625 页。
② 同上书，第 626 页。
③ 同上。
④ 同上。

所以，格物之物之本即是知修身为本。在所引《诗》《书》等篇，刘宗周俱注以指向"修身"之意。如其注"淇澳"节言"首引《淇澳》，修身之功尽见于此矣"，注"康诰"节言"修身之功，其要以明明德而已。曰自明，而明之于天下已在其中，正见天下之不离自也，故曰'修身为本'"。接下来，在注"邦畿千里"节"为人君，止于仁。为人臣，止于敬。为人子，止于孝。为人父，止于慈。与国人交，止于信"时，刘宗周将"知止"解为"知本"，以合前段所解之意，他讲："自《淇澳》以下，反覆明亲之义而至善已在其中。至此，正示人以知止也。仁、敬、孝、慈、信即明德，即至善之所在。知乎此者，可与知止矣。知止者，知本者也。"① 其后"听讼"节，刘宗周言"无讼之化孰使之？身使之也。非徒以所修者使之，实以所止者使之也"，② 即回归修身，又带以知止。最后"此谓知本"一句，刘宗周结以"总结上文。此谓格物，此谓知之至也"为按。

刘宗周赞同高本及以上述文字为注释，其欲说明《大学》本无"阙文"。他讲："《古本》此章次'诚意'章后，今从梁溪高氏订正如此。通修身以下合为一章，完'格致'之传，文理焕然，而缺传之疑，立白于千载之下矣。"③ 但正如此前所讲，刘宗周在理解《大学》文本时，是将各"条目"落在同一逻辑层次中的理解方式，所以在此处刘宗周必要为"格致"寻找"传文"。并且，在对"格致"工夫的释意上，刘宗周也是赞同朱子之意的。在《大学杂言》中载有这样一段对话：

问：朱子《补传》之说何如？

曰：余向尝以"邦畿"四节为释"格致"，今姑以朱子之意通之，无不一一吻合者。朱子曰"天下之物，莫不有理"，即"邦畿"节意，言物各有当止之理也。朱子曰"人心之灵，莫不有知"，即"缗蛮"节

---

① （明）刘宗周：《大学古记》，《刘宗周全集》第一册，浙江古籍出版社 2007 年版，第628 页。

② 同上。

③ 同上。

意，言人各知所止也。朱子曰"《大学》始教，即凡天下之物，莫不因其已知之理而益穷至，以求至乎其极"，即"穆穆文王"节意。言仁、敬、孝、慈、信，皆人心已知之理，必如文王之敬止而后有以造其极也；即君臣、父子、国人之物而穷仁敬孝慈信之理，推之万物，莫不皆然，所为即物穷理也。朱子曰"至于用力之久，一旦豁然贯通焉，则众物之表里精粗无不到，而吾心之全体大用无不明矣"，即"听讼"节意，言无讼而必由于畏志，此岂可以声音笑貌为哉！微见吾至善之全体而明新一贯大用随之，所得于知本之学深也。此谓物格，此谓知之至也。表里精粗，即本末之谓，如听讼物之粗者，而无讼其精也；无讼物之表，而使无讼其里也。格物者格此而已，致知者知此而已。然则"格致"传本是完也，以为未完而补之者，赘也。朱子之《补传》，善会之即《古本》之意也，以为支离而斥之者，亦过也。①

按上面刘宗周所答可见，其按语之解释方式，是欲以《大学》之原文字合于朱子"补传"之意。但当比较二人所解时，我们发现刘宗周所解，《诗》《书》等篇按语与朱子之补传内容，确实可以作一一对应，其解释也不显牵强。但应注意，刘宗周上段文字的解释是针对"知本""知止"之解，这也是刘宗周所理解的朱子之"格致"。但刘宗周《大学古记》中所讲的"格致"却比朱子"只解释"知本、知止多一层意思，即是对于"修身"之强调。而刘宗周之强调"修身"，其意是改造朱子所讲格物之"支离"之病。在《大学杂言》中，刘宗周对朱子之解"格物"有这样一段评价：

朱子格物之说，其大端从《诗》《书》六艺穷讨物理，原是学问正项工夫，士舍此无以入道者。但其工夫已做在小学时，至十五而入大学，则自小学之所得者，由身而达之天下国家，其第一义在格物，即就

---

① （明）刘宗周：《大学杂言》，《刘宗周全集》第一册，浙江古籍出版社 2007 年版，第658—659 页。

此身坐下言。通《大学》一书，何尝有学文游艺之说？[①]

按刘宗周的理解，朱子"格物"之说无蔽，是儒家修养工夫之正脉。但这样的修养工夫，乃是"置身于此而穷物于彼"之工夫，所以，刘宗周所要强调的格物之法，即是要"就此身坐下言"，而刘宗周之"格致"传文则是要合"修身"于"格致"。此种做法，即补救朱子"格致"之"支离"，又补充阳明"致知"之工夫一关。刘宗周对此有言：

> 自格致之旨晦，而圣学沦于多岐：滞耳目而言知者，狥物者也；离耳目而言知者，遗物者也，狥物者，弊至于一草一木亦用工夫；而遗物求心，又逃之无善无恶；均过也。故阳明以朱子为支离，后人又以阳明之徒为佛老，两者交讦而相矫之，不相为病。入《大学》之道者，宜折衷于斯。[②]

"折衷于斯"，这种思维方式显示出刘宗周在处理朱王二家思想上所表现出的一贯的整合性。此处暂不就刘宗周此种修改方式之学理上的合理与否作出分析，而仅就刘宗周按语与原经文文字之衔接性上作一说明，此问题或可为其之后思考继续修改《大学》文字顺序之原因所在。

如前所述，刘宗周"格致"章按语首揭格物要在知本，本即"修身为本"，其后引《诗》《书》亦注向修身之意。最后注"此谓知本"一句结为"此谓格物，此谓知之至也"。这样的注释方式在成文流畅性上不免有些"突兀"。这个问题就在于，刘宗周断自"壹是皆以修身为本"一节为"格致"之首句，此句明言"修身"为本，刘宗周之按语

---

① （明）刘宗周：《大学杂言》，《刘宗周全集》第一册，浙江古籍出版社 2007 年版，第656 页。

② （明）刘宗周：《大学古记约义》，《刘宗周全集》第一册，浙江古籍出版社 2007 年版，第 648—649 页。

也必按此为注,① 所以其后所引《诗》《书》之篇也必以"修身"为导向而为注。这样一来,因高本结为"此谓知本",而刘宗周亦强调以"修身"释"格致",所以亦只能以"草草"之"此谓格物,此谓知之至"为收尾。那么,刘宗周既要合高本《大学》改本之顺序,又要阐明自己的"格物"之"物之本"在于"修身"之意而由此产生的注释上的这个问题,他是否自己有所发现? 我认为刘宗周是很清楚这个问题的。在《大学杂言》中,刘宗周针对这一问题有如下辩解:

> 不曰"壹是皆以格物为本",何也? 格物工夫,修齐治平皆用得著。误用之,安知不以末为本? 惟自修身说来,则格物只是格个本末之物,故"修身为本"四字不可易。李见罗先生曰:"齐治均平而不本于修,则为五伯之功利;格致诚正而不本于修,则为二氏之虚无。"其言虽主张太过,亦自有见。②

刘宗周引李材之言而强调"格物"之本在"修身",所以"壹是皆以修身为本"为点明格致工夫之立本处。可以说,刘宗周的这个解释方式是比较机智的。而这里所讲"格致诚正"本于"修",或言如何一贯"格致""诚意""正心""修身",是刘宗周所注《大学》接下来的"任务",其解见下文。

第三章,自"所谓诚其意"节,至"德润屋"节,与古本顺序相同,其章后按语为:"申诚意之义,而致知、正心皆举其中。"③ 从这句概括全章的按语可以看出,刘宗周的意图是将致知、正心统归于诚意之下,而又借经文下有"君子必慎其独"句,将格致之功落于"慎独"中。

---

① 这里注意一个问题,高本并不在此为断,而是与上文一起合为一段顺序而下之文字。由此亦可见,刘宗周之理解《大学》与高本之意是有所区别的。

② (明)刘宗周:《大学杂言》,《刘宗周全集》第一册,浙江古籍出版社 2007 年版,第659—660 页。

③ (明)刘宗周:《大学古记》,《刘宗周全集》第一册,浙江古籍出版社 2007 年版,第630 页。

注"所谓诚其意"节，刘宗周讲：

自欺云者，自欺本心之知也。本心之知，善必知好，恶必知恶，若不能好恶，即属自欺。此正是知不致处。毋自欺，则"如好好色，如恶恶臭"，意斯诚矣。故欲诚其意者，必先致其知，而其功归于慎独。独者，藏身之地，物之本也，于此慎之，则物格而知至矣。①

注"小人闲居为不善"节，刘宗周讲：

小人不能慎独，肆恶闲居，失此一著，更不及图，一切掩著伎俩，都无用处。观肺肝之见，而知诚形之机，切不可诬，则慎独之功，益不容已矣。慎其独，慎其无形之独也。为形而慎，非慎独也。②

注"十目所视，十手所指"节，刘宗周讲：

本无指、视，而以为众指、众视，慎之至也。③

注"富润屋"节，刘宗周讲：

必慎其独，诚意先致知也；必诚其意，意诚而后心正也，心广体胖是也。④

以上四节，第一节讲诚意必先致知，而致知之功在慎独；第二节讲"独"为本；第三节讲"慎独"工夫之严；第四节讲"慎独"所以诚意，而诚意而后乃正心。以此表达诚意合格致、正心之意。并且，刘宗

---

① （明）刘宗周：《大学古记》，《刘宗周全集》第一册，浙江古籍出版社 2007 年版，第629 页。
② 同上。
③ 同上。
④ 同上。

虚位之体

周强调"正心"非实功，其意是欲归《大学》之工夫一于诚意。在"此谓修身在正其心"句按语中，他讲：

> 但言修之先正，非实言正心之功也。欲正其心者，先诚其意，意诚而心自正矣。以为诚意之后，复有正心之功者，谬也。①

其后三章，刘宗周分别标以"申齐家先修身之义""申治国先齐家之义""申平天下在治国之义"。在按语中也有"故曰修身为本，又曰必慎其独"，②"始知平天下之大道，非由格、致、诚、正以修诸身，不可得也"③ 等句，其意皆是将《大学》之工夫，同归于"慎独"一意。在《大学古记约义》中，刘宗周以《慎独》条表明此意，他讲：

> 小人之学，从人分上用功，故的然日亡。君子之学，从己分上用功，故暗然日章。暗然者，独之地也。君子之学，未尝不从人分用功来，而独实其根底之地，不系人而系之己，于此著力一分，则人分之寻丈也……君子之学，先天下而本之国，先国而本之家与身，亦属之己矣。又自身而本之心，本之意，本之知，本至此，无可推求，无可揣控，而其为己也隐且微矣。隐微之地，是名曰独。其为何物乎？本无一物之中而物物具焉，此至善之所统会也。致知在格物，格此而已。独者物之本，而慎独者格之始事也。君子之为学也，非能藏身而不动，杜口而不言，绝天下之耳目而不与交也。终日言而其所以言者，人不得而闻也，自闻而已矣；终日动而其所以动者，人不可得而见也，自见而已矣。自闻自见者，自知者也。吾求之自焉，使此心常知、常定、常静、常安、常虑而常得，慎之至也。慎则无所不慎矣，始求之好恶之机，得吾诚焉，所以慎之于意也……又求之民好、民恶，明明德于天下焉，所以慎之于天下也。而实天下而本于国，本于家，本于身，本于心，本于

---

① （明）刘宗周：《大学古记》，《刘宗周全集》第一册，浙江古籍出版社 2007 年版，第630 页。
② 同上书，第 632 页。
③ 同上书，第 637 页。

意，本于知，合于物，乃所以为慎独也。慎独也者，人以为诚意之功，而不知即格致之功也，人以为格致之功，而不知即明明德于天下递先之功也。《大学》之道，一言以蔽之，曰慎独而已矣。①

由以上分析可知，刘宗周在《大学古记》中表现出的解释《大学》的方式，最终是归旨于其"慎独"思想当中的。所以，他讲："慎独是学问第一义。言慎独，而身、心、意、知、家、国、天下一齐俱到，故在《大学》为格物下手处。"②

二　大学释义再探：以《大学古文参疑》文本为中心的解释方式

在成《大学古记》的六年后，刘宗周又于六十八岁时成《大学古文参疑》。其成书目的可见于《大学古文参疑》之《序》中。刘宗周讲：

……戴氏之传《大学》，早已成一疑案矣，后之人因而致疑也，故程子有更本矣，朱子又有更本矣，皆疑案也。然自朱本出，而格致补传之疑，更垂之千载而不决。阳明子曰："格致未尝缺传也，盍从古本。"是乃近世又传有曹魏《石经》，与《古本》更异，而文理益觉完整，以决"格致"之未尝缺传彰彰矣。余初得之，酷爱其书……吾友高忠宪颇信古文……余尝为之解其略，见者韪之，而终不敢信以为定本。于是后之儒者人人而言《大学》矣。合而观之，《大学》之为疑案也久矣。《古本》《石本》皆疑案也，程本、朱本、高本皆疑案也，而其为"格

① （明）刘宗周：《大学古记约义》，《刘宗周全集》第一册，浙江古籍出版社2007年版，第649—650页。
② 合上章所讲，由以上对刘宗周解《大学》的理解中，亦可以看出，刘宗周的"慎独"之学是以一种"知识性"的方式来理解阳明思想的。

致"之完与缺、疏格致之纷然异同，种种皆疑案也……①

由《序》中所言可知，刘宗周又作有新的《大学》改本，其关键处即在于对"格致"章释意的"不满"，而其前作《大学古记》中"格致"章的问题，我们在此前已有分析。所以，在经过对于《大学》文本的再思考，以及丰坊伪石经《大学》出现的启发后，刘宗周进一步对《大学》文意进行新的诠释。

清代毛奇龄作《大学证文》，在序中讲述了《石经》本之由来：

夫汉魏石经原有两碑，而实无两本。乃嘉靖之末，忽假为正始石经，变置原文与五经之所传者，参易殆遍。而甬东丰氏为之发藏，海盐郑氏为之核实，户曹进其书，黄门勒其字、揣其意，似亦不慊于程氏之所为而夺其说，乃故托为古文以胜之，使世之好事者，可以去彼而从此，而不知以恶人改经之心，益复自蹈为改经之恶，而不之觉其亦愚矣。②

毛奇龄虽评其"亦愚"，但在《大学证文》所列《大学》版本次序中，首为《古文大学》，次即《石经》，其后为二程改本，并言"以其所改虽后起，而改之之名反在先也"③，可知毛氏较为重视这一版本。按《两宋以来大学改本之研究》所讲，"明代在思想上为朱、王分立之局，各以改本、古本为说；是以就大学而言，不仅为朱本、古本分立之势，尚另有丰坊伪石经大学出而与之鼎立。伪石经大学之地位与影响实甚重要……"④ 由此可见，丰坊改本的影响力还是比较大的。

刘宗周得此《石经》而"酷爱之"。虽有前辈杨止斋力辨其为"伪

---

① （明）刘宗周：《大学古文参疑》，《刘宗周全集》第一册，浙江古籍出版社 2007 年版，第 607—608 页。
② （清）毛奇龄：《大学证文》，《西河合集·经部》卷 33，清康熙书留草堂刻本，第 20 页。
③ 同上。
④ 李纪祥：《两宋以来〈大学〉改本之研究》，台湾学生书局 1988 年版，第 133 页。

书"，而刘宗周则言驳以："苟言而是，虽出于后人何病？况其足为古人羽翼乎？"《大学古文参疑》之文本顺序，即是"大抵从石本居多"。

《大学古文参疑》本与《古本大学》相比较，文本顺序改动较多，现列其全文如下：

大学之道，在明明德，在亲民，在止于至善。古之欲明明德于天下者，先治其国，欲治其国者，先齐其家；欲齐其家者，先修其身；欲修其身者，先正其心；欲正其心者，先诚其意。欲诚其意者，先致其知。致知在格物。物格而后知至，知至而后意诚，意诚而后心正，心正而后身修，身修而后家齐，家齐而后国治，国治而后天下平。（第一章）

物有本末，事有终始，知所先后，则近道矣。《诗》云："绵蛮黄鸟，止于丘隅。"子曰："于止，知其所止，可以人而不如鸟乎？"知止而后有定，定而后能静，静而后能安，安而后能虑，虑而后能得。诗云："邦畿千里，惟民所止。"子曰："听讼，吾犹人也，必也使无讼乎！"无情者不得尽其辞，大畏民志，此谓知本。自天子以至于庶人，壹是皆以修身为本。其本乱而末治者，否矣。其所厚者薄，而其所薄者厚，未之有也。此谓知本，此谓知之至也。（第二章，释格物致知）

所谓诚其意者，毋自欺也。"如恶恶臭，如好好色，"此之谓自谦。故君子必慎其独也。小人闲居为不善，无所不至，见君子而后厌然，拚其不善，而著其善。人之视己，如见其肝肺然，则何益矣。此谓诚于中形于外。故君子必慎其独也。曾子曰："十目所视，十手所指，其严乎！"富润屋，德润身，心广体胖，故君子必诚其意。（第三章，释诚意）

所谓修身在正其心者，身有所忿懥，则不得其正；有所恐惧，则不得其正；有所好乐，则不得其正；有所忧患，则不得其正。心不在焉，视而不见，听而不闻，食而不知其味。此谓修身在正其心。（第四章，释修身之先义）

所谓齐其家在修其身者，人之其所亲爱而辟焉，之其所贱恶而辟焉，之其所畏敬而辟焉，之其所哀矜而辟焉，之其所敖惰而辟焉。故好而知其恶，恶而知其美者，天下鲜矣。故谚有之，曰："人莫知其子之

恶，莫知其苗之硕。"此谓身不修，不可以齐其家。（第五章，释齐家之先义）

所谓治国必齐其家者，其家不可教而能教人者无之。故君子不出家，而成教于国，孝者所以事君也，弟者所以事长也，慈者所以使众也。《康诰》曰："如保赤子。"心诚求之，虽不中，不远矣。未有学养子而后嫁者也。一家仁，一国兴仁；一家让，一国兴让；一人贪戾，一国作乱。其机如此。此谓一言偾事，一人定国。故治国在齐其家。《诗》云："桃之夭夭，其叶蓁蓁，之子于归，宜其家人。"宜其家人而后可以教国人。《诗》云："宜兄宜弟。"宜兄宜弟，而后可以教国人。《诗》云："其仪不忒，正是四国。"其为父子兄弟足法，而后民法之也。此谓治国在齐其家。（第六章，释治国之先义）

所谓平天下在治其国者，上老老而民兴孝，上长长而民兴弟，上恤孤而民不倍，是以君子有絜矩之道也。所恶于上，毋以使下，所恶于下，毋以事上。所恶于前，毋以先后；所恶于后，毋以从前。所恶于右，毋以交于左；所恶于左，毋以交于右。此之谓絜矩之道。《诗》云："乐只君子，民之父母。"民之所好好之，民之所恶恶之，此之谓民之父母。《秦誓》曰："若有一个臣，断断兮，无他技，其心休休焉，其如有容焉。人之有技，若己有之；人之彦圣，其心好之，不啻若自其口出。实能容之，以能保我子孙黎民，尚亦有利哉！人之有技，媢疾以恶之；人之彦圣，而违之俾不通；实不能容，以不能保我子孙黎民，亦曰殆哉。"唯仁人放流之，迸诸四夷，不与同中国。此谓唯仁人为能爱人，能恶人。见贤而不能举，举而不能先，命也；见不善而不能退，退而不能速，过也。好人之所恶，恶人之所好，是谓拂人之性，菑必逮夫身。《诗》云："节彼南山，维石岩岩，赫赫师尹，民具尔瞻。"有国者不可以不慎，辟则为天下僇矣。是故君子先慎乎德。有德此有人，有人此有土，有土此有财，有财此有用。德者本也，财者末也。外本内末，争民施夺。是故财聚则民散，财散则民聚。《诗》云："殷之未丧师，克配上帝。仪监于殷，峻命不易。"道得众则得国，失众则失国。《楚书》曰："楚国无以为宝，惟善以为宝。"是故言悖而出者，亦悖而入；货悖而入者，亦悖而出。《舅犯》曰："亡人无以为宝，仁亲以为宝。"

《康诰》曰："惟命不于常。"道善则得之，不善则失之矣。生财有大道。生之者众，食之者寡，为之者疾，用之者舒，则财恒足矣。仁者以财发身，不仁者以身发财。未有上好仁而下不好义者也，未有好义其事不终者也，未有府库财非其财者也。孟献子曰："畜马乘，不察于鸡豚；伐冰之家，不畜牛羊，百乘之家，不畜聚敛之臣。与其有聚敛之臣，宁有盗臣。"此谓国不以利为利，以义为利也。长国家而务财用者，必自小人矣。彼为善之，小人之使为国家，菑害并至，虽有善者，亦无如之何矣！此谓国家不以利为利，以义为利也。（第七章，释平天下之先义）

是故君子有大道，必忠信以得之，骄泰以失之。尧舜率天下以仁，而民从之。桀、纣率天下以暴，而民从之。其所令反其所好，而民不从。是故君子有诸己而后求诸人，无诸己而后非诸人。所藏乎身不恕而能喻诸人者，未之有也。《康诰》曰："克明德。"《大甲》曰："顾諟天之明命。"《帝典》曰："克明峻德。"皆自明也。汤之《盘铭》曰："苟日新，日日新，又日新。"《康诰》曰："作新民。"《诗》云："周虽旧邦，其命惟新。"是故君子无所不用其极。《诗》云："穆穆文王，于缉熙敬止。"为人君，止于仁；为人臣，止于敬；为人子，止于孝；为人父，止于慈；与国人交，止于信。《诗》云："瞻彼淇澳，菉竹猗猗。有斐君子，如切如磋，如琢如磨。瑟兮僩兮，赫兮喧兮。有斐君子，终不可谖兮。"如切如磋者，道学也；如琢如磨者，自修也；瑟兮僩兮者，恂慄也；赫兮喧兮者，威仪也；有斐君子，终不可谖兮者，道盛德至善，民之不能忘也。《诗》云："于戏！前王不忘。"君子贤其贤而亲其亲，小人乐其乐而利其利。此以没世不忘也。（第八章，释明明德于天下，以畅全经之旨）[1]

《大学古文参疑》中所列第一章，与《大学古记》相比，移出了"知止而后有定"和"物有本末"节。注"古之欲明明德"节，刘宗

---

[1] （明）刘宗周：《大学古文参疑》，《刘宗周全集》第一册，浙江古籍出版社 2007 年版，第 608—624 页。

虚位之体

周讲：

《大学》以训古帝王立学之教也，故即以古之人承之，明明德于天下而递及于家，转见亲民之义，以见己之明德与天下国家并无二体也。由修身而推之诚意，所谓"止于至善"也，然必以知止为始事。知乎此之谓致知，格乎此之谓格物。①

注"物格而后知至"节，刘宗周讲：

古人之学必递有所先而要之于格致者，正以先致力于此而其后者自从之。②

按刘宗周的理解，由"明明德于天下"可顺势影响到于家的亲民之义，进而到主体自身的修行，并且自身的"明德"与天下的"明德"是一样的。而自身修行的核心处是在"诚意"，即"止于至善"。"诚意"所下手出就是"格物致知"。由此可见，刘宗周虽然将"知止"节和"物有本末"节移出第一章，但其解释方式仍然是按照以"知止"为始事的思路，而归于"格致"一条。从整体上看，此章为第一章，仍然是具有朱子《大学章句》中所言"圣经"章之位置。如其在全章后按语中所讲：

三纲以著《大学》之教，而八目以申三纲之义。三事归之一事，文势已完，故定为一章。先儒之言曰："《大学》不分经、传，只是六段文字。"愚按：虽不分经、传，而首尾详略，部位森然，故不妨分章如右。③

---

① （明）刘宗周：《大学古文参疑》，《刘宗周全集》第一册，浙江古籍出版社 2007 年版，第 609 页。
② 同上。
③ 同上。

按刘宗周定首章的方式，接第一章后，第二章即为释"知止"之始事——格物致知。对比《大学古记》，以"壹是皆以修身为本"开始，《大学古文参疑》参考《石经》本，以"物有本末"节为始。这样，刘宗周在注释时就不必先以"身"说"物"，而直接起讲"格物"之意。他讲："物，即是格物之物；知，即是致知之知；先后，即前章先后字面；道，即大学之道。"① 其后，在"听讼"节，刘宗周讲："止之，即所本之地。知止，所以知本也。致此之知，是为致知；格此之物，是为格物。"② 此章以"知止""先后"为起，指出"格物"之下手处，使得文意更为连贯。在此之后接"自天子以至于庶人，壹是皆以修身为本"一节，点明"物有本末""知所先后"之"本"在"身"，"全体大用，即自身而推之"③。

由文本顺序来看，相较于《大学古记》，《大学古文参疑》的文本次序显然要更为"流畅"。同《大学古记》一样，刘宗周亦以《大学古文参疑》中此章文字顺序为依据，而对比朱子补传之传文并加以解释。在"众物之表里精粗无不到，而吾心之全体大用无不明矣"一句中，刘宗周对照"自天子以至于庶人，壹是皆以修身为本。其本乱而末治者，否矣！其所厚者薄而其所薄者厚，未之有也"一句，并注言"表里精粗，即本末之别名"。此做法，一阐明《大学》并无阙文，不须补传，二避免后人所批判朱子格物之漫无所归之病，而归本于"身"，以此而合《大学》格致之疑问。所以，刘宗周大赞《石经》本：

致知在格物，则物必是物有本末之物，知必是知所先后之知。石本于两节互易先后，尤见分晓。乃后儒解者，在朱子则以物为泛言事物之理，竟失知本之旨；在王门则以知为直指德性之旨，转驾明德之上，岂

----

① （明）刘宗周：《大学古文参疑》，《刘宗周全集》第一册，浙江古籍出版社 2007 年版，第 610 页。
② 同上书，第 611 页。
③ 同上书，第 612 页。

虚位之体

《大学》训物有二物？知有二知邪？①

"格物致知"之后，第三章释"诚意"。刘宗周在全篇按语中有一处说明，使得两章的衔接显得更为"合理"。刘宗周讲：

> 《古本》"听讼"下"此谓知本"，与前"此谓知本"少异。前者言修身为本，后者言诚意为本。修身，本也；诚意，本之本也。②

前者讲修身为本，格致本于"身"，而身之本在心，在意，所以诚意为本之本。此后接言"诚意"之意。

"诚意"章文本内容与《大学古记》中相同，所不同的是，《古记》中强调以"诚意"统"正心""格致"。而《参疑》中主要申明"诚意为专义"。

在注"所谓诚其意者，毋自欺"节，刘宗周注：

> 此章首喝"诚意"而不言在致其知，以诚意为专义也。致知为诚意而设，如《中庸》之明善为诚身而设也。盖惟知本，斯知诚意之为本而本之，本之斯止之矣。亦惟知止，斯知诚意之为止而止之，止之斯至之矣。即诚即致，故曰专义也。心所存主之谓意，非以所发言也。如以所发言，则必以知止为先聘，而由止得行，转入层节，非《大学》一本之旨矣。自之为言由也，非己也。欺之为言罔也，非伪也。如恶恶臭，如好好色，言此心一于善而不二于恶，所好在此，所恶在彼，两在而一机，及见其所为诚也。如之云者，本乎天而不杂以人，诚之至者也。自好自恶，故自慊，非对众言也。此所谓毋自欺也，君子所以必慎其独也。独之言自也；慎者，敬德也。由敬入诚，伊、洛正脉也。此可

---

① （明）刘宗周：《学言》，《刘宗周全集》第二册，浙江古籍出版社 2007 年版，第 441 页。

② （明）刘宗周：《大学古文参疑》，《刘宗周全集》第一册，浙江古籍出版社 2007 年版，第 624 页。

以得文王"敬止"之说。呜呼！"诚意"之说晦而千古之学脉荒。①

　　刘宗周认为，此章首言"所谓诚其意者"，而非言"所谓正心在诚意"，意指"诚意"为专义。也即是，诚意非"致知"之后的环节。此语应是针对朱子《大学章句》的解释方式。朱熹讲："'知至而后意诚'……故此章之指，必承上章而通考之，然后有以见其用力之始终。"② 刘宗周认为"致知"是为"诚意"而设，因知本而知止，又因知止而知致，所以诚即致，"诚意"为专义。《学言》中，刘宗周讲：

　　《大学》之教，只要人知本。天下国家之本在身，身之本在心，心之本在意。意者，至善之所止也，而工夫则从格致始。正致其知止之知，而格其物有本末之物，归于止至善云耳。格致者，诚意之功，功夫结在主意中，方为真功夫，如离却意根一步，亦更无格致可言。故格致与诚意，二而一，一而二者也。③

　　按刘宗周的解释，格致即诚意之功，而其工夫落脚点即在于"意"。离"意"即无格致可言，所以诚意与格致为一。这样，所谓格致的工夫，就需要落实于"意"上。"意"在刘宗周之前儒者的诠释中，几乎都解为"心之所发"，刘宗周则认为："如意为心之所发，将孰为所存乎？如心为所存，意为所发，是所发先于所存，岂《大学》知本之旨乎？"④ 所以，刘宗周解"意"讲："心所存主之谓意，非以所发言也。"刘宗周以"心之所存"解"意"，是其创见，其弟子黄宗羲亦谓其为一处"发先儒之所未发者"。
　　黄宗羲概括其师解"意"之内容为：

---

　　① （明）刘宗周：《大学古文参疑》，《刘宗周全集》第一册，浙江古籍出版社 2007 年版，第 613 页。

　　② （宋）朱熹：《大学章句》，《四书章句集注》，中华书局 1983 年版，第 8 页。

　　③ （明）刘宗周：《学言》，《刘宗周全集》第二册，浙江古籍出版社 2007 年版，第 390 页。

　　④ 同上。

传曰:"如恶恶臭,如好好色。"言自中之好恶,一于善而不二于恶。一于善而不二于恶,正见意之有善而无恶。所谓"几者动之微,吉之先见者也",正指所存言也。如意为心之所发,将孰为所存者乎?如心为所存,意为所发,是所发先于所存,岂《大学》知本之旨乎?盖心无体,以意为体;意无体,以知为体;知无体,以物为体。物无用,以知为用;知无用,以意为用。工夫结在主意中,方为真工夫。如离却意根一步,亦更无格致可言。问:"意为心之所存,好善恶恶,非以所发言乎?"曰:"意之好恶,与念之好恶不同。意之好恶,一几而互见;念之好恶,两在而异情。以念为意,何啻千里!"①

结合刘宗周所言与黄宗羲的概括,可以从以下几个层次来理解刘宗周所讲"心之所存"之"意"。

首先,刘宗周借"如好好色,如恶恶臭"而解"意"为有善而无恶。在其解"自欺"时,他强调:"自之为言由也,非己也。欺之为言罔也,非伪也。"罔,即蒙蔽之意,所以,"不自欺"即"不由罔",即是"此心一于善而不二于恶,所好在此,所恶在彼,两在而一机"。"诚"之"意"即是"有善而无恶"之意。所以,"'如恶恶臭,如好好色',盖言独体之好恶也……既自好自恶,则好在善,即恶在不善;恶在不善,即好在善,故好恶虽两意而一几……然所好在此,所恶在彼,心体仍是一个。一者,诚也。意本一,故以诚还之,非意本有两,而吾以诚之者一之也"②。

其次,刘宗周解"意"为"心之所存",源自《易》中所讲"几者动之微,吉之先见者也"之意。刘宗周对此曾有言:

意为心之所存,则至静者莫如意。乃阳明子曰"有善有恶者意之动",何也?意无所为善恶,但好善恶恶而已。好恶者,此心最初之机,

① （清）:黄宗羲:《子刘子行状》,《刘宗周全集》第六册,浙江古籍出版社 2007 年版,第40—41 页。

② （明）刘宗周:《学言》,《刘宗周全集》第二册,浙江古籍出版社 2007 年版,第442—443 页。

惟微之体也。吾请折以孔子之言。《易》曰："几者，动之微，吉之先见者也。"谓"动之微"，则动而无动可知；谓"先见"，则不著于吉凶可知；谓"吉之先见"，则不沦于凶可知。曰："意非几也。"意非几也，独非几乎?①

按刘宗周的理解，意为心之所存，所以，意无善恶之分。意之最初之机，好善恶恶而已。这与《易》所讲"几"是一样的。"几者动之微"，即是本体之"未发""已发"之互动之状态，又言"吉之先见"，正指出其一于善而不二于恶。此即"意"之为"心之所存"之意。基于刘宗周对"意"的理解，刘宗周改王阳明的"四句教"为"有善有恶者心之动，好善恶恶者意之静，知善知恶者是良知，为善去恶者是物则"②。依刘宗周所改"四句教"，意之静为好善恶恶，即本于其解"几"为"吉之先见"之"几"。所以，"几"非已形"善恶"之机。对此，刘宗周讲：

濂溪曰"几善恶"，故阳明亦曰"有善有恶"。濂溪曰"动而未形，有无之间者几也"，阳明亦曰"意之动"。然两贤之言相似而实不同，盖先儒以有无之间言几，后儒以有而已形言几也。曰"善恶"，言有自善而之恶之势，后儒则平分善恶而已。③

濂溪曰"几善恶"，即继之曰："德，爱曰仁，宜曰义，理曰礼，通曰智，守曰信。"此所谓德几也，道心惟微也。几本善，而善中有恶，言仁义非出于中正，即是几之恶，不谓忍与仁对，乖与义分也。先儒解几善恶，多误。④

所以，"几"为自善而之恶之势，几本善，"意"即为至善无恶之

---

①　（明）刘宗周：《学言》，《刘宗周全集》第二册，浙江古籍出版社 2007 年版，第 390—391 页。

②　同上书，第 391 页。

③　同上书，第 445 页。

④　同上。

心之所存。那么，致知之工夫即要用于"意"之处，方为实在工夫，"盖心无体，以意为体；意无体，以知为体；知无体，以物为体。物无用，以知为用；知无用，以意为用。工夫结在主意中，方为真工夫。如离却意根一步，亦更无格致可言。"这样，刘宗周通过语言的"辨说"方式，将"心意知物"四者结合为一个有机互动的整体，而又强调工夫结在主意处，离意根而无格致可言，即是将"格致诚正"之功归于"诚意"一关，此正合其所讲"诚意为专义"之意。

最后，刘宗周对"意"与"念"做出区别。"意之好恶，一几而互见；念之好恶，两在而异情。"盖前儒解"意"为有善有恶，刘宗周统归此种解释是念而非意。对"念"字的含义，刘宗周讲：

心意知物是一路，不知此外何以又容一念字？今（二）心为念，盖心之余气也。余气也者，动气也，动而远乎天，故念起念灭，为厥心病。（新本下云："还为意病，为知病，为物病。"）故念有善恶，而物即与之为善恶，物本无善恶也；念有昏明，而知即与之为昏明，知本无昏明也；念有真妄，而意即与之为真妄，意本无真妄也；念有起灭，而心即与之为起灭，心本无起灭也。故圣人化念归心。（"归"新本作"还"，下云"要于主静。"）①

人生而静，天之性也。感于物而动，性之欲也。欲动情炽而念结焉。感有去来，念有起灭，起灭相寻，复自起自灭。人心出入存亡之机，实系于此。甚矣！念之为心祟也，如苗有莠。②

按刘宗周的解释，念为"心之余气"，为"欲动情炽"，所以念有起灭，有善恶分。而前儒又执着于念起念灭上用功，以至其工夫与本体无关。其实质即是将"意"认为"念"。他讲：

① （明）刘宗周：《学言》，《刘宗周全集》第二册，浙江古籍出版社 2007 年版，第 417 页。
② 同上书，第 417—418 页。

看《大学》不明，只为意字解错，非干格致事。汉疏八目先诚意，故文成本之曰："大学之道，诚意而已矣。"极是。乃他日解格致，则有"意在乎事亲"等语，是亦以念为意也。至未起念以前一段工夫坐之正心位下，故曰："无善无恶者心之体，有善有恶者意之动。"夫正心而既先诚意矣，今欲求无善无恶之体，而必先之于有善有恶之意而诚之，是即用以求体也。即用求体，将必欲诚其意者先修其身，欲修其身者先齐其家，又先之治国平天下，种种都该倒说也。此亦文成意中事，故曰："明明德以亲民，而亲民正所以明其明德。"至以之解《中庸》，亦曰："致中无工夫，工夫专在致和上。"夫文成之学以致良知为宗，而不言致中，专以念头起灭处求知善知恶之实地，无乃粗视良知乎？其云："大学之道，诚意而已矣；诚意之功，格物而已矣；格物之极，止至善而已矣，止至善之则，致良知而已矣。"此其供状也。看来果是《大学》本文否？[①]

王阳明解《大学》以"诚意而已矣"归宗，但王阳明所讲的"意"即是刘宗周所解的"有善有恶"之"念"。所以，王学工夫亦是用在"念"上，其结果是将《大学》之工夫倒置。而其又言"诚意之功，格物而已矣"，但其所讲"诚意"即是念起念灭之事，所以"致良知"（格致）之工夫亦流于已发端，而无落实之处。因此，刘宗周必要改"意"为"心之所存"，并强调"诚意"为专义，以此来说明《大学》工夫之落实处，亦合王阳明《大学古本序》之说，而对阳明既言"诚意而已矣"而又曰"诚意"在"致良知"之解，刘宗周批评道：

止言"必诚其意"以应首句，更不言"先致其知"，正以见诚意之为专义也，亦了义也。以为诚意之先，另有格致工夫，诚意之后，又有正心工夫，皆伪也。阳明子曰："大学之道，诚意而已矣。"而解"诚

---

① （明）刘宗周：《学言》，《刘宗周全集》第二册，浙江古籍出版社 2007 年版，第 422—423 页。

意"仍作第二义，以迁就其"致良知"之旨，无乃自相矛盾！①

　　按刘宗周的理解，王阳明既然已经讲"大学之道，诚意而已矣"，那么即是将"诚意"看作整部《大学》一贯之工夫之要，如前所述，刘宗周亦是同意此观点的。但是，阳明又要将诚意之要归为致良知，而把诚意作为致知之后之环节，这是王阳明思想中的矛盾处。刘宗周的做法，是将"诚意"单提作为专义，以突出其为《大学》之全功。在此章后按语中，刘宗周讲：

　　古本于"诚意"之后，即接"瞻彼淇澳"数节，而《石经》不然。朱子章句如《石经》例，从《古本》则以诚意摄知本知止之说，如阳明所谓"大学之道，诚意而已矣"是也。今先置一格致传，而后以诚意接之，则先后次第终不可紊。安见诚意之为专义乎？曰：大学之言明明德也，必学以明之，而以知止为入门，全是学问用工夫处，乃其要归之诚意而已。陶周望曰"就虚空中蹉实一步"是也。故不妨作两层说，其实只是一事。
　　《大学》以训学也。《大学》言格致，即《中庸》学问思辨之意。言学，则问、思、辨在其中，而笃行即在学、问、思、辨中，所以明明德也。阳明说学、问、思、辨、行五项最好，学已是行了。如学书则必把笔伸纸，学射则必操弓挟矢，不是学、问、思、辨后方行。诚意者，行之始也，即在学、问、思、辨时，即就格致中看出，非格致了方去诚意也。可见"格致、诚意"二而一、一而二。先后之者，毕竟学、问、思、辨应在笃行之先也。若劈头就说个诚意，则学问工夫一总无用处矣。又若格致后方去诚那意，则何人不讲解分明，却于坐下了无干涉，何故？然则读书穷理非乎？曰：读书一项，乃格致之资，专靠不得，亦废不得。②

---

　　① （明）刘宗周：《大学古文参疑》，《刘宗周全集》第一册，浙江古籍出版社2007年版，第614页。
　　② 同上书，第614—615页。

按刘宗周的解读，"诚意"与"格致"即为一事，即如"学问思辨行"之关系，所以，分说亦可，合说亦可。但刘宗周又强调，"先后之者，毕竟学、问、思、辨应在笃行之先也"，所以，格致与诚意虽合一，但格致为诚意下手处，否则专言"诚意"，工夫毕竟无落实处。刘宗周的这一解释方式，同于其对"知行"关系的看法，他讲："知行合一之说，不是知即是行，乃是知之至处即是行也。"① 所以，先"格致"而"意"即"诚"，格致落于主"意"中，此即谓"诚意"为专义。

此后各章，刘宗周分别以"释修身之先义""释齐家之先义""释治国之先义""释平天下之先义""释明明德于天下，以畅全经之旨"为章名。在这几章的按语中，刘宗周多次提及"正以见诚意之为专义"之意。在《学言》中，刘宗周总结道：

> 《大学》后五传，篇篇有好恶二字。诚意之好恶，其所存也；正心之好乐、忿懥、恐惧、忧患，指其所发者言也；至修身之亲爱、贱恶，则发而及于家者也；齐家之孝弟慈，其所令反其所好，则发而及于国者也；民好民恶，好人恶人，则发而及于天下者也。故君子必诚其意。②

此意正是强调"诚意"为专义，以"诚意"一统其他各条目。

与《大学古记》末章结以"申平天下在治国之义"不同，《大学古文参疑》以"释明明德于天下"结。刘宗周解释到："前章止言平天下在治其国，故通篇止言治国之道，而不及于平天下。今分出此章，方见明明德于天下之义，直是包裹八目，领会三纲，以完一部《大学》之教，断非后人之见所得而及也。"③ 按刘宗周的解释，此章可看作是对"平天下"这一条目内容的解释。如此来看，《大学古文参疑》的整体框架是以"三纲""八目"为统，而后各章以"八目"为序而分释之。

---

① （明）刘宗周：《学言》，《刘宗周全集》第二册，浙江古籍出版社 2007 年版，第 362 页。

② 同上书，第 454 页。

③ （明）刘宗周：《大学古文参疑》，《刘宗周全集》第一册，浙江古籍出版社 2007 年版，第 623 页。

而"八目"之要处，即在于"诚意"一关。

通过对《大学古记》及《大学古文参疑》两文本分析可知，一方面，刘宗周在通过《大学古文参疑》对文本顺序的调整后，使得其阐释的"格致"意更为"流畅"；另一方面，与《大学古记》归宗于"慎独"不同，刘宗周在《大学古本参疑》中将《大学》之全功归为"诚意"。从形式上来看，"诚意"不但是《大学》文本本身之具有之"条目"，并且能够合于王阳明所讲"大学之道，诚意而已矣"之意。而在注解文字的内容上，两书亦有多处细节之不同。虽如此，但综观两书及参考其《大学杂言》《学言》等书中关于《大学》释意的说辞，亦可见这样一清晰的解读思路：刘宗周解《大学》必要分章，并单列格物致知、诚意章，此显然是受朱子《大学章句》之影响；但又因"辨"阳明之学为圣学，虽分章而必单强调"诚意之义"，以合阳明所讲"《大学》之道，诚意而已矣"之意。这种结构设计及解读思路的原因，可见于黄宗羲《明儒学案·师说》王阳明守仁条中：

> 朱子之解《大学》也，先格致而后授之以诚意。先生之解《大学》也，即格致为诚意。其于工夫似有分合之不同。然详二先生所最吃紧处，皆不越慎独一关。则所谓因明至诚，以进于圣人之道，一也。故先生又有《朱子晚年定论》之说。夫《大学》之教，一先一后，阶级较然，而实无先后之可言。故八目总是一事。先生命世人豪，龙场一悟，得之天启，亦自谓从《五经》印证过来，其为廓然圣路无疑。①

由以上文字可知，按刘宗周的理解，朱子与阳明《大学》之争之不同，即在于格致与诚意二者的关系：朱子先格致而后诚意；阳明即格致为诚意。而详细研究二人之方法，尤其是《朱子晚年定论》中之朱

---

① （清）黄宗羲：《师说》，《明儒学案》（上），中华书局2008年版，第7页。此条《明儒学案》并未标注年代，姚明达在《刘宗周年谱》中言："据《明儒学案》卷首《师说》。《旧谱》《行状》《传》皆引而不全。"（姚明达：《刘宗周年谱》，《刘宗周全集》第6册，浙江古籍出版社2007年版，第308页）对照刘汋《年谱》天启七年条下文字，此段应为刘宗周50岁时所言。

子"晚年之学",其道为一也。对于朱、王二人格致差异问题之解决,即是刘宗周解释《大学》之出发点。刘宗周认为问题的要紧之处,即在于"慎独"一关。如前所述,在《大学古记》中,刘宗周完成了由"慎独"而一统《大学》各条目的解释方式,"慎独是学问第一义。言慎独,而身、心、意、知、家、国、天下一齐俱到,故在《大学》为格物下手处"①,以此对朱、王解《大学》之异给出其解决方式,正如其在《大学杂言》中答弟子问朱、王格物之说异同时所讲:"格致工夫原为诚正而设,诚正工夫即从格致而入,先后二字皆就一时看出,非有节候。"② 但刘宗周对《大学》之释意并未就此而止,而是进一步发展为以"诚意"为本。这里须思考的一问题是:刘宗周既以"慎独"统贯"八条目",已经对"格致""诚意"二者关系问题给出一完整解释,为何自五十九岁后又改以《大学》"诚意"论学,并把"慎独姑置第二义"?我认为,按《子刘子行状》记载,刘宗周于阳明之学凡三变,"始而疑,中而信,终而辨难不遗余力"③。王阳明《大学古本原序》中明言:"《大学》之要,诚意而已矣。"④ 而刘宗周却言:"《大学》之道,一言以蔽之,曰慎独而已矣。"所以,如何合《大学》之要于"意",便可看作刘宗周针对王阳明所解《大学》的"辨难不遗余力"之处。

如前所述,从《大学古记》及《大学古文参疑》的成文框架来看,刘宗周虽言"不分经、传,而首尾详略,部位森然,故不妨分章"⑤,而其分章的基本理论前提即是朱子所讲的"三纲领""八条目"。如其

---

① (明)刘宗周:《学言》,《刘宗周全集》第二册,浙江古籍出版社 2007 年版,第 396—397 页。

② (明)刘宗周:《大学杂言》,《刘宗周全集》第一册,浙江古籍出版社 2007 年版,第 656 页。

③ (清)黄宗羲:《子刘子行状》,《刘宗周全集》第六册,浙江古籍出版社 2007 年版,第 43 页。

④ (明)王阳明:《大学古本原序》,《王阳明全集》(下),上海古籍出版社 1992 年版,第 1197 页。

⑤ (明)刘宗周:《大学古文参疑》,《刘宗周全集》第一册,浙江古籍出版社 2007 年版,第 609 页。

注言："三纲以著《大学》之教，而八目以申三纲之意。"① 这是刘宗周理解《大学》的"不自觉"的理论前提。既有此理论前提，那么，刘宗周所思考王阳明之"诚意"即是作为与"格物""致知"处于同一范畴下的修养工夫概念。因此，对于王阳明《大学古本序》首句所讲"《大学》之要，诚意而已矣。诚意之功，格物而已矣。诚意之极，止至善而已矣"，刘宗周便有质疑："意者，心之所发，发则有善有恶，阳明之说有自来矣。② 抑善恶者意乎？好善恶恶者意乎？若果以好善恶恶者为意，则意之有善而无恶也明矣。然则诚意一关，其止至善之极则乎？"③ 以"诚意"为"八目"之一目，此质疑可谓"切中要害"，因为"意"为心之所发，则意必有善有恶，意既有善有恶，如何能够由诚意而止于至善？因此，刘宗周批判王阳明的"良知"说：

> 知善知恶，从有善有恶而言者也。因有善有恶而后知善知恶，是知为意奴也，良在何处？又反无善无恶而言者也，本无善无恶，而又知善知恶，是知为心祟也，良在何处？止因新建将意字认坏，故不得不进而求良于知，仍将知字认粗，故不得不进而求精于心，非《大学》之本旨明矣。④

可见，在刘宗周看来，阳明乃至前儒不能理解《大学》，其关键问题即在于没有理解"意"。刘宗周解"意"为心之所存，即为所存，则"意"有善无恶。对于刘宗周所讲"意"的解读，耿宁先生所用的"意能"这一术语是值得参考的，他讲："在刘宗周的术语中，'意'是处

---

① （明）刘宗周：《大学古文参疑》，《刘宗周全集》第一册，浙江古籍出版社 2007 年版，第 609 页。

② 《大学古本傍释》阳明注："心者身之主，意者心之发，知者意之体，物者意之用。"参见（明）王阳明《大学古本傍释》，《王阳明全集》（下），上海古籍出版社 1992 年版，第 1193 页。

③ （明）刘宗周：《学言》，《刘宗周全集》第二册，浙江古籍出版社 2007 年版，第 442 页。

④ （清）黄宗羲：《子刘子行状》，《刘宗周全集》第六册，浙江古籍出版社 2007 年版，第 43 页。

在心的'实体'的层面上……作为人心朝向善并同时背弃恶的根本志趣的'意能'具有极为丰富的内涵：它也包含孟子的德性之'四端'。"① 耿宁先生又引刘宗周《商疑十则·答史子复》第三质疑一文以说明此意："但鄙见则谓怵惕恻隐之心随感而见，非因感始有。当其未感之先，一团生意原是活泼泼地也，至三者之心，初然原不曾有，故三非切切指点，则亦已见意之有善而无恶矣。不幸而夹带三者之心，正因此心无主，不免转念相生，全坐不诚之病耳。此心无时而不有，是以谓之固有，亦无人不有，是以谓之皆有。有之以为心，正其有之以为意也。"②

以"未感之先""无时而不有""无人不有""人心朝向善"之"实体"层面"意能"解"意"，则诚意之极处便可谓"止至善"。再看王阳明《大学古本序》中"诚意之极，止至善而已矣"一句，似更为合理。其下一句"诚意之功，格物而已矣"之意，刘宗周亦有其解释：

致知在格物，格此而已，独者物之本，而慎独者格之始事也。③

致知为诚意而设，如《中庸》之明善为诚身而设也。盖惟知本，斯知诚意之为本而本之，本之斯止之矣。亦惟知止，斯知诚意之为止而止之，止之斯至之矣。即诚即致，故曰专义也……自好自恶，故自慊，非对众言也。此所谓毋自欺也，君子所以必慎其独也。④

大学言格致而未有正传，独于诚意章言慎独，明乎慎独即格致第一义。⑤

① ［瑞士］耿宁：《人生第一等事》，倪梁康译，商务印书馆 2014 年版，第 1100 页。

② 同上书，第 1102 页。原文载于《刘宗周全集》第二册，浙江古籍出版社 2007 年版，第 341—342 页。

③ （明）刘宗周：《大学古记约义》，《刘宗周全集》第一册，浙江古籍出版社 2007 年版，第 649 页。

④ （明）刘宗周：《大学古文参疑》，《刘宗周全集》第一册，浙江古籍出版社 2007 年版，第 613 页。

⑤ （明）刘宗周：《论学书·与钱生仲芳》，《刘宗周全集》第三册，浙江古籍出版社 2007 年版，第 323 页。

由此可见，刘宗周以"慎独"讲"格物"，而"慎独"又在诚意章下，所以诚意、慎独一而二、二而一，诚意即慎独。因此，他有对阳明解"诚意"之批判为"解诚意仍作第二义，以迁就其'致良知'之旨，无乃自相矛盾"① 之说。按刘宗周的理解，阳明讲"良知"为知，讲"致良知"为行，却不点明"致"之行于何处，也因此导致其后学空虚之偏。这是刘宗周改"致良知"而提"慎独""诚意"之原因。而"向上一机轻于指点"处，刘宗周亦将其"点出"，他讲：

独之言自也；慎者，敬德也。由敬入诚，伊、洛正脉也。②

"主敬"之学，发扬于程朱一派，刘宗周亦表彰朱子之学："敬之一字，自是千圣相传心法，至圣门只是个慎独而已。其后伊洛遂以为单提口诀，朱子承之，发挥更无余蕴。儒门榜样，于斯为至。后之学者，宜服膺而弗失也。"③ 所以，以"敬"为下手处，而自慎，即是孔门入圣之方。

至此，刘宗周解"意"为"心之所存"，又讲"慎独"为"格致"第一义。在《大学古文参疑》解"诚意"章言"此章首喝'诚意'而不言在致其知，以诚意为专义也"④，解"修身在正心"章言"止言修身在正其心，而更不言正心先诚其意者，正以见诚意之为专义也"⑤。从其逻辑结构上来看，不仅合于王阳明所讲"《大学》之要，诚意而已矣"之意，而且改"致良知"为"慎独"，以"主敬"点明工夫之下手处。在学理意义上，对程朱、陆王两派格物之说加以融合；在现实层面处，对当时王学后学"左派"泰州"参之以情识"、龙溪"荡之以玄

---

① （明）刘宗周：《大学古文参疑》，《刘宗周全集》第一册，浙江古籍出版社2007年版，第614页。

② 同上书，第613页。

③ （明）刘宗周：《圣学吃紧三关》，《刘宗周全集》第二册，浙江古籍出版社2007年版，第213页。

④ （明）刘宗周：《大学古文参疑》，《刘宗周全集》第一册，浙江古籍出版社2007年版，第613页。

⑤ 同上书，第615页。

虚"的空疏之病有补治之功。从这样的角度来看，称其为"王学殿军"是合情合理的。

但正如上章考察刘宗周对"慎独"本体的规定时所讲，其所谓"独字是虚位，从性体看来，则曰莫见莫显，是思虑未起，鬼神莫知也；从心体看来，则曰十目十手，是思虑既起，吾心独知时也"，"独之外，别无本体；慎独之外，别无工夫"，"隐微之地，是名曰独。其为何物乎？本无一物之中而物物具焉，此至善之所统会也"等语，不难看出其所讲"慎独"本体的"硬核化"，即流于依靠外在语言的知性分析过程来对本体与工夫作出区分。相比之下，王阳明的"致良知"思想则是一个"本体"自身之学。

如上章所讲，王阳明在《大学问》一文中，首先明确的是其"致良知"思想的第一前提。他讲："大人者，以天地万物为一体者也，其视天下犹一家，中国犹一人焉。若夫间形骸而分尔我者，小人矣。"①由此可知，在王阳明的思想体系中，整个宇宙全体的存在即是"一"，这个"一"发展中的任何一个环节，包含我们的知，我们的修行等，都是这一"一"本体的自我发生环节。在这样的前提下，王阳明所讲"致良知"是三个字构成的"一个概念"，亦是王阳明哲学发展的最高环节。钱穆先生曾讲："要研究王学的人，不要忘了他成学前的那一番经历。他说'立志'，说'诚意'，说'事上磨炼'，说'知行合一'，说'简易'，说'真切'，凡他说的一切，我们要把他自己成学前的种种经历来为它下注释。"②从阳明学术发展的历程来看：三十五岁时，其于贵州龙场"大悟格物致知之旨。'始知圣人之道，吾性自足，向之求理于事物者误也'"③；三十八岁"提学副使席书聘主贵阳书院"，④始论"知行合一"；至晚年成"致良知"之教，并于征思、田前借《大

①（明）王阳明：《大学问》，《王阳明全集》（下），上海古籍出版社1992年版，第968页。

② 钱穆：《阳明学述要》，中正书局1955年版，第41页。

③（明）王阳明：《王阳明年谱一》，《王阳明全集》（下），上海古籍出版社1992年版，第1228页。

④ 同上书，第1229页。

学问》示弟子。从这三个概念的逻辑环节来看，"良知"为（与"明德"本体最直接契合的）"天命之性，粹然至善，其灵昭不昧者，此其至善之发见，是乃明德之本体"①，是原始统一性的环节；但"良知"不是"知"，而是"知行合一"，讲"知行合一"即是其知性分析的环节；而"致良知"则是最终的自觉统一性环节。"致良知"本体不是个语言存在，它就是本体自我实现和完成的动态性中的结构性、结构性中的动态性的客观性过程。

所以，刘宗周的"慎独""诚意"思想达不到如王阳明"致良知"思想的圆融性。而从刘宗周释《大学》必分段分释"格致""诚意"两"条目"来看，其思想中已固有朱子解《大学》之"理"的先在性，所以其所理解"致良知"之意亦非阳明之本意。刘宗周以"诚意"解《大学》，是其在"误解"王阳明"致良知"思想的基础之上，以朱子《大学章句》框架为思维模式对阳明之解的改造，其实质并未突破朱子学的框架。所以，其解"诚意"亦只能在"知识性"的结构中整合其所理解的朱、王格物思想之主客指向上之不同。

---

① （明）王阳明：《大学问》，《王阳明全集》（下），上海古籍出版社1992年版，第969页。

余 论

刘宗周思想的历史定位

第一节 "思孟"及"陆王"的"有我"立场

在本书第四章论述王阳明"致良知"思想的逻辑结构时，我们曾以"有我"二字来概括王阳明本于孟子所讲的"尽心知性而知天"的哲学立场。"有我"的哲学立场是儒家哲学的重要特征，这一立场所面对的是"如何把握形而上学之知"的问题，其基本内容是：以人的真实存在境遇及生存发展的内在矛盾为基础而"反思"对"道""理"的认识，并安放于日用伦常之中对其进行把握。这一立场在"思孟学派"及"陆王心学"（包括阳明后学）中有充分的体现。本节试以时间发展维度对自孔子以降儒家心性哲学中的这一哲学立场进行概述，并对前文所涉及有关于这一问题的内容加以集中阐释。

在一般意义上，我们讲孔子所创立的儒家思想的核心是"仁"。但在整部《论语》中，却无法找到孔子关于何谓"仁"的具体规定。在孔子处，"仁"是要在"孝""悌""慈"的具体事情中来把握的。[①] 如在《为政》篇中所记弟子问"孝"一事：

> 孟懿子问孝……子曰："生，事之以礼；死，丧之以礼，祭之

[①] 这些具体的"行为"可以统一规定为"礼"。对"礼""仁"之关系，笔者赞同芬格莱特在《孔子——即凡而圣》第一章"如同神圣礼仪一般的人类社群"中所持的观点。详见 [美] 芬格莱特《孔子——即凡而圣》，彭国翔译，江苏人民出版社 2002 年版，第 1—16 页。

以礼。"

孟武伯问孝。子曰："父母唯其疾之忧。"

子游问孝。子曰："今之孝者，是谓能养。至于犬马，皆能有养；不敬，何以别乎?"

子夏问孝。子曰："色难。有事，弟子服其劳；有酒食，先生馔。曾是以为孝乎。"①

孔子对于"孝"一事之问，其针对不同人的回答大不相同。对于这一问题，程子解释到："告懿子，告众人者也。告武伯者，以其人多可忧之事。子游能养而或失于敬，子夏能直义而或少温润之色。各因其材之高下，与其所失而告之，故不同也。"②"与其所失之不同"而能够分别予以解释，正体现出在孔子处，时刻是将人所生存的真实"境遇"作为思考问题的最真实的出发点，并落实于人的生存世界中。所以，当其弟子欲抽象的对于"性"概念提问时，孔子只言"性相近，习相远"。这种不对于"性"概念的直接言说，正看出孔子对于用外在语言规定存在的异化性的警惕，其弟子子贡了解孔子的意图，才有言："夫子之言性与天道不可得而闻。"章学诚在《文史通义》中进一步解读到："子贡曰：'夫子之文章，可得而闻也；夫子之言性与天道，不可得而闻也。'盖夫子所言，无非性与天道，而未尝表而注之曰此性、此天道也。故不曰性与天道不可得而闻，而曰言性与天道不可得而闻也。而不晓着此性与天道者，人舍器而求道也。"③ 所以，"性""天道"可知，但不可以"言"代"天道"，对于天道的认识与把握要落在实实在在的"形而下"之"器"中。

孔子的这一思想"内涵"被"思孟学派"一系所继承，并分别于本体与现实的层面予以发挥。《中庸》是对儒家形而上学思想的阐释；《大学》则是对儒家政治学理论的总结。二者互为表里，其本质上所体现的

① 以上皆见《论语·为政》。
② （宋）朱熹：《论语集注》，《四书章句集注》，中华书局1983年版，第56页。
③ （清）章学诚：《文史通义校注》，中华书局2004年版，第139页。

都是儒家哲学中的"有我"立场。此处仅以《中庸》为例予以说明。

《中庸》首言"天命之谓性，率性之谓道，修道之谓教"，这是在天人统一性关系的基础之上，将"天""性""道""教"四者的关系加以规定。按戴震《绪言》所讲："古人言辞之谓、谓之有异。凡曰之谓，以上所称解下，如《中庸》天命之谓性，率性之谓道，修道之谓教，此为性、道、教言之。"① 所以，《中庸》首句是以"天命"规定"性"，又以"性"规定"道"，"道"进而规定"教"，三者最基本的落脚点在于"性"上。同时，我们也可以看到，《中庸》以"天命"规定"性"，将天之道德规律称为"性"，仍然是落于在抽象的环节中来规定"性"，而若要对"性"进行把握，则需要落实到具体性的环节中。所以，《中庸》接下来讲："喜怒哀乐之未发谓之中，发而皆中节谓之和。中也者，天下之大本也。和也者，天下之达道也。致中和，天地位焉，万物育焉。"

《中庸》作者以未发之情作为"中"，发而皆中节之情作为"和"为出发点所确立的"中和"本体，是一种站在"有我"之生命反思立场上对本体之知的把握。首先，《中庸》作者讲"中"为"天下之大本"，是将"中"规定为万事万物存在的客观实在性根据。但这个客观实在性的本体之知，并不能直接被规定与把握，因为它并不是对象性的存在。所以，对于这样一个非对象性之知的把握，就要落实于"中介"中。对于这样的一个"中介"，有两点要求：第一，它要保证与"喜怒哀乐之未发"之"大本"的直接关联性；第二，它要落实于人的自意识之中。而能够满足这样两个条件的"中介物"，便只能是"未发"的情感状态。所以，通过"未发"之情感"机能"而达到"已发"之"发而皆中节"，是达到对"人性之知"最真实直接性理解的唯一途径。② 那么，在具体情感之层面，又如何保证已发之情之发能够"中

① （清）戴震：《绪言》，《戴震集》，上海古籍出版社 2009 年版，第 352 页。
② 这里注意，我们强调对于作为本体之"中"需要通过"中介"来把握，是针对将"喜怒哀乐之未发谓之中"直接规定为"本体"的观点而言的，欲强调一种置于人类生命存在真实性状态之"反思"下的对"如何把握中"之问题的前提性追问。所以，以"中介"为言说，亦是一种分析性的表述方式。而人实际的情感表达只是一个"直观"的状态。

节"呢？这一问题正是孟子继承《中庸》作者并进一步发挥之处。

孟子继承并深化了孔子以及《学》《庸》中关于"如何把握人性之知"问题的思考，提出了把握人性之知的两条原则：第一，人禽之辨的原则，他讲："人之所以异于禽兽者几希，庶民去之，君子存之。舜明于庶物，察于人伦，由仁义行，非行仁义也"①；第二，性命统一的辩证原则，他讲："口之于味也，目之于色也，耳之于声也，鼻之于臭也，四肢之于安佚也，性也，有命焉，君子不谓性也。仁之于父子也，义之于君臣也，礼之于宾主也，知之于贤者也，圣人之于天道也，命也，有性焉，君子不谓命也。"② 通过第一条原则确立的是人性之与其他动物性相区别的区别性原则，也是对于"无善无恶"的人性观的否定；第二条原则则是确立了如何把握人性特殊性的方法论原则，即是要在自然性与社会性的相互关系中来达到对于人性之知的理解。这里，孟子将"饥欲食，渴欲饮"的自然性称为"性"，将社会伦理中的礼仪规定称为"命"，而人性之所以不同于完全自然性的动物性之特殊性，即在于人有既要立足于自然属性又要立足于社会伦理属性的双重要求。所以，"性""命"关系是辩证统一的，在这种统一性的辩证关系中来把握的"性"才是对人性之知的合理性把握。

在这样的确立了把握人性之知的原则的基础之上，孟子根据人性之知所从出的本真在自然状态下所体现出的人性之表现的确定性以及其时代所面对的学理问题，提出了性善论。由此可见，性善论并不是孟子对于人性之知的直接规定，亦不能作为其关于人性之知理解的核心。按孟子所处之时，正是诸家并其之时，其中以儒墨两家为当时两大显学。③墨子以"兼爱"立宗，言爱无差等，孟子则直批为："无父无君，是禽兽也。"这里需要注意的是，孟子此言并非是对墨子的谩骂，而是对其立论的价值判断。按传统儒家以及孟子的观念来理解，人伦之亲乃是人之与禽兽相区别的基本性原则，而墨子之法则以失掉人伦的人性的根本

---

① 《孟子·离娄下》。
② 《孟子·尽心下》。
③ 如《韩非子·显学》中讲："世之显学，儒、墨也。"

性来定义人性，是在人心本真状态上所加之"伪"。

但是，这种"伪"与"真"之呈现，在现实生活中又是难以以外在的形式加以区别的。所以，《中庸》讲："君子中庸，小人反中庸。君子之中庸也，君子而时中。小人之中庸也，小人而无忌惮也。"在现实生活中人所呈现出的状态，都是一种流行于"喜怒哀乐之情之已发"的状态，而内在是以"时中"或"无忌惮"为持守，才是君子与小人之真正分别。到孟子，对于这种不可直接言说之区别，孟子只能以"几希"称之，并以具体事情为例，要人从此入而体会之。如其所讲"乍见"：

> 人皆有不忍人之心。先王有不忍人之心，斯有不忍人之政矣。以不忍人之心，行不忍人之政，治天下可运之掌上。所以谓人皆有不忍人之心者，今人乍见孺子将入于井，皆有怵惕恻隐之心——非所以内交于孺子之父母也，非所以要誉于乡党朋友也，非恶其声而然也。由是观之，无恻隐之心，非人也；无羞恶之心，非人也；无辞让之心，非人也；无是非之心，非人也。恻隐之心，仁之端也；羞恶之心，义之端也；辞让之心，礼之端也；是非之心，智之端也。人之有是四端也，犹其有四体也。有是四端而自谓不能者，自贼者也；谓其君不能者，贼其君者也。凡有四端于我者，知皆扩而充之矣，若火之始然，泉之始达。苟能充之，足以保四海；苟不充之，不足以事父母。①

由上所讲，童子入井之事之既占有时间性又不占有时间长度的一刻，是人心无加于思考的真实性存在的"瞬间"，而这一刻所能够体现出的人的情感反应正如《中庸》所讲"喜怒哀乐"的"发而皆中节谓之和"处，是人情感状态最本真的体现。所以，这一刻的感情是无加于考虑"内交于孺子之父母""要誉于乡党朋友也""恶其声而然也"的状态，当加以考虑上述事情之时便已落入"乍见"之后之情感。孟子将这一"乍见"所体现出的人的真实情感称作"恻隐之心"，为"仁之

---

① 《孟子·公孙丑上》。

端"而非谓之"仁",只有能够依此"心"而扩充于日常所行之中,才可谓之"仁义礼智"之"德之行"。

先秦儒家自孔子至"思孟学派"一系,始终是落实于"有我"的生存世界中来对本体之知进行把握的。但这一传统,到汉代时便被夹以"神学性"而改造,进而魏晋谈玄之风起而渐失其传。此外,儒家之学之地位又由于佛教传入而遂显式微。直到唐代韩愈提出"道统论"之时,才是对于回归儒家传统的再次召唤。韩愈《原道》中讲:

> 博爱之谓仁,行而宜之之谓义,由是而之焉之谓道,足乎己而无待于外之谓德。仁与义为定名,道与德为虚位。故道有君子小人,而德有凶有吉。老子之小仁义,非毁之也,其见者小也。坐井而观天,曰天小者,非天小也。彼以煦煦为仁,孑孑为义,其小之也则宜。其所谓道,道其所道,非吾所谓道也。其所谓德,德其所德,非吾所谓德也。凡吾所谓道德云者,合仁与义言之也,天下之公言也。老子之所谓道德云者,去仁与义言之也,一人之私言也。①

在上段文字中,韩愈区分了儒道两家在"形而上"层面的不同:道家所讲仁义乃是私人之仁义;而儒家所讲之仁义则是天下之公言。所谓"天下之公言",即是能依"博爱""行而宜之"之"仁义"而行,此为大人之"道",而得于人者则为大人之"德"。所以,儒道两家都讲"道"、讲"德",但是否能够依"本心"之"仁义"而行则是两家所讲"道""德"之区别所在,"仁与义为定名,道与德为虚位"一语恰其所指。在此基础之上,韩愈阐明能以"仁义"行之"道统",即是"尧以是传之舜,舜以是传之禹,禹以是传之汤,汤以是传之文、武、周公,文、武、周公传之孔子,孔子传之孟轲"之学,而"荀与扬也,择焉而不精,语焉而不详"②。

韩愈提出的"道统论",在文化意义上针对的正是佛老对社会的影

---

① (唐)韩愈:《韩昌黎文集校注》,中国书店 1991 年版,第 13—14 页。
② 同上书,第 18 页。

响、对儒学的挑战以及经学学者反应的无力。在学理意义上则规定了宋明理学发展的可能性形态。而后"程朱"与"陆王"二系对于"道统"问题的不同角度理解，则体现出儒家文化形态内部"文化"派与"心理"派①的内在关系。

以小程子、朱熹为代表的文化派讲"性，即理也"，是在文化意义上对"道"的直接规定，其所回答的是"道是什么"的问题。但若只有对"道是什么"问题的直接规定，则会带来以语言形式代替道本身的异化性的潜在危险，使学问走向以先在之"理"规定真实存在的"先知后行"的"知行"二分，而成为仅以言指导行的说教之学。与朱熹同时代的陆九渊已发现此问题，他在《格矫斋说》中便有言：

> 学者孰不曰"我将求至理"，顾未知其所知果至与否耳。所当辨、所当察者，此也。②

陆九渊此句所要追问的是把握"理"之确定性的前提问题，是对"如何把握道"这一问题的提问。对于这一问题的回答，陆九渊直接继承于"思孟"，以"发明本心"为本，将学问落实于人之生命存在的现实中。这种以"心"统"理"的方式，应是把握形上之知的合理性方式。所以，当朱熹告弟子要见取两家之长时，陆九渊便讲："朱元晦欲去两短，合两长，然吾以为不可。既不知尊德性，焉有所谓道问学。"③

至明代王阳明提出"致良知"，是接陆九渊而对"如何把握道"这一问题的更为详细和完善的回答，实乃儒家"有我"智慧之集大成。在《大学问》中，他借弟子问《大学》首章之意而发明其学问宗旨。

---

① 此处所用"心理""文化"二词，参见张连良先生的解释："心理"所标志的是人的内在精神世界。由于这里的心理是在文化制约下的人的精神世界的现实性，所以，它是先天心理机能与后天意识内容的统一；而这里所说的文化则是人的所有感性存在的标志。由于这里的文化是在人的心理作用之下的人的感性存在的方面，所以它本质上不是僵死的物化存在或冥顽不化的僵死硬核，而是一个"成己成物"的生生过程。（张连良：《中国哲学的内在逻辑与中国哲学的诠释》，《长白学刊》2008 年第 5 期。）

② （宋）陆九渊：《格矫斋说》，《陆九渊集》，中华书局 1980 年版，第 253 页。

③ （宋）陆九渊：《年谱》，《陆九渊集》，中华书局 1980 年版，第 494 页。

虚位之体

弟子（钱德洪）首问"大人之学何以在于明明德"，阳明答：

> 大人者，以天地万物为一体者也。其视天下犹一家，中国犹一人焉。若夫间形骸而分尔我者，小人矣。大人之能以天地万物为一体也，非意之也，其心之仁本若是，其与天地万物而为一也，岂惟大人，虽小人之心亦莫不然，彼顾自小之耳。是故见孺子之入井，而必有怵惕恻隐之心焉，是其仁之与孺子而为一体也……是其一体之仁也，虽小人之心亦必有之。是乃根于天命之性，而自然灵昭不昧者也，是故谓之"明德"。小人之心既已分隔隘陋矣，而其一体之仁犹能不昧若此者，是其未动于欲，而未蔽于私之时也。及其动于欲，蔽于私，而利害相攻，忿怒相激，则将戕物圮类，无所不为。其甚至有骨肉相残者，而一体之仁亡矣。是故苟无私欲之蔽，则虽小人之心，而其一体之仁犹大人也；一有私欲之蔽，则虽大人之心，而其分隔隘陋犹小人矣。故夫为大人之学者，亦惟去其私欲之蔽，以自明其明德，复其天地万物一体之本然而已耳。非能于本体之外，而有所增益之也。①

阳明首先区分了大人与小人之别，"以天地万物为一体"之人者为大人，"分尔分我者"为小人，而能为"大人"者，实乃本于"心"。这样的设定并不是一种主观的设定，而是一种客观的设定，如孔子所讲："己欲立而立人，己欲达而达人。""己立""己达"所从出之点在于"己"，但是这种"己立""己达"又是在一种"立人""达人"的"人人"关系中确立的，所以其落脚之点在于人的真实存在中。所以，接下来王阳明言人与孺子，人与鸟兽、瓦石等之心同然，亦是强调"心"之客观性根据。但这种客观性根据又不是知识性的预设，所以阳明讲："根于天命之性，而自然灵昭不昧者也，是故谓之'明德'。"而这种自然而然的"心"之人人生而具有的实在性，为何在现实表现中却有"大人""小人"之分？王阳明的回答指出这一问题的关键，即

① （明）王阳明：《大学问》，《王阳明全集》（下），上海古籍出版社1992年版，第968页。

"彼顾自小之耳"。

接下来，其弟子问："然则何以在'亲民'乎？"王阳明答：

> 明明德者，立其天地万物一体之体也；亲民者，达其天地万物一体之用也。故明明德必在于亲民，而亲民乃所以明其明德也。是故亲吾之父，以及人之父，以及天下人之父，而后吾之仁实与吾之父、人之父与天下人之父而为一体矣。实与之为一体，而后孝之明德始明矣……①

以"明德"为"体"，以"亲民"为"用"，而讲明明德"必"在亲民，所强调的是以"亲民"明"明德"的认识过程的合理性及唯一性，亦即是"知行合一"的知性分析环节。接下来，在此学理意义上阐述"知""行"关系之后，王阳明借答"乌在其为'止至善'"，将"致良知"之宗落于现实的生命活动中。他讲：

> 至善者，明德、亲民之极则也。天命之性，粹然至善，其灵昭不昧者，此其至善之发见，是乃明德之本体，而即所谓良知也。至善之发见，是而是焉，非而非焉，轻重厚薄，随感随应，变动不居，而亦莫不自有天然之中，是乃民彝物则之极，而不容少有议拟增损于其间也。少有拟议增损于其间，则是私意小智，而非至善之谓矣。②

由此可见，王阳明所讲的这样一个在"是而是焉，非而非焉，轻重厚薄，随感随应，变动不居，而亦莫不自有天然之中"的过程中完成的"致良知"之教之所本之前提，正是人性所本有的初本状态。此人行第一前提的"人性初本状态"，王阳明于龙场一悟而得出，"格物致知"之理吾性自足，后"称"其为"良知"；而后阳明又立"知行合一"之言，所反对的是分"知"与"行"为二之论；晚年专提"致良知"，又

---

① （明）王阳明：《大学问》，《王阳明全集》（下），上海古籍出版社 1992 年版，第 968—969 页。

② 同上书，第 969 页。

是针对静坐之空疏之病。① 实际上都是"因事而作"之法，实非立言之教。王阳明所讲"致良知"，其实质是要人从本性出发，将学问与为人落于实实在在的生活境遇之中。"致良知"实乃其对人之"教法"，但是王阳明大多数弟子对"致良知"之理解却是要解释清"致良知"之说，而陷入"墨守师说"的境地中。按黄宗羲《明儒学案》所分王门后学为八派，② 而其盛行实为"浙中""泰州"以及"江右"三系。

"浙中王门"以王畿、钱绪山为代表，二人思想之异，早在王阳明在世时便有所体现，最集中表现即是"天泉证道"一事。其论辩实质乃是认王阳明"四句教"教法为其学问本质，割裂了与其生命历程的本质联系，而成为"本体"与"工夫"二者外在形式上的争论，所以王畿"四无"之说必然走向以主观之"知"代替"本体"的"空寂"之学；"泰州学派"自王艮讲"淮南格物"而以"安身立本"，是将由己"心"所发之外在日用平常直接等同于"致良知"本体。二派实质上都是将"良知"引向了个人的主观性，刘宗周在《证学杂解》中即批评两派道："今天下争言良知矣，及其弊也，猖狂者参之以情识，而一是皆良；超洁者荡之以玄虚，而夷良于贼。"③"江右王门"诸儒"良知"讲法不同，邹守益强调"敬"为良知之精明而不杂以尘俗，欧阳德言良知为"天理之灵明"，聂双江讲"良知本寂"等。江右诸儒虽与王畿论辩，欲补救"良知""空寂"之偏，但其实质都是将"良知"看成一客观实体性存在，亦是在外在语言层面描述"良知"，非王阳明"致良知"之学乃至儒家心性哲学之本旨。

---

① 黄宗羲评欧阳德时有言："盖致良知宗旨，阳明发于晚年，未及与学者深究。然观《传习录》云：'吾昔居滁，见诸生多务知解，无益于得，姑教之静坐，一时窥见光景，颇收近效。久之渐有喜静厌动，流入枯槁之病，故迩来只说致良知。良知明白，随你去静处体悟也好，随你去事上磨炼也好，良知本体原是无动无静的，此便是学问头脑。'其大意亦可见矣。"为此讲一证。参见（清）黄宗羲：《江右王门学案二》，《明儒学案》（上），中华书局2008年版，第359页。

② 黄宗羲《明儒学案》中，浙中、江右、南中、楚中、北方、粤闽六个学案标有"王门"二字，而于"泰州""止修"二学案并无"王门"二字，学者多有所争议。笔者比较赞同于将"泰州""止修"归为"王门"后学，除师承关系外，还有学理上的继承。

③ （明）刘宗周：《证学杂解》，《刘宗周全集》第二册，浙江古籍出版社2007年版，第278页。

而纵观王门后学诸派，反而是不讲"良知"而强调"修身为本"之李见罗之学，是对"致良知"及儒家哲学"有我"立场实质的把握。按《明儒学案》所记："先生（李见罗）初学于邹文庄，学致良知之学。已稍变其说，谓'致知者，致其知体。良知者，发而不加其本体之知，非知体也。'"① 由此可见，李见罗之所以不从学于邹守益，正是因为发现其所讲"良知"非是本体自然之良知，而这一问题亦是当时阳明后学诸儒谈"良知"之通病。针对这一问题，李见罗讲：

僭谓学急明宗，不在辨体。宗者何？则旨意之所归宿者是也。从古论学，必以格致为先，即阳明天启聪明，亦只以致知为奥。《大学》之旨意归宿，果在知乎？止于至善，恐不可以知名之也。不可以知名善，则止之主意，不以知为归宿也决矣。故曰："知止而后有定。"盖是要将知归于止，不是直以止归于知，此宗之辨也。此摄知归止，鄙人之所以敢力提撕也。②

在这段话中，李见罗首先指出其"归止"之学所面对的时代问题，即"学急明宗，不在辨体"。所谓"体"，指的是阳明后学所论辩之"良知"本体，即上文所讲阳明后学所纠结于"如何规定良知"之辨；而"宗"，则是王阳明学术之主旨，即其讲学立言所从出之哲学立场。接下来，李见罗借言《大学》"止至善"而强调"不以知为归宿"，致知应归于"止至善"。"至善"在李见罗处，即是阳明所讲自然而然，随感随应之"良知"，李见罗在《道性善编》中讲："只怕人不信得性善，无地归宗，故又以知能之良者表之。"③ 所以其讲"止修"，实乃针对"王学后学左派"空疏之病，而要将工夫落实于实实在在的修养中，"今天下之士，已无不知学之必求诸其心也，而其所缺者，正惟在于不知身之为本也"，④"止于至善、修身为本虽成两句话头，然却只是一个

---

① （清）黄宗羲：《止修学案》，《明儒学案》（上），中华书局 2008 年版，第 667 页。
② 同上书，第 683 页。
③ （明）李材：《道性善编》，《见罗先生书》卷二，万历李复阳刻本。
④ （明）李材：《大学古义》，《见罗先生书》卷一，万历李复阳刻本。

消息，鄙所谓'知修身为本而止之'是也"①，本于至善而知止之，并落实于现实的"修身为本"工夫中，正见"止修"思想对儒家哲学"有我"立场的阐述。

在现实文化层面，李见罗提"止修"而不讲"良知"，被大多当时乃至后之"墨守师说"之王学弟子视为"另类"，而对阳明心学发展之影响甚微。实现在文化上"改造"王学的是刘宗周。刘宗周学术思想以"慎独"为宗，其弟子黄宗羲在《明儒学案·蕺山学案》中概括其师思想时讲：

> 先生之学，以慎独为宗，儒者人人言慎独，唯先生始得其真。盈天地间皆气也，其在人心，一气之流行，诚通诚复，自然分为喜怒哀乐，仁义礼智之名，因此而起者也。不待安排品节，自能不过其则，即中和也。此生而有之，人人如是，所以谓之性善，即不无过不及之差，而性体原自周流，不害其为中和之德。学者但证得性体分明，而以时保之，即是慎矣。慎之工夫，只在主宰上，觉有主，是曰意，离意根一步，便是妄，便非独矣。故愈收敛，是愈推致，然主宰亦非有一处停顿，即在此流行之中，故曰"逝者如斯夫！不舍昼夜"。盖离气无所为理，离心无所为性。②

按黄宗羲所讲，刘宗周所讲"慎独"不同于前之儒者只以修养工夫讲"慎独"之说，而是以"独"为本体，"独"之中"一气之流行，诚通诚复，自然分为喜怒哀乐，仁义礼智之名"，且"不待安排品节，自能不过其则，即中和也。此生而有之，人人如是，所以谓之性善"。而独之工夫，即是"慎"，"慎之工夫，只在主宰上，觉有主，是曰意，离意根一步，便是妄，便非独矣"。所以，慎独即本体即工夫，即知即行，即"致良知"。刘宗周"慎独"思想在文化上达到了对于阳明后学左派"空疏"之病的救治，其"慎独"之学在本质上是对王阳明致良

---

① （明）李材：《书问》，《见罗先生书》卷七，万历李复阳刻本。
② （清）黄宗羲：《蕺山学案》，《明儒学案》（下），中华书局2008年版，第1514页。

知思想内在逻辑结构的阐释。但刘宗周对王阳明"致良知"思想的阐释，亦只是停留在外在文化形式上以语言逻辑为方法的阐释，并没有达到"致良知"思想的"生命"存在性。刘宗周以"语言逻辑"为思路对王阳明"致良知"思想内在精神义理的阐发，同时也意味着中国古代哲学史中"体察"之途哲学立场的"终结"，而转入以外在"文化"构建为导向的治学模式。从这个意义上讲，所谓明清之际之"学术转型"，当不晚于刘宗周。①

第二节　刘宗周思想的学派属性

关于刘宗周思想的学派属性，是学术界争议比较大的一个问题。这种争议主要是因为，我们以既成通用的以"心""理""气"三派②作为划分宋明理学时期的各思想家的学派属性时，对刘宗周思想所产生的定位困难问题。按"心、理、气"三派对于宋明理学学派之划分，其在思维本质上所"规定"出之前提：宋明理学家在思考形而上学问题时，或以"心"作为本体，或以"理"作为本体，抑或以"气"作为本体。以此标准来评判刘宗周思想的学派属性时，较大部分学者认其为心学一系之学者，因其所讲"慎独"思想乃是对于王阳明所在"心"学一派思想之改造，所以刘宗周应属于"心"学一派思想内部之思想家。除此之外，还有一部分学者认为刘宗周是气本论哲学家，认为他的"气学"思想有对张载的继承，并且刘宗周是以"气"而一统心、性，这样使得儒家思想既保持了价值上的品格，又立于坚实的物质继承之上。刘宗周的思想也开启了清代学术以气为本原的格局走向。还有学者以其早年师从许孚远而学"主敬"之学，而认为其早年属于"理"学

---

① 此观点之得出，是在"刘宗周与明清之际儒学——纪念刘宗周诞辰 440 周年学术研讨会"上受何俊先生之指点。在此对何先生表示感谢。

② 此处仅以学术界比较通行的方式来说明关于宋明理学学派之划分，除此之外，比较常见的还有以"理学""心学"二分之模式以及"心学""理学""气学""数学"等划分方式，在此不一一列举。

派之观点，晚年因"辨难"阳明之学而转向"心"学一脉。

从以上不同观点可以看出，在对刘宗周之学派属性的判词中，其所共同承认的前提是：宋明理学家在面对形而上学问题时，在其思维前提中，是有一种对于"本体"为"理""气"或是"心"的那样一种认可。即是认定"理""气"或"心"是作为一种具有客观指向性的"本体"概念。但同时我们也发现，在以这样的模式下来规定刘宗周所"认可"的本体概念时，是存在解释上的矛盾的。

例如，依刘宗周所讲：

> 理，一也。主于心为性，生于性为情，达于情为才，亶于初为命，体于性命谓之天。故曰："诚者，天之道也。"惟天无外，人得之以为人，物得之以为物，天得之以为天，地得之以为地。尽则俱尽，亏则俱亏，不由乎我，更由乎谁？是为性宗，是为人造。①

在这段话中，刘宗周所言"理"为"一"，理"主于心为性，生于性为情，达于情为才，亶于初为命，体于性命谓之天"。讲"理"为一，理统性、情、才、命、天，分明是以"理"为本体。但刘宗周也讲：

> 盈天地间一气也。气即理也，天得之以为天，地得之以为地，人物得之以为人物，一也。②

此似又言"气"为"本体"。那么，这里的矛盾应该怎么解释？我认为，依照第四章所讲对于中国哲学本体观念特征的考察，中国哲学的本体观念的特征是一"虚位"概念，那么也就意味着，作为"本体"概念的"理""气""心"都不是具有实指的具有"客观""具体"性

---

① （明）刘宗周：《学言》，《刘宗周全集》第 2 册，浙江古籍出版社 2007 年版，第 463—464 页。

② 同上书，第 408 页。

之概念。所以，以"理"言"本体"，"气"言"本体"，其背后所指称的都是那样一个具有"三位一体"性规定性的有机结构性的"理道"系统。而这样的"理道"系统在宋明理学家处，即表现为"心""理""气"的"三位一体"性。所以，在宋明理学家处，无论是被标榜为"理学家"的程朱派、标榜为"心学派"的陆王还是标榜为"气学派"的张载，其思想构成中都是这样一个"心""理""气"的"三位一体"的整体结构性。如，我们以"心"规定王阳明所开学派属性，但王阳明亦讲"理"，《传习录》中记：

> 问："大人与物同体，如何《大学》又说个厚薄？"先生曰："惟是道理，自有厚薄。比如身是一体，把手足捍头目，岂是偏要薄手足，其道理合如此。禽兽与草木同是爱的，把草木去养禽兽，又忍得。人与禽兽同是爱的，宰禽兽以养亲，与供祭祀，燕宾客，心又忍得。至亲与路人同是爱的，如箪食豆羹，得则生，不得则死，不能两全，宁救至亲，不救路人，心又忍得。这是道理合该如此。及至吾身与至亲，更不得分别彼此厚薄。盖以仁民爱物，皆从此出；此处可忍，更无所不忍矣。《大学》所谓厚薄，是良知上自然的条理，不可逾越，此便谓之义；顺这个条理，便谓之礼；知此条理，便谓之智；终始是这条理，便谓之信。"①

按阳明所讲，"道理"自有"厚薄"，此即"良知"上"自然的条理"。"自然的条理"，即是知爱知亲，朱子所讲之"理"亦是此。又如，阳明讲"气"：

> 朱本思问："人有虚灵，方有良知。若草木瓦石之类，亦有良知否？"先生曰："人的良知，就是草木瓦石的良知，若草木瓦石无人的良知，不可以为草木瓦石矣。岂惟草木瓦石为然，天地无人的良知，亦

---

① （明）王阳明：《传习录》，《王阳明全集》（上），上海古籍出版社1992年版，第108页。

不可为天地矣。盖天地万物与人原是一体，其发窍之最精处，是人心一点灵明。风、雨、露、雷、日、月、星、辰、禽、兽、草、木、山、川、土、石，与人原只一体。故五谷禽兽之类，皆可以养人；药石之类，皆可以疗疾。只为同此一气，故能相通耳。"①

人之"良知"与"草木瓦石"之"良知"同，与"风雨露雷"同，其原因只是同此一气而已。由此可见，即使是被明确标榜为"心"学派的王阳明处，亦是在这样一种"心""理""气"三者统一的结构性中来阐释的。

那么，当我们这样言说中国哲学本体概念的特征时，是否就意味着混淆了"理学派""气学派"及"心学派"的区别？或讲，我们应该如何区别"理学派""心学派"与"气学派"？结合上节所讲"思孟"与"陆王"的"有我"哲学立场，此处以程朱与陆王之间关于"为学之方"之区别为例，对"理学派"与"心学派"之不同予以说明。

如前所讲，即使在被标榜为"心"学派的王阳明处，也在其教法中不断提及"理"这一概念。或宁讲，从广义的"宋明理学"或"道学"定义来看，整个宋明时期思想家所关注的最终问题都是形上之"理"②的问题。程朱和陆王则是分别在不同的哲学问题维度对"理"之问题进行了探索。

以朱子《中庸章句》为例。首句"天命之谓性，率性之谓道，修道之谓教"，朱熹注言：

命，犹令也。性，即理也。天以阴阳五行化生万物，气以成形，而

---

① （明）王阳明：《传习录》，《王阳明全集》（上），上海古籍出版社 1992 年版，第 107 页。

② 严格意义上讲，在宋明理学家中，张载明确提出以"太虚"之"气"为本，如其讲："太虚无形，气之本体，其聚其散，变化之客形尔。"参见（宋）张载《正蒙·太和篇》，《张载集》，中华书局 1978 年版，第 3 页。但张载讲"气"亦是指向"理"之问题，他讲："若阴阳之气，则循环迭至，聚散相荡，升降相求，絪缊相揉，盖相兼相制，欲一之而不能。此其所以屈伸无方，运行不息，莫或使之，不曰性命之理，谓之何哉？"参见（宋）张载《正蒙·参两篇》，《张载集》，中华书局 1978 年版，第 12 页。

理亦赋焉，犹命令也。于是人物之生，因各得其所赋之理，以为健顺五常之德，所谓性也。率，循也。道，犹路也。人物各循其性之自然，则其日事物之间，莫不各有当行之路，是则所谓道也。修，品节之也。性道虽同，而气禀或异，故不能无过不及之差，圣人因人物之所当行者而品节之，以为法于天下，则谓之教，若礼、乐、刑、政之属是也。盖人之所以为人，道之所以为道，圣人之所以为教，原其所自，无一不本于天而备于我。学者知之，则其于学知所用力而自不能已矣。[①]

按朱子的解释，性即是由天所赋予人之"理"，人物各自有天之所赋之当行之"理"即为道。但人物因其气禀之异，或不能全行此当行之"理"，这就需要能全备此当行之"理"之圣人出而定礼乐典章之制度，而使有过与不及之常人能够理会此"理"并按"理"之规定而行。而人之为人之"理"，人道之为人道之"理"，及圣人之所以为教之"理"，皆本于天而由天命于"人"。命，即命令，所强调的是"天"给予人之此"理"之必然性。从朱熹的解释中可以看出，朱熹所讲的"性"即"理"，是关于"天理"是什么之问题以及"天理"与万物之关系的问题。这一维度可以概括为对"天理"的直接规定性。

那么，既如上所述，"理"因其由"天"所赋之必然性，为何得"天理"之"人"或有善恶之分别？或讲，在朱子之处，如何解决"天""性""心""理"之关系？在《中庸章句序》中，朱子讲：

……盖自上古圣神继天立极，而道统之传有自来矣。其见于经，则"允执厥中"者，尧之所以授舜也；"人心惟危，道心惟微，惟精惟一，允执厥中"者，舜之所以授禹也。尧之一言，至矣，尽矣！而舜复益之以三言者，则所以明夫尧之一言，必如是而后可庶几也。

盖尝论之：心之虚灵知觉，一而已矣，而以为有人心、道心之异者，则以其或生于形气之私，或原于性命之正，而所以为知觉者不同，是以或危殆而不安，或微妙而难见耳。然人莫不有是形，故虽上智不能

---

①　（宋）朱熹：《中庸章句》，《四书章句集注》，中华书局1983年版，第17页。

无人心，亦莫不有是性，故虽下愚不能无道心。二者杂于方寸之间，而不知所以治之，则危者愈危，微者愈微，而天理之公卒无以胜夫人欲之私矣。精则察夫二者之间而不杂也，一则守其本心之正而不离也。从事于斯，无少间断，必使道心常为一身之主，而人心每听命焉，则危者安、微者著，而动静云为自无过不及之差矣。①

如上所述，朱子在面对心、性、理之间的关系时，他所秉承的是"道心惟微，人心惟危"这样一种区分。所以，朱熹讲"然人莫不有是形，故虽上智不能无人心，亦莫不有是性，故虽下愚不能无道心"，即是说，"性即理"是被朱熹认可的，而"心即理"在朱熹处为不可以。此因"心""性"之间的关系，在朱熹处是本于张载所讲"心统性情"之意，所以"心"一方面与"性"相连为纯善，另一方面与"情"相连而非纯善。因此，人心为"危险"，道心难见而为"微妙"。而圣学之功，即在由过与不及之"人心"回归于"道心"。朱子所讲《大学》亦是这一模式。在《大学章句序》中言：

大学之书，古之大学所以教人之法也。盖自天降生民，则既莫不与之以仁义礼智之性矣。然其气质之禀或不能齐，是以不能皆有以知其性之所有而全之也。②

按朱子的解释，"常人"因气质之禀或不能齐，所以不能尽"性"之全。"一有聪明睿智能尽其性者出于其间，则天必命之以为亿兆之君师，使之治而教之，以复其性。"此讲与"常人"不同，圣人则生而能全其"性"。圣人之属，如"伏羲、神农、黄帝、尧、舜"，由"圣人"代"天"牧民，而设"司徒之职、典乐之官"，即《中庸》言"教"之"礼、乐、刑、政之属"。所以，在朱子解《大学》首句"大学之道，在明明德，在亲民，在止于至善"时，必以"明明德"为先，而

---

① （宋）朱熹：《中庸章句》，《四书章句集注》，中华书局1983年版，第14页。
② （宋）朱熹：《大学章句》，《四书章句集注》，中华书局1983年版，第1页。

以"新民"为后。朱子注言：

> 程子曰："亲，当作新。"大学者，大人之学也。明，明之也。明德者，人之所得乎天，而虚灵不昧，以具众理而应万事者也。但为气禀所拘，人欲所蔽，则有时而昏；然其本体之明，则有未尝息者。故学者当因其所发而遂明之，以复其初也。新者，格其旧之谓也，言既自明其明德，又当推以及人，使之亦有以去其旧染之污也。止者，必至于是而不迁之意。至善，则事理当然之极也。言明明德、新民，皆当至于至善之地而不迁。盖必其有以尽夫天理之极，而无一毫人欲之私也。此三者，大学之纲领也。①

明德，即言天理。新者，谓格其旧。所以学者必先自明其明德，而后推己之"明德"以及人。这是朱子之思路。如前所讲，与朱子同时代之陆九渊，在朱子学较为昌盛之时，便有"学者孰不曰'我将求至理'，顾未知其所知果至与否耳"之追问，其实质即是追问："理"作为"实然之理""存在之理"，如何成为能够为我们所把握的知识性形态？针对这一问题，陆九渊兄弟在"鹅湖之会"上就"为学之方"与朱子展开争论。按《语录》所记：

> 吕伯恭为鹅湖之集，先兄复斋谓某曰："伯恭约元晦为此集，正为学术异同，某兄弟先自不同，何以望鹅湖之同。"先兄遂与某议论致辩，又令某自说，至晚罢。先兄云："子静之说是。"次早，某请先兄说，先兄云："某无说，夜来思之，子静之说极是。方得一诗云：'孩提知爱长知钦，古圣相传只此心。大抵有基方筑室，未闻无址忽成岑。留情传注翻蓁塞，着意精微转陆沉。珍重友朋相切琢，须知至乐在于今'。"某云："诗甚佳，但第二句微有未安。"先兄云："说得恁地，又道未安，更要如何？"某云："不妨一面起行，某沿途却和此诗。"及至鹅湖，伯恭首问先兄别后新功。先兄举诗，才四句，元晦顾伯恭曰："子

---

① （宋）朱熹：《大学章句》，《四书章句集注》，中华书局1983年版，第3页。

寿早已上子静舡了也。"举诗罢，遂致辩于先兄。某云："途中某和得家兄此诗云：'墟墓兴哀宗庙钦，斯人千古不磨心。涓流滴到沧溟水，拳石崇成泰华岑。易简工夫终久大，支离事业竟浮沉。'"举诗至此，元晦失色。至"欲知自下升高处，真伪先须辨只今"。元晦大不怿，于是各休息。翌日二公商量数十折议论来，莫不悉破其说。继日凡致辩，其说随屈。伯恭甚有虚心相听之意，竟为元晦所尼。后往南康，元晦延入白鹿讲说，因讲"君子喻于义"一章。元晦再三云："某在此不曾说到这里，负愧何言。"①

　　按陆九渊所记，其于赴鹅湖前与兄九龄就自家"哲学立场"加以讨论。九龄在赞同九渊之观点前提下，作一诗为和。九渊就此诗内容中所体现出的"心学"立场，持基本赞同态度，只是觉"古圣相传只此心"一句"微有未安"，所以将其改为"斯人千古不磨心"，以此来修正前句之"心学"立场的不彻底性。从九渊兄弟所作诗的内容以及九渊所追问的"顾未知其所知果至与否耳"问题角度可以看出，陆九渊所持的基本观点即是"心即理"，这一思想观点本于孟子所讲"尽心知性而知天"的心性观。这里我们需要注意的，陆九渊此处所讲"心"，绝非作为客观性存在的本体意义上的"心"，而是作为把握万事万物最高客观根据之"理"的具有明证性的最直接的"中介"。从这样一个角度来讲，朱陆二家都是把"理"作为最高的哲学概念范畴，其所不同之处在于，朱子之学所讲之"理"是对于"理"的直接规定性；而陆子思考如何把握"理"的问题，而将"理"落于人之"心"来把握。

　　在这样一种"哲学立场"下，我们可称陆子之"心学"为立足于"主体"性②之哲学。所以，陆九渊教弟子，必言"学者须先立志"③。

---

①　（宋）陆九渊：《语录》，《陆九渊集》，中华书局 1980 年版，第 427—428 页。
②　非"主""客"对立意义上的"主体"，"主体"即生命存在之真实之体。
③　（宋）陆九渊：《语录》，《陆九渊集》，中华书局 1980 年版，第 401 页。

立何志？于此要"辨志"，即"义利"之辨。① 此处明白后，方有修养工夫。② 与陆九渊不同，朱熹因只信"性即理"而不信"心即理"，所以朱熹所讲之"为学之方"必然不能建立于"求理于内"的基础上，而必将修养工夫指向外在知识积累的渐进道路上，即其所讲"格致"之功：

> 所谓致知在格物者，言欲致吾之知，在即物而穷其理也。盖人心之灵莫不有知，而天下之物莫不有理，惟于理有未穷，故其知有不尽也。是以《大学》始教，必使学者即凡天下之物，莫不因其已知之理而益穷之，以求至乎其极。至于用力之久，而一旦豁然贯通焉，则众物之表里精粗无不到，而吾心之全体大用无不明矣。此谓格物，此谓知之至也。③

那么，若我们以"知识形态的形而上学何以可能"这一问题作为前提来比较朱陆两家之"哲学立场"时，我们会发现，陆九渊所本于孟子的"尽心知性"的原则，是符合现象学中所提出的建立哲学之知的第一前提的"自明性"的要求的；而朱子所直接规定之"理"则不免有"独断性"的前提，所以其难逃文化上的异化的局限性。其最为极端的表现形式，即如戴震所批判之"以理杀人"④。但同时我们也应

---

① 原文为：傅子渊自此归其家，陈正己问之曰："陆先生教人何先？"对曰："辨志。"正己复问曰："何辨？"对曰："义利之辨。"若子渊之对，可谓切要。参见（宋）陆九渊：《语录》，《陆九渊集》，中华书局1980年版，第398页。

② 陆九渊此种教法亦可见门人詹阜民所记：阜民癸卯十二月初见先生，不能尽记所言。大旨云："凡欲为学，当先识义利公私之辨。今所学果为何事？人生天地间，为人自当尽人道。学者所以为学，学为人而已，非有为也。"又云："孔门弟子如子夏子游宰我子贡，虽不遇圣人，亦足号名学者，为万世师。然卒得圣人之传者，柴之愚，参之鲁。盖病后世学者溺于文义，知见缴绕，蔽惑愈甚，不可入道耳。"阜民既还邸，遂尽屏诸书。及后来疑其不可，又问。先生曰："某何尝不教人读书，不知此后煞有甚事。"此条语录正说明，陆九渊教学亦不费功夫。参见（宋）陆九渊《语录》，《陆九渊集》，中华书局1980年版，第470页。

③ （宋）朱熹：《大学章句》，《四书章句集注》，中华书局1983年版，第6—7页。

④ 原文为："酷吏以法杀人，后儒以理杀人。""人死于法犹有怜之者，死于理，其谁怜之"。参见（清）戴震：《孟子字义疏证》，《戴震集》，上海古籍出版社2009年版，第188，275页。

看到，陆王"心学"因其需要"主体"性之根基，欲强调本于生命实在性的"个体"之实在性，所以需要"更高"的智慧及领悟能力，否则就会走向"空疏""玄虚"，导致对于"权威"之消解，观王门后学"泰州"一脉即可见。① 正是因为陆王"心学"之中有这种指向之危险性，而陆九渊、王阳明又是认识到这样一种潜在性之危险的，所以在其二人教学之语录中有比"程朱理学"更为强调"存天理灭人欲"。而只是在"程朱理学"一系处，"存天理灭人欲"落实在具体的规定性中。

以上所论述，是我们所认为的"心学"与"理学"之差别，亦是我们评判宋明儒者学派属性之标准。若以陆九渊之言讲，即是"今天下学者唯两途：一途朴实，一途议论"② 之意。"理学"发展至明中叶时，王阳明与湛若水都讲"心"，言"良知"。从其所从出之文化资源上看，都可追本于《孟子》。《孟子》讲：

> 人之所不学而能者，其良能也；所不虑而知者，其良知也。孩提之童无不知爱其亲者；及其长也，无不知敬其兄也。亲亲，仁也；敬长，义也；无他，达之天下也。③

此是王、湛二家④理解"良知"所从出之共同的文化资源，但二人对于《孟子》此章所讲"良知"概念的理解是不同的。王阳明所讲"良知"是在"致良知"的"三位一体"性结构中来谈"良知"的，所以"良知"在王阳明处，就是"是而是焉，非而非焉，轻重厚薄，随感随应"而莫不在"天然之中"的人之"心"之自然"存在"状态。但湛甘泉所理解的"良知"则是一种知识性的分析结构中之"知"。从湛甘泉的角度出发，他必然要追问王阳明："良知者何也，天

---

① 如黄宗羲在《明儒学案》中评价泰州一系时讲：泰州之后，其人多能以赤手搏龙蛇，传至颜山农、何心隐一派，遂复非名教之所能羁络矣。参见（清）黄宗羲《泰州学案一》，《明儒学案》（下），中华书局 2008 年版，第 703 页。

② （宋）陆九渊：《年谱》，《陆九渊集》，中华书局 1980 年版，第 489 页。

③ 《孟子·尽心上》。

④ 湛若水思想继承于陈白沙，其思维方式亦受白沙之影响。因本书重点不在言白沙之学，所以此处仅以"湛门"概括言之。

理是也。到见得天理乃是良知；若不见得天理，只是空知，又安得良？"刘宗周所理解"良知"亦是此意。《明儒学案·师说》中，刘宗周概括王阳明思想时讲：

> 先生承绝学于词章训诂之后，一反求诸心，而得其所性之觉，曰"良知"。因示人以求端用力之要，曰"致良知"。良知为知，见知不囿于闻见；致良知为行，见行不滞于方隅。即知即行，即心即物，即动即静，即体即用，即工夫即本体，即下即上，无之不一，以救学者支离眩骛，务华而绝根之病。[1]

由上湛若水及刘宗周对"良知"的解读可知，湛、刘二人一系，是必要以一种确定性的方式来理解"良知"概念的。而当"良知"被界说为知识性概念时，"良知"便不能作为最高的哲学范畴，所以，湛若水讲"天理"，即是在意识中承认对于"理"的直接规定；刘宗周讲"慎独"，"独"即是最高抽象化的作为形上之"道"之外在语言化表述。如此来看，虽三人皆言"良知"、皆倡"心学"，但王阳明之"心"与湛若水及刘宗周之"心"之理解有别。湛甘泉及刘宗周所建构之"心"学体系在思维方式上乃是朱子学之特征。[2]

从以上论述可知，"理"是为程朱与陆王乃至整个宋明理学时期所有理学家之最高追求。"理"即"理"，即"道"之"条理"，程朱所讲与陆王所认识之"理"无别，其区别在于是对"理"之直接规定还是对于"理"之为"理"之合理性前提的追问。陆王一系继承"思孟"之主张，以"心"作为追问理之合理性存在的"第一前提"。因此，"心"在陆王处，不是"客观性"存在之"本体"，或宁讲，"心"所

---

① （清）黄宗羲：《师说》，《明儒学案》（上），中华书局2008年版，第6—7页。
② 崔大华先生亦有类似观点，他讲：湛若水的心学思想和整个江门学派的心学思想都是结束在"随处体认天理"中。其"随处体认"，一定程度上显现的是明代心学开风气者江门陈献章的"自然""养端倪"的心学特色；其"天理"，潜蓄着的却完全是朱学的实质。参见崔大华《刘宗周与明代理学的基本走向》，载钟彩均主编《刘蕺山学术思想论集》，"中研院"中国文哲研究所筹备处1998年版，第187页。

虚位之体

代表的是一种哲学立场，一种本于"生命"真实存在境遇的"有我"哲学立场。以此为判定标准来看，刘宗周以及湛甘泉虽亦讲"心"，但其所认之"心"乃是一种外在知识性的"存在"，所以在其学术构建上，亦须以一种知识性的外在方式来建构其思想体系，其背后所体现出的恰恰是以"理"之存在为前提根据的程朱理学模式。所以，从这样一个角度来讲，刘宗周之学亦当归为"程朱理学"一系。

参考文献

一 古代著作

（明）陈献章：《陈献章集》，中华书局 1987 年版。

（清）陈确：《陈确集》，中华书局 1979 年版。

（宋）程颢、程颐：《二程集》，中华书局 1981 年版。

（明）程敏政：《道一编》，安徽人民出版社 2007 年版。

（清）戴震：《戴震集》，上海古籍出版社 2009 年版。

（明）顾宪成：《小心斋札记》，广文书局 1975 年版。

（唐）韩愈：《韩昌黎全集》，中国书店 1991 年版。

（三国）何晏等：《论语注疏》，北京大学出版社 1999 年版。

（清）黄宗羲：《明儒学案》，中华书局 2008 年版。

（清）黄宗羲：《黄宗羲全集》，浙江古籍出版社 1985 年版。

（清）黄宗羲等：《宋元学案》，中华书局 1986 年版。

（清）焦循：《孟子正义》，中华书局 1987 年版。

（汉）孔安国、（唐）孔颖达：《尚书正义》，北京大学出版社 1999 年版。

（明）李材：《见罗先生书》，万历李复阳刻本。

（明）李贽：《焚书·续焚书》，中华书局 1975 年版。

（明）刘宗周：《刘宗周全集》，浙江古籍出版社 2007 年版。

（宋）陆九渊：《陆九渊集》，中华书局 1980 年版。

（明）罗钦顺：《困知录》，中华书局 1990 年版。

（清）毛奇龄：《西河合集》，清康熙书留草堂刻本。

（清）全祖望：《全祖望集汇校集注》，上海古籍出版社 2000 年版。

（汉）司马迁：《史记》，中华书局 1997 年版。

（元）脱脱等：《宋史》，中华书局 1997 年版。

（明）陶望龄：《歇菴集》，上海古籍出版社 1995 年版。

（明）王阳明：《王阳明全集》，上海古籍出版社 1992 年版。

（明）王畿：《龙溪王先生全集》，道光二年刻本。

（三国）王弼等：《周易注疏》，上海古籍出版社 1989 年版。

（清）永瑢、纪昀：《四库全书总目提要》，海南出版社 1999 年版。

（明）袁黄：《袁了凡先生四训》，清重刻本。

（明）湛若水：《湛甘泉先生文集》，《四库全书存目丛书》，齐鲁书社
　　1997 年影印本，集部，第 56 册。

（明）湛若水：《圣学格物通》，广西师范大学出版社 2015 年版。

（宋）朱熹：《四书章句集注》，中华书局 1983 年版。

（宋）朱熹：《朱子全书》，上海古籍出版社 2002 年版。

（宋）张载：《张载集》，中华书局 1978 年版。

（清）张廷玉等：《明史》，中华书局 1984 年版。

（清）张履祥：《杨园先生全集》，中华书局 2002 年版。

（汉）郑玄、（唐）孔颖达：《礼记正义》，北京大学出版社 1999 年版。

（宋）周敦颐：《周敦颐集》，中华书局 1990 年版。

（春秋）左丘明：《国语》，中州古籍出版社 2010 年版。

二　近现代论著

鲍世斌：《明代王学研究》，巴蜀书社 2004 年版。

陈来：《有无之境——王阳明哲学的精神》，人民出版社 1991 年版。

陈来：《中国近世思想史研究》，商务印书馆 2003 年版。

陈来：《宋明理学》，华东师范大学出版社 2003 年版。

蔡仁厚：《王阳明哲学》，三民书局 1974 年版。

蔡仁厚：《王学流弊：江右王门思想研究》，人民出版社 2006 年版。

蔡仁厚：《中国哲学史大纲》，吉林出版集团 2009 年版。

陈荣捷：《传习录详注集评》，台湾学生书局 1984 年版。

陈荣捷：《王阳明与禅》，台湾学生书局 1984 年版。

陈畅：《自然与政教——刘宗周慎独哲学研究》，上海人民出版社 2016
　　年版。

杜维明、东方朔：《杜维明学术专题访谈录——宗周哲学之精神与儒家文化之未来》，复旦大学出版社 2001 年版。

东方朔：《刘宗周评传》，南京大学出版社 2002 年版。

东方朔：《刘蕺山哲学研究》，上海人民出版社 1997 年版。

杜保瑞：《刘蕺山的功夫理论与形上思想》，花木兰文化出版社 2009 年版。

丁为祥：《学术性格与思想谱系——朱子的哲学视野及其历史影响的发生学考察》，人民出版社 2012 年版。

丁为祥：《实践与超越——王阳明哲学的诠释、解析与评价》，陕西人民出版社 1994 年版。

冯达文、郭齐勇：《新编中国哲学史》，人民出版社 2004 年版。

冯契：《中国古代哲学的逻辑发展》，上海人民出版社 1983 年版。

冯友兰：《中国哲学史新编》，人民出版社 1964 年版。

方祖猷：《王畿评传》，南京大学出版社 2001 年版。

［美］芬格莱特：《孔子——即凡而圣》，彭国翔译，江苏人民出版社 2002 年版。

［瑞士］耿宁：《人生第一等事——王阳明及其后学论“致良知”》，倪梁康译，商务印书馆 2014 年版。

［日］冈田武彦：《王阳明与明末儒学》，吴光等译，上海古籍出版社 2000 年版。

［日］冈田武彦：《王阳明大传——知行合一的心学智慧》，杨田等译，重庆出版社 2015 年版。

高海波：《慎独与诚意——刘蕺山哲学思想研究》，生活·读书·新知三联书店 2016 年版。

古清美：《明代理学论文集》，大安出版社 1990 年版。

侯外庐等：《宋明理学史》，人民出版社 1987 年版。

侯外庐等：《中国思想通史》，人民出版社 1960 年版。

何俊：《西学与晚明思想的裂变》，上海人民出版社 2013 年版。

何俊、尹晓宁：《刘宗周与蕺山学派》，中国人民大学出版社 2009 年版。

胡元玲：《刘宗周慎独之学阐微》，台湾学生书局 2009 年版。

黄敏浩：《刘宗周及其慎独哲学》，台湾学生书局 2001 年版。

林月惠：《良知学的转折：聂双江与罗念菴思想之研究》，台湾大学出版中心 2005 年版。

刘勇：《中晚明士人讲学活动与学派建构——以李材（1529—1607）为中心的研究》，商务印书馆 2015 年版。

李纪祥：《两宋以来〈大学〉改本之研究》，台湾学生书局 1988 年版。

李振刚：《证人之境——刘宗周哲学的宗旨》，中国人民大学出版社 2000 年版。

廖俊裕：《道德实践与历史性——关于蕺山学的讨论》，花木兰文化出版社 2009 年版。

黎业明：《湛若水年谱》，上海古籍出版社 2016 年版。

嵇文甫：《晚明思想史论》，东方出版社 2013 年版。

牟宗三：《从陆象山到刘蕺山》，上海古籍出版社 2001 年版。

牟宗三：《心体与性体》，中正书局 1968 年版。

牟宗三：《王阳明致良知教》，中央文物供应社 1954 年版。

蒙培元：《理学范畴系统》，人民出版社 1998 年版。

彭国翔：《良知学的展开：王龙溪与中晚明的阳明学》，生活·读书·新知三联书店 2005 年版。

钱穆：《阳明学述要》，中正书局 1955 年版。

钱穆：《中国近三百年学术史》，中华书局 1987 年版。

钱穆：《宋明理学概述》，联经出版社 1994 年版。

乔清举：《湛若水哲学思想研究》，文津出版社 1993 年版。

钱明：《阳明学的形成与发展》，江苏古籍出版社 2002 年版。

任继愈：《中国哲学史》，人民出版社 1964 年版。

容肇祖：《明代思想史》，上海书店 1990 年版。

仁文利：《心学的形上问题探本》，中州古籍出版社 2005 年版。

申淑华：《素位之学——陈乾初哲学思想研究》，中国社会科学出版社 2012 年版。

汤用彤：《魏晋玄学论稿》，人民出版社 1957 年版。

唐君毅：《中国哲学原论原教篇——宋明儒学思想之发展》，新亚研究所 1975 年版。

王天成：《直觉与逻辑》，长春出版社 2000 年版。

王天成：《形而上学、理性与辩证法》，中国社会科学出版社 2018 年版。

吴震：《阳明后学研究》，上海人民出版社 2003 年版。

吴光主编：《阳明学研究》，上海古籍出版社 2000 年版。

吴光主编：《阳明学综述》，中国人民大学出版社 2009 年版。

徐梵澄：《陆王学述》，上海远东出版社 1994 年版。

杨柱才：《道学宗主——周敦颐哲学思想研究》，人民出版社 2004 年版。

于化民：《明中晚期理学的对峙与合流》，文津出版社 1993 年版。

余英时：《宋明理学与政治文化》，吉林出版集团 2008 年版。

杨国荣：《心学之思——王阳明哲学的阐释》，生活·读书·新知三联书店 1997 年版。

杨国荣：《王学通论——从王阳明到熊十力》，上海三联书店 1990 年版。

朱鸿林：《明儒学案研究及论学杂著》，生活·读书·新知三联书店 2016 年版。

张立文：《宋明理学研究》，中国人民大学出版社 1984 年版。

张弓长、张连良、王天成：《创造思维心理机能的哲学阐解》，吉林人民出版社 1993 年版。

张连良等编：《中国古代哲学史》，中国社会科学出版社 2015 年版。

张天杰：《蕺山学派与明清学术转型》，中国社会科学出版社 2014 年版。

张瑞涛：《心体与工夫：刘宗周〈人谱〉哲学思想研究》，人民出版社 2014 年版。

郑宗义：《明清儒学转型探析——从刘蕺山到戴东原》，中文大学出版社 2000 年版。

张学智：《明代哲学史》，北京大学出版社 2000 年版。

邹化政：《先秦儒家哲学新探》，黑龙江人民出版社 1990 年版。

钟彩均主编：《刘蕺山学术思想论集》，"中研院"中国文哲研究所筹备处 1998 年版。

钟彩钧：《王阳明思想之进展》，文史哲出版社 1983 年版。

衷尔距：《蕺山学派哲学思想》，山东教育出版社 1993 年版。

三　单篇论文

陈来：《王阳明的拔本塞源论》,《学术界》2012 年第 11 期。

陈荣捷：《宋明理学中的"太极"观念》,《学与思》1998 年第 3 期。

蔡仁厚：《宋明理学的殿军——刘蕺山》,《中国文化月刊》1995 年总第
　　192 期。

陈畅：《论刘宗周晚年思想中的"独体"概念》,《哲学动态》2008 年
　　第 9 期。

陈寒鸣：《刘宗周与晚明儒学》,《中国哲学》2000 年第 9 期。

杜维明、东方朔：《〈人谱〉道德精神世界》,《学术月刊》2001 年第
　　7 期。

董平：《论刘宗周心学理论构成》,《孔子研究》1991 年第 4 期。

傅小凡：《论刘宗周的自我观》,《厦门大学学报》（哲学社会科学版）
　　2000 年第 2 期。

古清美：《刘蕺山对周濂溪诚体思想的阐发及其慎独之学》,《幼狮月
　　刊》1986 年第 19 卷第 2 期。

何俊：《刘宗周〈人谱〉析论》,《中国哲学史》1998 年第 1 期。

李雪涛：《论雅斯贝尔斯"轴心时代"观念的中国思想来源》,《现代哲
　　学》2008 年第 6 期。

李明辉：《刘蕺山对朱子理气论的批判》,《汉学研究》2001 年第 19 卷
　　第 2 期。

李振纲：《论蕺山之学的定位与定性》,《中国哲学》1999 年第 5 期。

李振纲：《道德理性本体的重建——蕺山哲学论纲》,《哲学研究》1999
　　年第 1 期。

刘述先：《论阳明哲学之朱子思想渊源》,《中国文化研究所学报》1984
　　第 15 期。

林安梧：《论刘蕺山哲学中"善之意向性"——以"答董标心意十问"
　　为核心的疏解与展开》,《"国立编译馆"馆刊》1990 年第 19 卷第
　　1 期。

林月惠：《刘蕺山"慎独之学"的建构：以〈中庸〉首章的诠释为中
　　心》,《台湾哲学研究》第 4 期。

林月惠：《刘蕺山对〈大学〉〈诚意〉章的诠释》，《中国文哲研究集刊》第 19 期。

林月惠：《从宋明理学"性情论"考察刘蕺山对中庸"喜怒哀乐"的诠释》，《中国文哲研究集刊》第 25 期。

乔清举：《甘泉哲学体系及其后传研究》，《哲学研究》1994 年第 2 期。

乔清举：《中国哲学研究反思：超越"以西释中"》，《中国社会科学》2014 年第 11 期。

钱明：《阳明学派分化的思想基础》，《浙江学刊》1986 年第 4 期。

钱明：《明末清初本体工夫论的融合与终结》，《哲学研究》2001 年第 5 期。

申鹏宇：《百年来刘宗周思想研究评述》，《海南师范大学学报》（社会科学版）2012 年第 9 期。

孙利：《朱熹从"中和旧说"到"中和新说"的思想演变》，《湘潭大学学报》（哲学社会科学版）2002 年第 4 期。

杨国荣：《刘宗周思想的历史地位》，《中国哲学史》1996 年第 4 期。

杨国荣：《晚明王学演变的一个环节——论刘宗周对"意"的考察》，《浙江学刊》1988 年第 4 期。

颜炳罡：《从"依傍"走向主体自觉——中国哲学史研究何以回归其自身》，《文史哲》2005 年第 3 期。

衷尔距：《论蕺山学派的慎独学说》，《文史哲》1986 年第 3 期。

张立文：《刘宗周慎独诚意的修己之学》，《江南大学学报》（人文社会科学版）2012 年第 2 期。

张岂之：《论蕺山学派思想的若干问题》，《西北大学学报》（哲学社会科学版）1980 年第 4 期。

张学智：《论刘宗周的意》，《哲学研究》1993 年第 9 期。

张学智：《论刘蕺山"慎独"之学》，《中国文化月刊》1993 年第 170 期。

张连良：《中国哲学的本体观念及建立本体观念的方法》，《吉林大学社会科学学报》2000 年第 5 期。

张连良：《从〈中庸〉看中国哲学范畴"三位一体"的特征》，《人文杂志》2003 年第 3 期。

张连良:《中国哲学背景下的哲学发展》,《长白学刊》2006 年第 6 期。

张连良:《周敦颐"人极"标准思想的哲学意义》,《人文杂志》2006
年第 6 期。

张连良:《中国古代哲学对合理哲学文化形式的有益探索》,《吉林大学
社会科学学报》2004 年第 4 期。

张连良、陈琦:《从〈大学问〉看王阳明"致良知"思想的逻辑结构》,
《社会科学战线》2014 年第 6 期。

张天杰:《刘宗周与朱子学——兼谈许孚远的朱学倾向及其对刘宗周的
影响》,《福建论坛》2013 年第 10 期。

张瑞涛:《心学视域下的刘宗周〈人谱·人极图说〉释义》,《孔子研
究》2012 年第 1 期。

张慕良:《英语学术界的王阳明哲学思想研究》,《汉学研究》2018 年秋
冬卷。

张慕良:《刘宗周"慎独"思想对周敦颐思想的继承与发越》,《学术探
索》2015 年第 4 期。

后　记

目前完成的这部小书，可以看作是我在自撰写硕士论文开始起至当前所思考的"一个问题"的阶段性成果。但同时我亦深知，这一成果只可看作是我对这一问题思考的尚未成熟的回答。在书中所提出的一些观点及我本人欲说清的问题，以我目前的学术能力，还不足以给出更为准确的阐释，这还需要我在以后的研究工作中进一步加强哲学思维训练与哲学问题的思考以及扩展到刘宗周以外的文化资源的发掘中，所以暂交付此小书，作为这一阶段思考的总结。书中不乏错解之处，也望诸师友能够海涵晚生之失。

我是由生物科学专业转入中国哲学专业学习的。在研究生考入吉林大学哲学社会学院后，我的硕士与博士阶段的学习，都是跟随张连良先生。在张师所讲授的课程内容中，有两个问题引起了我的极大兴趣，也成为我思考哲学问题及研究刘宗周思想的开篇。第一，怎样理解陆九渊所讲的"吾心即宇宙，宇宙即吾心"；第二，怎样理解"致良知"与"慎独"的关系。本书虽起于硕、博阶段的研究，但最后书稿的完成与博士论文相比较，是有较大不同的。在硕、博士论文写作期间，我对刘宗周"慎独"思想的研究主要停留在其与"致良知"思想的关系问题上；在博士毕业后任教的第一年中，因为要讲授《中庸》《大学》选读的课程，所以开始对各历史时期诸注家的注疏加以整理，在整理过程中，对黄宗羲所言"儒者人人言慎独，唯先生得其真"的讲法又有了更深入的理解；自去年从德国回国后，又发现了刘宗周与湛学思想之间的联系，这些新的思考角度及相关内容亦被逐渐加入此书稿中。目前这本书的内容中，除小部分章节保留了博士论文的文字外，其余多为这几年所写，并对此前某些观点有所修正。

这本小书能够最终的完成，首先要感谢张师的指导。本书主要观点即是受启发于张师《从〈中庸〉看中国哲学范畴"三位一体"的特征》《从〈大学问〉看王阳明"致良知"思想的逻辑结构》等宏文。现在回想，自考入张师门下至今，已近十年。十年间，张师在学业、生活、工作、家庭等诸方面对我的教导与帮助，我深感无以回报。我本是顽劣之质与愚钝之资，是张师不辞辛苦，一步步引导我走向学术研究的道路。此刻仅能借此不成熟之作即将出版之际，表达我对张师深深的谢意。

感谢 Kim Jung-Yeup、Bertram Schmitz 教授的帮助，让我可以有机会去美国及德国进行长期的交流学习，在外的学习生活开拓了我的学术视野，也为我的学术研究提供了新的思路方法与文化资源；感谢 David Odell-Scott、Gene R. Pendleton、Deborah C. Smith、Frank X. Ryan、林深等诸位老师在学术及外语上的指导与帮助；同时感谢在德学习期间薛文佳、王子廓等诸位学友，与他们的交流给了我学术思考上的许多启发，他们亦为此书部分章节的写作提供了宝贵的建议。

感谢我的妻子对家庭的默默付出以及对我所从事工作的一直肯定，并感谢岳父岳母以及我的父母对我们生活上的支持与帮助。小儿们的健康成长，尤离不开妻子及岳父岳母无数个日日夜夜的细心呵护。我深知是有他们的支持，我才有精力和时间投入科研与教学中。

感谢吉林大学哲学社会学院的老师们！诸位老师的精深研究，以及在诸位老师的教育下使我感知到的吉林大学哲学系开放自由的学术氛围，是我在学术道路上继续前行的助力！最后，感谢吉林大学哲学社会学院的资助，同时也感谢中国社会科学出版社朱华彬先生的大力帮助！

张慕良
2019 年 2 月 19 日晚于吉林大学前卫南区文苑